天大法学文库

孙佑海 主编

环境法的衡平原则

田亦尧——著

法律出版社 | LAW PRESS
——北京——

图书在版编目（CIP）数据

环境法的衡平原则 / 田亦尧著. -- 北京 : 法律出版社, 2024. --（天大法学文库 / 孙佑海主编）.

ISBN 978－7－5197－9862－8

Ⅰ. D922.680.4

中国国家版本馆 CIP 数据核字第 20241XJ285 号

天大法学文库	**环境法的衡平原则** **HUANJINGFA DE HENGPING YUANZE**	田亦尧　著	策划编辑 似　玉 责任编辑 似　玉 装帧设计 鲍龙卉

出版发行 法律出版社　**开本** 710 毫米×1000 毫米　1/16

编辑统筹 法律应用出版分社　**印张** 19.25　**字数** 274 千

责任校对 李　军　**版本** 2024 年 12 月第 1 版

责任印制 刘晓伟　**印次** 2024 年 12 月第 1 次印刷

经　　销 新华书店　**印刷** 北京建宏印刷有限公司

地址:北京市丰台区莲花池西里 7 号(100073)

网址:www.lawpress.com.cn　销售电话:010－83938349

投稿邮箱:info@lawpress.com.cn　客服电话:010－83938350

举报盗版邮箱:jbwq@lawpress.com.cn　咨询电话:010－63939796

书号:ISBN 978－7－5197－9862－8　**定价**:79.00 元

凡购买本社图书,如有印装错误,我社负责退换。电话:010－83938349

总　序

作为中国第一所现代大学,天津大学已经走过了一百二十余载的风雨历程,其前身北洋大学是中国教育史乃至整个近现代史的一座伟大丰碑。如今,当人们谈起这座位于渤海之滨的学术殿堂时,首先想到的或许是其工科特色。的确,天津大学的建筑学、精密仪器学等学科远近闻名。然而,天津大学不仅有严谨、有担当的工科,还拥有深厚的法科底蕴。北洋大学在创办之初,法科(律例学门)就位列各学科之首,开创了中国近代高等法学教育的先河。作为中国的第一所现代大学,天津大学颁发出我国第一张大学文凭不足为奇,巧合的是,第一张大学文凭的获得者恰恰是法科学生——王宠惠。这不仅是天津大学法学人的骄傲,更是值得中国法学界铭记的历史。

北洋法学有着辉煌的历史,曾培养出张太雷、王宠惠、徐谟、王正廷等杰出校友。张太雷同志是杰出的无产阶级革命家,著名的政治活动家、宣传家,是中国共产党和人民军队早期重要领导人之一,为中国革命作出了卓越贡献。王宠惠先生曾将德文版《德国民法典》译成英文作为英美法系国家的法学教材,并赢得法学界的广泛赞誉,他还代表中国参加《开罗宣言》的起草以及《联合国宪章》的签署，为维护我国国家利益进行了不懈斗争。徐谟先生学贯中西，国际法功底深厚，曾担任国际法院大法官。王正廷先生是著名的国际法学家，为废除不平等条约作出了重要贡献，同时积极推动了奥林匹克运动在中国的发展，被誉为“中国奥运之父”。

由于种种原因，天津大学的法科教育一度中断，直到1994年设立经济法专业，1997年成立法学系。2015年是天津大学法学发展的重要时刻，在党和国家领导人与学校的大力支持下，天津大学正式复建法学院。自复建以来，在全体教师的共同努力和社会各界的支持下，天津大学法学院在教书育人、高水平论文、科研项目、国际化、新法科建设等方面都取得了重要突破。2019年，在社会各界的大力支持下，天津大学获批法学一级学科博士学位授予权，这既是对天津大学法学的肯定，也是对我们的鞭策。

“天大法学文库”旨在继承和发扬前辈艰苦奋斗、勇于创新的精神，鼓励和促进天津大学法学院教师探索学术前沿、勇攀科学高峰，展示天津大学法学人的研究成果，加强与学界同人的交流与合作，为中国的法治事业略尽绵薄之力。

孙佑海

2019年12月

前　言

习近平主席指出，“绿水青山就是金山银山，改善生态环境就是发展生产力。良好生态本身蕴含着无穷的经济价值，能够源源不断创造综合效益，实现经济社会可持续发展”。[①] 党的二十大报告也指出，“统筹产业结构调整、污染治理、生态保护、应对气候变化，协同推进降碳、减污、扩绿、增长，推进生态优先、节约集约、绿色低碳发展”。[②] 我国“十四五”规划和2035年远景目标纲要指出，“完善生态文明领域统筹协调机制，构建生态文明体系，推动经济社会发展全面绿色转型，建设美丽中国”。“坚持生态优先、绿色发展，推进资源总量管理、科学配置、全面节约、循环

---

① 习近平：《共谋绿色生活，共建美丽家园——在2019年中国北京世界园艺博览会开幕式上的讲话》，载中国人大网2019年4月29日，http://www.npc.gov.cn/zgrdw/npc/xinwen/2019-04/29/content_2086707.htm。

② 习近平：《高举中国特色社会主义伟大旗帜　为全面建设社会主义现代化国家而团结奋斗——在中国共产党第二十次全国代表大会上的报告》，载中华人民共和国中央人民政府网2022年10月25日，https://www.gov.cn/xinwen/2022-10/25/content_5721685.htm。

利用,协同推进经济高质量发展和生态环境高水平保护。”[①]

从问题意识角度来看,我国的环境保护与经济发展之间长期存在的张力与和缓在环境法基本原则的立法实践中不断得以体现。从“统筹兼顾”到“相协调”再到最新的“环境优先”的表述所表达的辩证关系只是一个有时效性的次序问题,它会随着时势变迁而发生变动,而作为法律理论的基本原则的稳定性是需要得到保障的。这种稳定性不仅体现在制度规范的设定上,还可以延续到制度实施及救济程序的全过程。那么,是否存在一个可以涵盖环境与经济动态次序的抽象原则?它在环境行政活动中如何具体体现?能否以环境司法救济实现环境权利的救济?针对这些问题的回应将是本书以环境法衡平原则为中心诠释的重要方面。

环境法的基本原则,“是环境法在创制和施行中必须遵循的具有约束力的基础性和根本性准则”,“环境法基本原则既是环境法基本理念在环境法上的具体体现,又是环境法的本质、技术原理与国家环境政策在环境法上的具体反映”。[②] 环境法的基本原则应是经由环境立法“所确认并反映环境法本质和特征的原则,是贯穿整个环境法体系、具有普遍意义的指导性原则”。[③] “法的基本原则体现着法的本质和根本价值,是整个法律活动的指导思想和出发点,构成法律体系中的灵魂,决定着法的统一性和稳定性。”[④]

从我国环境立法的历史上看,尽管环境法的基本原则直到2014年《环境保护法》的出台才有具体表述,但环境法关于协调环境保护在社会发展中的原则在《环境保护法》的立法演进中早有体现,其先后经历了3个阶段。1979年《环境保护法(试行)》(已失效)第5条规定,“在制定发展国民经济计划的时候,必须对环境的保护和改善统筹安排,并认真组织实施”。1989年《环境保护法》

---

① 《中华人民共和国国民经济和社会发展第十四个五年规划和2035年远景目标纲要》,载中华人民共和国中央人民政府网2021年3月13日,https://www.gov.cn/xinwen/2021-03/13/content_5592681.htm。

② 汪劲:《环境法学》(第2版),北京大学出版社2011年版,第93页。

③ 杨群芳:《论环境法的基本原则之环境优先原则》,载《中国海洋大学学报(社会科学版)》2009年第2期。

④ 竺效:《论中国环境法基本原则的立法发展与再发展》,载《华东政法大学学报》2014年第3期。

(已被修订)第4条规定:“国家制定的环境保护规划必须纳入国民经济和社会发展计划,国家采取有利于环境保护的经济、技术政策和措施,使环境保护工作同经济建设和社会发展相协调。”2014年《环境保护法》第5条规定:“环境保护坚持保护优先、预防为主、综合治理、公众参与、损害担责的原则。”这是在我国法律中首次对环境法基本原则进行具体规定,因此其具有的价值意义十分重大。环保优先原则的确立在世界各国环境法的立法范围内都是罕见的,即使在环境法学理论界,尽管提倡环境保护的重要地位,但也极少尝试提出环境保护的优先地位。如今,我国通过环境立法直接规定了环境保护的优先性。这足以表明我国政府对于环境问题的重视在世界范围内已处于十分先进的地位,也展现出我国在应对全球环境问题中负责任大国的形象。

“从国内已有环保政策文件和法律的表述,环保优先仍主要是从处理环境保护与经济社会(或其某个特定的领域)发展之间的关系角度进行的。”①且这种以“优先”为衡量结果的原则,并不能成为一个法律部门作为学理定义的基本原则。因为随着社会的整体发展,环境保护“优先”级别并非永恒不变的。因此,亟待形成一个既能反映优先原则这一利益衡平结果,又能更加抽象地、动态地保证不因具体情势变迁而发生变动的学理概念——衡平原则。该原则需要形成特定、独立的内涵与外延,进而成为确定的法律或法学术语。由此,本书以环境法的衡平原则为题展开了法理阐释与制度研究。

本书在第一章中,指出了衡平(equilibrium)是“衡量(measure)、平衡(balance)与裁量(judgment)”和“平等(equality)、公平(fairness)与公正(justice)”之间的动静关系、手段目的关系以及过程与结果关系的有机结合。同时,依据德沃金的法律原则理论论证的衡平观念的“权衡特性”“整体特性”“政治道德特性”满足了作为一个具体的政策性法律原则的基本要求。由于环境议题与衡平理念有着天然的连结关系,无论是概念上的耦合抑或其所具备的特殊价值,都决定了环境法衡平原则的特殊性和必然性。本书提出了环境法中衡平原则的解释框架,在对环境法衡平原则的内涵予以解构的基础上,阐释了衡平

---

① 竺效:《论公众参与基本原则入环境基本法》,载《法学》2012年第12期。

原则在环境立法、环境执法、环境司法中的宏观价值与微观作用。其中,环境法衡平原则的概念包括“次序性原则”“有效性原则”“适度性原则”三个子原则。衡平次序性原则主要针对环境立法活动的价值判断;衡平有效性原则主要针对环境行政活动的事实判断;衡平适度性原则是在司法审判活动中结合立法的价值判断与行政的事实判断作出的法律判断。

在第二章中,本书证成了环境衡平次序性原则指引下的环境立法中的利益识别、利益整合和利益表达机制。在上述机制视域下,分析了环境立法进程中国家行政权力分配、国家权力与公共利益分配、区域府际利益分配、地方立法与中央立法衔接、立法法体模式选择的次序困境并提出了其协调路径。一是通过《环境影响评价法》的修改实现环境影响评价(以下简称环评)否决权与建设项目决策权的科学配置,明确环境行政权责划分,建立独立审查机制,并附随建立起完善的参与保障程序,这成为环评否决权乃至环评制度的进一步深化改革的切实路径。二是提出“三项原则”的解决方案,即可以通过国家主权安全保障原则、能源资源安全保障原则、社会稳定保障原则限制国家主权取得原则的滥用,进而解决再生资源入法的理论障碍。三是建议京津冀三地加强沟通,建立区域专门立法协调机构,建立技术性协作机制和立法后评估协同机制,以信息化为依托搭建信息交流平台,整合信息交流的方式,真正实现京津冀区域环境治理立法协同,共同推进京津冀区域协同高质量发展。四是建立了执行型、填补型、试验型地方立法的央地立法需求与供给衔接矩阵,总结了地方环境立法执行型立法落地高效,填补型立法特色鲜明,试验型立法创新驱动力强、公众参与度高等先进立法经验。五是分析了国内外立法法体模式选择的相关经验,总结了保护法益趋同性、基础立法完备性和与其他规划立法的衔接性这三大法体模式的选择标准。

在第三章中,本书阐明了环境衡平有效性原则指引下环境行政执法中需要调整的法律关系及调整方法等内容,并基于此检视了我国环境行政管理、环境行政行为、环境行政监督、环境行政惩戒、环境行政区域协作治理及环境多元治理的效能,并提出了其优化路径。一是从理论上构建以扩张规制主体、扩容规制工具、扩展规制功能为内容的生物技术伦理善治逻辑成为必然,在制度层面,可以通过建构风险预防原则、建构广泛的多主体参与制度以及信息工具的使用等策略实现生物技术安全伦理原则的法律规制逻辑转换。二是合理配置环境行政许可程序中各方权利(力)义务与责任,对于生态环境主管部门,要优化项目环评中生态环境主管部门权力义务配置,全面落实建设项目环评的“放管服”改革,同时构建项目环评审批后评价制度;对于环评机构,可以从明确编制义务,追究违法责任两个方面进行监管;对于规划环评,本书建议完善规划编制机关和规划环评审查小组的权责配置。三是地方、中央和公众可以接续形成公私协作的联合治理机制,协调其他各方行动,主导制度制定和实施进程。四是提出由政治义务、管理义务、执行义务构成的环境义务才是科学问责的基础。同时,基于注意义务的比例性而设置的无过错责任原则、特殊过错推定责任原则和过错责任原则符合当前与行政管理相适应的体制需求和现行问责效果的事实需求。由此,可以相应地建立起由针对政治义务的免责清单、针对管理义务的负面清单和针对执行义务的正面清单三大责任清单共同构成的清单制度作为相应的制度设想。五是以府际协作治理制度应对区域环境污染,建构府际联席制度作为府际协作的主体,通过跨区域联合执法治理区域环境污染,最后以生态环境补偿制度协调府际利益,确保制度的实现。六是通过对参与者的人格重塑,提出公民、市民与消费者在环境治理中的身份转换,他们分而为国家、社会与市场的主体,合而为环境治理者中的重要组成,也就是“公众”,从决策环节、执行环节、监督环节分别予以完善才是现实环境治理困境的破解之道。

在第四章中,本书剖析了环境衡平适度性原则指引下司法专业性与社会舆论监督、司法能动与司法中立、司法效果与公众期待之间的关系,进而分析了环境司法中衡平适度性原则在诉讼案由规范、诉讼请求拟定、证明责任分配、损害赔偿认定过程中的适用困境,并论述了如何通过诉讼案由规范化、诉讼请求精准化、证明责任分配科学化、损害赔偿裁量合理化实现环境司法中的衡平适度性原则。一是强调构建统一规范的生态环境资源案件案由体系,在提高生态环境资源案件案由周延性的基础上,制定专门的“生态环境资源案件案由规定”,就环境污染防治、生态保护、资源开发利用、气候变化应对、生态环境治理与服务等案件类型分别设置不同的案由。二是以540份裁判文书为样本进行实证分析，从理论引导、类型建构和内容完善三个层面，将环境行政公益诉讼的诉讼请求宏观、中观和微观精准化有效联结，明确环境行政公益诉讼的诉讼请求精准化实现路径。三是提出对关联性证明责任的分析不应当一概而论，而应当根据关联性所依靠的证明方法进行类型化分析，科学配置证明标准，划定相关概念边界，确保原、被告在进行司法鉴定时的负担平衡是化解关联性证明责任问题的重要路径。四是可以从生态损害以及由此引发损害赔偿的概念和构成要件出发，界定生态损害的赔偿范围，在明确生态损害的损害赔偿的私法请求权基础、请求权定位和请求权主体后，可以明确生态损害的损害赔偿的全部损害赔偿原则、填补损失原则、经济性原则和合法性原则，并针对生态损害设定基于时空条件和质量条件的损害赔偿限度。对于金钱赔偿的数额裁量，一方面，通过公共利益与私人利益在实体层面和程序层面的识别，厘清不同类型诉讼中金钱赔偿的具体范围，进而通过法律适用要件分析和赔偿范围间的逻辑演绎，确定个案中的赔偿类型；另一方面，通过科学认定方法的匹配对金钱赔偿予以量化。上述内容框架，如图1所示。

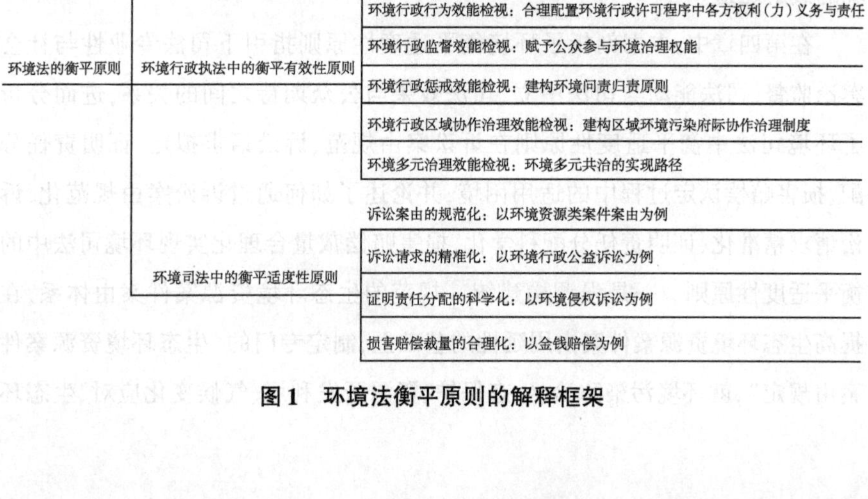

图1　环境法衡平原则的解释框架

基于以上内容，本书形成了以下主要观点：一是环境法的衡平原则是指在环境法治活动中对环境利益所处之利益次序应当进行合理排列，以确保权力行使的手段与权利保障的目的存续合理比例，进而在可能的权利救济中体现独立、公正的法律原则。二是环境法衡平原则由三个子原则构成：环境立法中的衡平次序性原则、环境行政执法中的衡平有效性原则以及环境司法中的衡平适度性原则。三是衡平次序性原则主张在环境立法环节科学配置国家行政权力分配、国家权力与公民利益分配、区域府际利益分配、地方立法与中央立法衔接、立法法体模式选择等事项。四是衡平有效性原则主张在环境行政执法环节建立层次性的环境问责归责原则体系，合理配置环境行政许可程序中各方权责，建立区域环境污染府际协作治理制度，赋予公众参与行政执法的主体地位，建立善治理论指引下的多元共治体系。五是衡平适度性原则主张在环境司法环节实现诉讼案由的规范化、诉讼请求的精准化、证明责任分配的科学化、损害赔偿裁量的合理化，有效协调司法专业性与社会舆论监督、司法能动与司法中立、司法效果与公众期待的关系。

本书有以下创新之处。

一是创新提出了环境法的衡平原则是环保优先原则和统筹协调原则等立法原则的上位理论原则，包括衡平次序性原则、衡平有效性原则、衡平适度性原则三个子原则。

二是创新提出了我国环境立法中衡平次序性原则的理论内涵与实践路径。其一，明确环评否决权的设置干扰了建设项目行政审批考量因素的均衡性，现行的“并联式”审批模式优于“串联式”审批模式。其二，明确自然资源国家主权取得的限制原则和公众先占取得的制度设想。其三，总结了具体、即时与实效的执行型立法，特色鲜明的填补型立法，创新试验与多元参与的试验型立法的先进地方立法经验。

三是创新提出了我国环境行政执法中衡平有效性原则的理论内涵与实践路径。其一，通过分析传统科技伦理行政规制模式的缺憾和不足，提出建立多元共治的科技伦理治理机制。其二，通过激励相容理论建构了环境合作治理中主导组织的效用模型。其三，明确了环境问责归责原则体系，即地方行政主官基于其政治义务应当承担无过错责任，主要管理干部基于其管理义务应当承担过错推定责任，基层执法人员基于其执行义务应当承担过错责任。

四是创新提出了我国环境司法中的衡平适度性原则的理论内涵与实践路径。其一，明确了诉讼请求对象精准化、履职时间限定精准化、诉讼标的划分精准化和履职方式要求精准化等检察行政公益诉讼的诉讼请求精准化建设目标。其二，根据环境损害事实证明难度的不同将关联性的证明梯度分为常识型、科学确定型和科学不确定型证明责任。其三，明确了生态损害赔偿的全部损害赔偿原则、填补损失原则、经济性原则和合法性原则，以及应当坚持的时间限度、空间限度和质量限度，并根据损害赔偿的损害填补、获利剥夺和行为惩戒的功能分野设定生态环境侵权金钱的赔偿范围与量化方法。

目录

第一章　环境法中衡平原则的解释框架

第一节　环境法衡平原则的内涵解构

一、何为衡平

“何为衡平?”是破解本书命题的首要问题。所谓衡平,既讲动态的衡,又讲静态的平;既讲方法的衡,又讲目的的平;既讲过程的衡,又讲结果的平。

(一)衡平的文义解释

所谓衡平(equilibrium),在英文文法中“equilibrium”代表的是一种均势与安宁,其既不能等同于传统意义上的衡量(measure)、平衡(balance)、裁量(judgment)等内涵,亦有别于平等(equality)、公平(fairness)与公正(justice)等词汇概念的范畴。

首先,动态的衡是“衡量”(measure),是指对衡平对象的状态进行动态评估;静态的平是“平等”(equality),是指通过社会普遍的善良认知确保衡量对象受到规范上的平等对待。进而,通过动静结合对利益和状态的衡量实现同一标准下的平等对待。从动态论上看,在西方,“衡平”的基本含义是指纠正和弥补可能被错误适用的法律。[1] 从静态论上看,究其文义,衡平就是公平、正义,从西方自然法的角度来看,它是实质正义的代称。[2]

其次,方法的衡是"平衡"(balance),是指在对衡平对象的处分过程中选择适当的、不超过必要限度的手段;目的的平是"公平"(fairness),是指衡量欲达至的目的与衡平手段间存在合理的比例关系。也就是说,通过对采用手段的均衡把握实现治理效果的公平。从方法论上看,衡平从字面含义可理解为平均或根据比例公平分配。从目的论上看,衡平原则的概念阐述为"当法律由于其原则性过强而较难解决实际问题时对法律的弥补"[3]。

最后,过程的衡是"裁量"(judgment),是指衡平应当存在于对衡平对象采取处分手段的依据制定、手段选择与救济活动的全过程;结果的平是"公正"(justice),是指要求在上述任何环节都应当达到结果的公正与和谐。总体来说,即通过独立中立的裁量行为实现对特定诉求的公正救济。

综上所述,"衡平"并不同于惯常言之的"衡量、平衡、裁量、平等、公平、公正"等意涵,且"衡平"与这些概念并非包含与被包含的关系,或上位与下位的关系,而是具体与抽象、应用与理论、特殊与一般的关系。

(二)衡平的法律意涵

首先,衡平是法的内涵要素。由上文可知,衡平可系统性地划分为3个层面的含义:第一个层面的含义起源于自然法思想。柏拉图提出的正义理论促进了"衡平"这种法律思想的形成和发展,他坚定不移地认为正义是制定法律法规的前提条件,是一切社会行为的基本道德标尺。第二个层面的含义是当法律僵化,并且和社会的本质需要产生一定矛盾时,衡平的作用是对法律进行一种特殊的调剂和纠正。柏拉图是首个发现法律具有刚性和存在缺陷的学者,他提出,法律往往会体现出一般性与模糊性,假如没有衡平对法律进行弥

① 参见张志超:《中国古代衡平司法技术》,载《山东警察学院学报》2006年第5期。

② 参见李语湘:《衡平思想之功能证考——以不当得利原则的比较研究为视角》,载《河南大学学报(社会科学版)》2014年第1期。

③ 董正爱:《社会转型发展中生态秩序的法律构造——基于利益博弈与工具理性的结构分析与反思》,载《法学评论》2012年第5期。

补,那么法律就会逐渐演变为一个为掌权者所运用的独裁工具。[①] 第三个层面的含义诞生于13~14世纪的英国,它在大法官大量的司法实践之后不断进步和发展,它的本质作用是对普通法的漏洞进行有效的弥补。

其次,衡平是法的本质要求。法之本义谓之"平之如水",以法为标尺定分止争达到如水一般的衡平状态。衡平与不衡平彼此联系但又互相对立,不断趋向统一。法即在这种不断演变、连续和中断、和谐和矛盾、有序和无序中实现各类社会关系的整体统一。

最后,衡平是法的价值追求。就客观角度而言,法是调整人与人之间关系借以达到稳定社会关系和其他关系的社会性规范。在纷繁复杂的社会关系中,具有优势地位的人只是社会的一小部分,而大多数处于较低地位的个体也具有自身的意志。如果法未能够在这些关系中把握一个良好的衡平点,那么它就不能有效地稳定社会,反而会在一定程度上加剧社会中潜在的各类矛盾。因此,法一定要在各类社会意志中进行合理的判断和选择。从本质上讲,法涵盖的价值和人的客观需求存在一定的关联,而人所具有的客观需求又在很大程度上体现出多元化的特性,因此,法涵盖的价值存在十分明显的差异,其中不仅包括了法所代表的普遍价值,还涵盖了它所不可或缺的特殊价值,既有个人价值、集体价值,也有国家价值、人类价值,还有物质价值、精神价值。[②]

至此,可以说,法律体系当中蕴含的衡平观念和司法实践是对公义和司法作用进行探寻而得到的更为全面和深入的历史成果。从政治学说史的角度来讲,理性主义在很长一段时期内占据着主流的地位。比较偏向于极端的理性主义把人的精神看作"整个世界的支柱",在人类世界经历了工业革命之后,人类经济发展得到了强大的动力,这也在很大程度上强化了这种思潮。从法律的层面来讲,尽最大努力通过理性化的方式设计出一套至臻至善的制度,从根本上消除社会制度建设中存在的秩序、正义等方面的问题。由此产生的声势

① 参见胡桥:《衡平法在中国的研究:现状、问题及展望》,载《华东政法大学学报》2009年第5期。

② 参见文敬峰:《法的衡平与妥协——从法的本质说起》,载《湖北教育学院学报》2005年第6期。

浩大的立法活动,不仅继承了规则所推崇的传统,而且在一定程度上促进了人类社会法律体系的发展,同时形成了法律理想主义的众多衍生品,但是这和立法者的个人素质不存在任何关系——它忽视了立法和司法两者之间存在的联系。社会在不断地改变之中,法律不断完善和更新以符合社会的改变方向是非常关键的,但是仅达到这个层次还不够,只有将衡平观念原则化,赋予其特定的制度性,才能从本质上进行补救。

二、何为衡平原则

(一)何为法律原则:概念、要素特征与类别分层

法律原则是指在一定法律体系中作为法律规则的指导思想、基础或本源的综合的、稳定的法律原理和准则。当然,并不是所有观念、指导思想都可以成为法律原则。法律原则理论的创始人德沃金创设了法律原则的基本要素与类别分层。德沃金对法律原则的特征进行了如下论述,他指出,法律原则的特征主要有三点:“竞争、权衡”特征、整体性特征以及政治道德特征。①

首先,“竞争、权衡”是法律原则的第一特征。对于各类疑难案件而言,因为司法者所占据的政治道德立场有所差异,在对相关原则展开具体衡量时,所形成的结果也不尽相同,所以在利用整体性原则展开分析时,诸多法律原则存在一定程度的冲突。然而,这些冲突的结果和规则有所区别,它可能导致原则之间的妥协——产生政策性的决定。

其次,整体性是法律原则的重要特征。整体性主要涵盖两个内容:历史纵向要具有十分突出的一致性,横向要形成高度的一致性。从历史层面来讲,整体性要求法律在进行客观实践的过程中能够从对目前问题的分析延伸到纵向的历史中;从当前的法律体系来讲,它要求将法律视为“整体性”的构架,即要求能够在立法、行政和司法实践三个环节实现整体性的要求。

最后,法律原则应当具有政治道德特征,并且法律原则和政治道德原则之间具有必然联系,互不可缺。从某个角度来讲,法律原则源自政治道德原则。比较典型的一个例子,个人权利至上观念就是自由主义道德原则在德沃金所

---

①　参见[美]德沃金:《法律帝国》,李常青译,中国大百科全书出版社1996年版,第187页。

提出理论中的突出表现。

所以,具备以上三个基本特征的观念与指导思想才可以称为原则。在某一观念明确法律原则的重要性以后,还必须明晰该原则的实际定位。

在法律原则进行第一层次分类的过程中,原则可系统性地划分为政策性和公理性。前者是国家为实现某个特定的政治意图,或完成某个阶段的任务而进行的政治协商,通常而言,它涵盖了社会发展各个层面的问题。除此之外,它体现出十分明显的针对性,因为社会矛盾有所区别,所以相应的政策性原则也存在差异。所有国家都不可避免地要面对自身的社会问题,这就需要通过法律政策进行解决。后者源自各类社会关系,它获得了绝大部分民众的认可并被作为法律所依据的公理。此类原则具有较强的普遍性,然而其并未对国家性质和社会性质进行具体区分。

在确定了某一原则的第一层性质之后,就进入了第二层次的类型化界分——对具体原则和基本原则展开具体划分。就这两种原则而言,前者是后者的具体化,它形成了某个法律领域的指导原则。后者体现了法律的本质和其具有的基本价值,是开展法律活动的起始点,在很大程度上决定了法律法规的统一性和规范性。

(二)衡平原则的可原则性与类型确定

承上文所述,可以考察衡平观念是否可以作为法律原则而存在。首先,"衡平"满足"竞争、权衡"的原则特征。衡平即权衡,这一属性允许我们在相互冲突的原则中进行协调。一个原则相对的"分量"同它的重要性相互适应,而理性的道德推理也是通过原则之间的权衡来实现的。德沃金认为,原则的权衡就是在不同道德价值间的权衡,以及进行理性的道德推理活动。在道德和法律规则冲突时,我们必须权衡所有与之相关的道德,并对具体案件作出符合法律整体性原则的判决。

其次,"衡平"满足整体性的原则特征。衡平观念认为,法律不仅应该包括狭义上仅在判决中明确十分有益的内容,还应该包括广义上为证明它们的合理性所必须具备的原则体系。换句话说,衡平观念可以将法律实践与实际结合起来,在立法、行政和司法方面,以及在法律的各个部门(民法、刑法、行政法)之间,在法律的实践和理论上求得整体性的一致。

最后,"衡平"满足政治道德特征。法律的价值目标是实现公平和正义,但是在不同的社会中人们对公平和正义有不同的见解。"在正义和公平的问题被视为在一个特殊的政治群体中何为正义和公平的问题的意义上,社会比正义和公平更重要。"①而衡平就是为了解决在不同历史时期和不同状况下对公平正义进行动态化解释的问题,这种解释便依赖当前政治道德的宏观表达策略,这种策略又来自执政集团对不同利益整合表达后的妥协与前瞻性诉求。

在衡平具备了法律原则的各项特征以后,可以进一步判定其作为法律原则的具体类型。其一,衡平原则是在特定历史时期,为了完成某一领域(如本书之环境保护领域)的特定任务而特别设定的具备一定针对性的法律原则。且随着经济社会的发展和科学技术的革新,这种原则调试法律运行的方式方法也会与时俱进,故而衡平原则应当是一项政策性原则。其二,衡平原则是公平、平等、正义等法学基本原则的具体化,进而在某一法律领域或某类法律活动中(如环境保护法律中)成为重要的原则和出发点,所以,衡平原则应当是一项具体原则。

综上所述,衡平原则不仅可以成为一项法律原则,而且可以成为环境法律领域中的一项重要的政策性具体原则。

三、何为环境法的衡平原则

(一)衡平原则与环境法的连结价值

衡平原则与环境法相关联,首先,在环境法律规范中需要确立衡平原则以实现在规范建构中考量环境利益的正当性。法律的核心是对各方利益进行平衡,法律的制定和国家某项政策的出台从本质上讲是社会中各方利益博弈的结果。环境利益保护的重心是找到各方利益主体的平衡点。环境保护法所实现的目标之一是人类和生态环境的和谐共处,这种和谐共处从某个角度来讲也是人的全面发展,怎样平衡环境利益是立法的重中之重。

其次,在对具体行政行为进行评价时,环境法的衡平原则将视野从行政主

---

① [美]德沃金:《法律帝国》,李常青译,中国大百科全书出版社1996年版,第187页。

体与行政相对人扩展到环境受损害的第三人的正当性依据，进而有利于实现权力运行合比例性、行政相对人惩戒适当性、环境权益人补偿最大性的统一。权力运行合比例性、行政相对人惩戒适当性，是指行政主体对相对人过错的惩戒应是必要且不可替代的，并采用与其过错程度相当的制裁方式。这就要求综合考量利益衡平所采取的策略、思路、措施和方式，在环境法律制度的设计和改良过程中高度重视技术可行、价格合理、使用方便、环境友好、改进与替代方案等关键要素，使得相关利益主体乐于接受并可以负担。环境权益人补偿最大性是指不能因需保护相对人的利益而忽视他所侵害的第三人——环境权益人的利益。因此，行政相对人必须为对他人的伤害支付对价，也就是给予利益受损者的补偿。需要注意的是，这里的补偿并非民事赔偿，而是用于行政制裁参考，并收之用以生态补偿。

最后，在权利救济程序中，在考虑传统法律价值的同时，环境法衡平原则为环境权益受损的特殊生态价值救济提供了正当性。伴随社会的不断进步以及利益衡平在个案审理时的广泛运用，该原则的作用已不仅限于立法过程中对具体法律条文的拟制或取舍，而是逐步演变为调控裁判过程中发挥核心作用的法学方法论。衡平原则的内涵在于突出在个案审判的进程中挣脱法规的约束，按照对多种利益的价值分析寻求最终的审判结果。

（二）环境法衡平原则的提出

经过前述的论证，依据“衡平 + 原则”与“衡平原则 + 环境法”的证成可以正式提出环境法衡平原则的具体概念。本书认为，环境法衡平原则是指在环境法治活动中，合理排列环境利益的次序，确保权力行使的手段与权利保障的目的之间保持合理比例，从而在权利救济中体现独立公正的法律原则。对于法律原则的适用一直以来是学界争论的焦点。作为“政策性具体原则”的衡平原则是国家为了大政方针得到具体实施而确定的具有可操作性的指引性原则，应当存在于法律运行的各个阶段。具体而言，环境法衡平原则由三个子原则构成：环境立法中的衡平次序性原则、环境行政执法中的衡平有效性原则以及环境司法中的衡平适度性原则。

第二节　环境法衡平原则的价值作用

一、实现国家、社会与个人之间的利益次序衡平

从整体上看,公权力和个人权利的一致性可以系统性地划分为3个主要内容,首先,公权力源自无数个人权利的集合,它是人的意识形态发展到既定界限时,在社会体制的影响下构成的。其次,公权力的最终目的是维护个人权利。在权责分离之后,个人权利在一般情况下仍可能遭受不同程度的侵犯。在这种情况下,必须借助公权力来解决问题。从客观角度来看,公民权利高于公权力。由于权力所对应的核心目的是确保权利能够得到有效的体现,因此与个人权利展开对比之后,公权力就仅是一类方法和工具。[①] 因此,国家权力表现出人民性,究其本质,国家权力是公民权利催生的产物,广大民众具有的权利高于国家权力。从另一个层面来讲,国家权力体现为政治上的强制力量,具有不可侵犯性。它不仅可以允许社会民众从事某些活动,还可以禁止民众从事某些特定的活动。正因如此,假如对其放任为之,不进行有效约束,则必然会导致公民权利受到一定程度的影响,如此便与国家权力的人民性相违背。当国家政府的权力和普通民众的权利形成矛盾时,如果要协调双方关系并且尽可能地避免人民权利遭受损害,就一定要切实地发挥法律的作用,而衡平原则在这时应展现自身所具有的独特价值。

为此,衡平原则要求立法者在有多种手段能够实现目的时,在减弱目的实现效果的基础上,应选择对公民损害程度最微弱的一类手段。[②] 同时,此类负面影响应被控制在最小的范围中,二者必须处于一个合理的比例。[③] 它包含实体和程序两个层面的内涵,从实体的层面来讲,衡平原则是指国家权力在行使

---

① 参见于昆:《论公民权利与国家权力的理性平衡》,载《甘肃社会科学》2006年第6期。

② 参见陈德敏、杜辉:《环境维权群体性行动的法制化探讨》,载《清华法治论衡》2013年第3期。

③ 参见王名扬、冯俊波:《论比例原则》,载《时代法学》2005年第4期。

的过程中，不能给予普通民众高出最终目的之价值的侵害，否则该比例就缺乏合理性；从程序层面来看，衡平原则要求行政主体所采用的手段与预期实现的目的之间必须具有合理的对应关系。尽管公权力手段在某种程度上具有必要性，但其实施效果与预期目标之间可能存在比例失衡的问题。因此，在全面考虑公权力措施可能带来的副作用后，应将其提升到与目标相同的层次进行分析，并以人权为基础，兼顾人权保障与公共利益的实现。从本质上讲，衡平原则所调整的关系，正是这两者目的之间的关系。

首先，公益与私益存在既定分野。从本质上讲，公共利益是一个虚化的概念，不同的地区、时间以及文化，其公共利益的内涵往往也不尽相同。"公共利益至上"是处理公共利益与个人利益两者之间矛盾的另一种理论，即个人利益在一定情形下要服从于公共利益。通常情况下，"公共利益"的价值视社会价值观的具体内容而定。许多西方学者认为，"公共利益"作为一种国家福利，超出了国家的行政职责范畴，而"最大限度地实现公共利益"需要通过法律和政策手段，确保社会整体利益的提升。与之相对，个人利益所指向的对象较为具体，一般表现为有利于公民个人并为公民个人所追求的具体的物质利益或精神利益。西方学者强调，"个人利益至上主义这种宪政传统从某个角度来讲是从十八世纪之后不断改变着的宪政体系的主线"。① 国家源于一种特殊的社会契约，国家运作的本质目的是维护各个缔约者的个人权益。

其次，公益和私益能够衡平统一。两种主义的矛盾在通常情况下会导致两种利益发生互相对立的情况，但是，两者也不是完全对立的，甚至从某个层面来讲，两者在大部分情况下是一致的。社会中的利益关系纷繁复杂，而法律是解决矛盾、消除冲突最为重要的工具，特别是以公共权力、公共利益等为协调对象的公法。"如何在公共利益和个人利益的矛盾中体现正义的衡平应是行政法的基本功能。"

最后，衡平原则不但合理地解释了公共权力对个人权利进行干涉是符合法律的，还通过3个彼此关联的子原则对公共权力的使用进行了约束，从而维

---

① 王哲：《谈罗尔斯的正义理论及其借鉴意义》，载《辽宁工程技术大学学报（社会科学版）》2006年第6期。

护了社会中个人的权利。让个人利益和公共利益彼此协调统一的衡平原则不仅有效消除了个人利益至上主义,也很大程度地铲除了公共利益至上主义的诸多缺点和弊端。它承认公共利益具有优先性,但这种优先性并非绝对,而是为了保障大量个人利益的实现。只有在符合法律规定,以满足公共利益为目的,事先进行合理补偿的前提下,才能对个人利益进行限制。

二、实现政府与社会协同治理的行政效率衡平

环境资源的共有物品属性仍然面临着历史和前瞻两个向度的风险:重演历史上因个别人的独占而损害绝大多数人期待的风险,以及在将来面对公共物品时,因各人基于各自面临的“囚徒困境”而采取“理性自利”行动导致的“公地悲剧”。这也决定了公共环境“治理”之路必然崎岖而漫长。关于环境资源治理需求的认识起源于人们对公共环境资源属性的发现,环境资源作为共有物品和私人物品与公共物品在竞争性方面有着较多的区别,为此,公共环境资源的稀缺性决定了唯有以治理环境为目的采取有效的环境政策才能保证人类社会的可持续发展。治理是不同于统治、管理的一种新型的公共事务治理之道,要求政府与公众存在于一种合作的关系中,而这种合作关系的形成经历了从权威性统治到新公共管理再到治理的理论演进。同时,合作不意味着共同主导,而是有着主次之分,“主”即领导,“次”即参与,二者互相依靠,彼此边界分明,却又都必不可少。所以,参与式环境治理就是环境治理中最科学的治理模式——公众以“参与”为限,从环境决策、环境管理到环境监督各个环节参与到环境治理之中。在我国各个位阶的规范性文件中已经存在较为成体系的环境治理公众参与制度框架。

为此,衡平原则旨在推进国家与公民之间的互动沟通,在依法行政的大框架下实现行政执法的管理、监督与惩戒的效能最大化。博登海默曾说:“正义有着一张普洛透斯似的脸,变幻无常,随时可呈不同形状并具有极不相同的面貌。”①法自产生以来,就没有也永远不会与正义脱离干系。简单来讲,效率是指既定的时间段内投入总量和所得收益的比例关系;效率是当今法治社会的

① [德]E. 博登海默:《法理学:法律哲学与法律方法》,邓正来译,中国政法大学出版社2017年版,第266页。

价值取向,在全球范围内引起了广泛的关注。当代社会的法律体系,不管是哪种形式的法律,都体现了追求效率最大化、减少资源投入的经济逻辑。衡平原则在认同行政执法权的基础上对其行使进行约束和控制,以此在个案中维护正义,不但确保了大部分情况下行政效率不会降低,也让正义得到了维护。

第一,衡平原则旨在对行政执法权力加以约束。设置衡平原则的底层逻辑是“将权力关进笼子”,通过立法的方式要求行政权行使的手段和目的符合比例原则。特别是防范环境行政执法中会产生过度行使执法权或怠于行使执法权的情况。比如,或“以罚代管”开出所谓“天价罚单”,既不利于优化营商法治环境,还令企业增加额外较重的行政负担;或对本应当从重从严处罚的严重环境行政违法行为,处以相对较轻的行政处罚,导致环境违法成本低,难以震慑其他污染环境违法行为。

第二,衡平原则引导行政部门采取的公权力手段,让行政部门的行为能够良好地符合法治国家的标准,满足广大人民群众的实质需要。此类指导功能是衡平原则体现自身独特价值的核心方式。尽管它要借助行政部门的自律,但毋庸置疑的是,它是公权力行为的基本标尺。哪些行为是可行的,哪些行为要予以撤销,通过衡平原则在公权力的孕育阶段就能进行合理的判断。显而易见,行政部门在受到衡平原则的引导之后,公权力手段所取得的效果和质量都得到显著优化,而且诸多不具有必要性的纠纷也由此消除,让自身的行为获得广大人民群众的认可,进而让威信大幅提高。行政权力来源于广大人民群众的权利,人民群众的权利是行政权力存在的根本。公民需要一定的行政权力是为了借助行政权力来维护自身的合法权益不遭受不合理侵害。所以,从这个层面来讲,权利是行政权力的根本,行政权存在的意义是维护和发展自身拥有的权利,丧失了权利,行政权也就丢失了存在的意义。

三、实现司法效果与程序正义的司法救济衡平

环境司法的具体案件审理中充满复杂性,利益衡平的运用在很大程度上与法官的合法裁量、中立裁量和自由裁量有着十分紧密的关系,因为其本身具有选择对象、考察因素的多变性,再加上司法者的主观因素,利益衡平具有一种理论高度的指导意义。在环境司法语境下,环境污染直接危害广大人民群

众的生命健康安全和舒适生活品质,因此人民群众对污染行为始终深恶痛绝,对污染者往往有“诛之而后快”的意愿。法官在审理案件时,应当秉承社会主义法治理念,在法律的框架内,以人民为中心,让人民群众在每一个司法案件中感受到公平正义。针对环境利益案件而言,法院不仅承担着纠纷处理的角色,还发挥着政策推广者、行政支持者等多重角色的作用。此外,逆向选择效应可以从其他层面解释环境纠纷发生概率高而诉讼案件成立概率低的现象。在案件社会结构中,对手效应与第三方效应之间存在差异,导致同类案件有的能够顺利立案,而有的则不能立案,甚至同类案件的审判结果也可能不同。①

因此,衡平适度性原则是环境司法裁判不可或缺的方法,应在法律体制既定的范围内,以社会民众期望的主流社会价值因素为导向,如公平性、诚实性等。这些因素虽非明确被纳入法律范畴,但对约束法官的裁判行为具有关键价值。价值评析在法律制度中的作用在于融入具有良好客观性的法律规范,法官在解释这些客观性时,必须明确其认可的价值因素和目的因素。

具体而言,首先,衡平原则为环境司法审判提供了必要的司法效果标准。在必要的程序设置和证明责任认定中,法院可以依据公众熟知的事实、公理和社会经验,判断行政强制是否存在失当,确保司法审查的严肃性。司法审判活动不能一味追求社会效果而过度纠偏,也不能被片面内容或煽动性言辞左右。

其次,衡平原则为环境司法审判提供了一定的司法能动标准。法院应保持裁判者的角色,而不是管理者,运用适当的司法能动指导环境行政。环境行政单位在分析和判断环境污染及其后续影响方面具有专业优势,但预测本质上是对可能性的分析。如何使行政权与司法权各司其职,发挥应有作用并达到和谐,是法治社会建设中需要解决的问题。

最后,衡平原则为环境司法审判提供了自由裁量标准。党的十八大以来,党中央、国务院高度重视生态环境问题,环境司法专门化持续推进,环境损害

① 以泰州1.6亿元公益诉讼天价赔偿案为例,从起诉主体钻法律漏洞、生态环境主管部门调查取证、检察部门允许起诉、中级人民法院组建合议庭、省高级人民法院法官到庭指导,直至案件审判结束,整个过程体现了法检、生态环境主管部门、生态环境团体的协同行动,符合地区行政部门制定的经济政策,展现了以大局为重的政策实施型司法特性。

侵权纠纷案件日益增多。庭审中,法官需对控辩双方提交的证据进行认证和采信,对案件事实和原告诉讼请求进行裁判。例如,在环境侵权诉讼中,法官需判定污染物性质、污染范围、污染后果、因果关系、环境修复方案及赔偿数额等问题。衡平原则要求明确衡量过程中需兼顾的因素和各类利益的价值排序,指导建立相应的审判规则,赋予法官在制度框架内的自由裁量权。

第二章　环境立法中的衡平次序性原则

第一节　环境立法中衡平次序性原则的概述

环境立法中的衡平次序性原则，是指在环境法律规范的订立过程中，应当充分考量所涉及的包括环境利益在内的所有利益以及所处状态，且各利益之间并无高下优先之分，只须依其所处之状态，衡量对公民生存发展最为有利的利益次序。

一、环境衡平次序性原则指引下的利益识别

环境利益是导致环境冲突的根源，将环境利益单独划分为环境矛盾利益谱系中的一个层次是不科学的。这是因为，在环境利益冲突涉及的三个利益阶层的范围内，环境利益与其他利益存在契合点。[①] 因此，环境利益在环境矛盾中并不能单独作为一个利益阶层进行体现，而应作为各利益阶层中的子利益存在，并在诸多子利益中居于核心

① 参见杨海坤：《法律 · 利益调整 · 社会稳定和发展》，载《江苏社会科学》1993 年第 3 期。

地位。它是现代社会环境权利意识觉醒的必然产物。①

环境公共利益是公共利益的一部分。通常情况下,公共利益被认为是“一类具有代表性的不明确的法律概念”,②所以难以对其进行清晰的界定,这也是环境公共利益概念较为模糊的本质原因。然而,尽管公共利益的内涵较为宽泛,但其主体是既定的,因此其内容在一定程度上也是相对固定的。

环境私人利益主要涵盖两个层面的内容,即环境个体利益与环境群体利益。个体利益是环境冲突中经常会牵涉的利益,内容纷繁复杂,其中最具有典型意义的是邻避运动中邻避设施对相关个体的商业利益、个人安全等方面造成的影响。当这种利益与其他利益在博弈中的矛盾不断升级时,就容易导致较大的群体冲突,这也是邻避冲突产生的本质原因。经济利益与环境利益之间的关系,本质上是人类和自然之间的关系。环境问题形成的本质原因是人类社会经济发展的欠缺,处理环境问题的核心就是怎样协调人类和自然、人和人、经济利益和环境利益之间的关系问题。

二、环境衡平次序性原则指引下的利益整合

利益整合是立法者对各种利益进行选择、归纳、提炼,并进行平衡和协调的过程。在整个立法过程中,利益整合是立法的核心部分。如何对利益进行有效的整合,法律规范能否协调好各种利益之间的关系,取决于恰当的方法运用。③

首先,衡平次序性原则在立法活动中的重要表现即对多元利益的统筹兼顾。此处的统筹兼顾是指在承认各方权益的前提下,满足多元利益主体的实际需要,不过分强调利益的一致性,而是通过适当的让步来协调社会各个利益主体的关系,从而实现利益的整体均衡。④ 其次,在立法活动中运用衡平次序性原则厘定利益的位阶。利益的位阶,是指在复杂的利益结构关系中,根据价

① 参见谢崇科:《立法需求的利益识别与平衡——基于一个立法选项的实证思考》,载《人大研究》2016 年第 3 期。

② 胡鸿高:《论公共利益的法律界定——从要素解释的路径》,载《中国法学》2008 年第 4 期。

③ 参见杨超:《政治的功能分析:利益关系的视角》,载《南京政治学院学报》2007 年第 1 期。

④ 参见张仲涛:《妥协:一种有效的利益整合机制——基于阶层利益矛盾、冲突的思考》,载《南京政治学院学报》2006 年第 4 期。

值判断,人为地对利益作出的一种位序排列。① 现阶段的社会价值观主张,公共利益是多个主体切身权益的集合,通常会牵涉环境资源和经济发展等事项。公共利益的价值意义通常高于个体的利益。一般性利益通常下会牵涉绝大部分个体的特定利益,特殊利益一般只牵涉一部分个体的利益。因此一般性利益的价值意义通常高出特殊利益。② 最后,衡平次序性原则在立法阶段所体现出的核心价值即对处于劣势一方利益的维护。立法是在进行社会资源分配过程中的一种不可或缺的方法,其核心目标是通过利益的抉择在整体上实现利益的衡平。在各个利益主体所拥有的力量相差甚远的情况下,为了防止利益差距不断扩大,法律法规制定者应对这部分自身力量较弱的群体进行适当的利益倾斜。

三、环境衡平次序性原则指引下的利益表达

利益表达是指主体为了实现某个既定的利益目标,通过正当的途径向利益表达客体传输相应的信息,表达自身的观点,并且通过规定的程序加入政治决策中表达自身的利益诉求。

首先,环境立法公众利益体现的是把某个利益主体的环境利益需求通过特定的渠道传达至外部的行为。就表达的渠道而言,通常可以通过语言文字和行为进行相应的表达。社会民众可通过口头方式(如公开演讲、交谈)或书面方式(如书信、期刊、网络)对环境立法发表自身的观点,进行利益表达。但是公众在进行环境利益表达时要遵守相关的规定,不能逾越一定的尺度,绝不能损害其他利益主体的切身权益,更不能扰乱社会秩序。其次,就环境立法而言,社会民众利益表达最有效的渠道是听证制度,它有助于环境立法单位按照听证的内容进行综合性考量,以便让环境立法的最终决策更能体现环境民主性。最后,就环境立法而言,环境信息公开是利益得到真实表达的有效保证。公众利益表达的实际效果和信息公开方式存在十分紧密的联系,只有在立法时保证公开,才可以确保社会民众真正地参与其中,才可以实现立法的公正和

---

① 参见何影:《利益共享实现机制中的利益整合及其运作方式》,载《前沿》2009 年第 11 期。

② 参见秦鹏:《论环境资源法中人的法律形塑》,载《重庆大学学报(社会科学版)》2009 年第 1 期。

公平。环境立法时一定要谨慎，立法的全部过程要有详细的记录并通过合理的方式公开，以提升社会民众的监督力度。

第二节　环境立法中衡平次序性原则的适用困境

环境立法牵涉多主体和多区域的利益，衡平次序性原则的适用就是为了平衡各主体、各区域的利益关系。然而在环境立法的过程中，各主体的利益分配不均和各区域之间的利益冲突，为衡平次序性原则的适用带来了困境和挑战。从主体层面来看，分配困境既包括公权力主体和私权利主体之间的利益博弈，具体表现为国家权力与公民利益分配的次序困境；也包括公权力内部的利益博弈，具体表现为国家行政权力分配的次序困境。从地域层面来看，适用困境既包括各地区之间的利益博弈，具体表现为区域府际利益分配的次序困境；也包括中央与地方之间的利益博弈，具体表现为地方立法与中央立法衔接的次序困境。法体模式作为环境立法的外在表现，其选择本身也会影响各主体和各地区的利益，因此法体模式的选择也存在现实困境。

一、国家行政权力分配的次序困境：以环评立法为例

在环境立法的过程中，公权力内部的利益博弈是衡平次序性原则应当解决的重点问题。环评是典型的环境立法，涉及不同公权力主体的利益分配问题。因此，本书尝试从环评立法出发，剖析国家行政权力分配的现实困境，进而为衡平次序性原则的适用奠定基础。

2014 年修订的《环境保护法》以“未依法进行环境影响评价的建设项目，不得开工建设”的明确条文补正了 2002 年《环境影响评价法》（已被修改）第 31 条关于“补办环评”引发的制度漏洞与寻租空间。[①] 同时，环评制度也随着 2016 年《环境影响评价法》的修改得到了进一步完善，特别是将环评的审批权从以往“先于其他审批事项”的“串联”模式改变为“与其他审批事项审批同时

---

① 参见王灿发、于文轩：《“圆明园铺膜事件”对环境影响评价法的拷问》，载《中州学刊》2005 年第 5 期。

进行”的“并联”模式。然而此种修改引发了广泛的争议，甚至质疑《环境影响评价法》的修改是环境保护工作的严重倒退。

事实并非如此。出于对此次修法的解释和肯定，本书需要指出，“串联”变“并联”实质是对建设项目审批过程中环评程序所保有的“否决权”的一次重新配置。考察《环境影响评价法》2002～2011年的运行状况①（见图2.1）发现，建设项目环评大量通过的事实与当时环境污染情况不断恶化的现状间存在矛盾。令人不解的是，在这一历史周期内取得了环评许可的建设项目原本对环境可能产生的污染应当是在足以被容纳的环境容量范围内的。但是即使这些建设项目按照环评文件排污，那段时间内水、大气等环境质量下降是客观存在的事实。那么，问题就出在这些建设项目为何能够顺利通过环评这一程序性根源上了。在对建设项目环评制度的理论研究上，研究重点更多地聚焦于以“公民参与”为中心的环评程序的研究②，着眼于“国际视野”下的面向制度“立法目的”③“对象与程序”④等要素的比较研究。相应地，在对《环境影响评价法》的完善对策上，明确信息公开的制度要求⑤、建立健全公众参与的保障机制⑥以及通过制度移植设计“替代方案”制度、强化法律责任⑦等旨在进一步强化环评制度在重大项目中的决策权重成为绝大多数研究成果的指向。

---

① 图表来源：笔者制图；数据来源：中华人民共和国生态环境部网站，https://www.mee.gov.cn/hjzl/sthjzk/sthjtjnb/，最后访问日期：2004年10月23日。因官方统计项目在2007年发生变化且公开数据于2012年起停止提供相关数据，为尊重客观事实以及便于直观展示环评制度执行率，笔者缺省了各统计项目不存在的年份的数据。

② 参见汪劲：《环境影响评价程序之公众参与问题研究——兼论我国〈环境影响评价法〉相关规定的施行》，载《法学评论》2004年第2期。

③ ［日］桑原勇进、金永明：《中日环境影响评价法比较研究》，载《政治与法律》2002年第1期。

④ 赵绘宇、姜琴琴：《美国环境影响评价制度40年纵览及评介》，载《当代法学》2010年第1期。

⑤ 参见李艳芳：《论公众参与环境影响评价中的信息公开制度》，载《江海学刊》2004年第1期。

⑥ 参见周珂、王小龙：《环境影响评价制度中的公众参与》，载《甘肃政法学院学报》2004年第3期。

⑦ 参见蔡守秋：《论健全环境影响评价法律制度的几个问题》，载《环境污染与防治》2009年第12期。

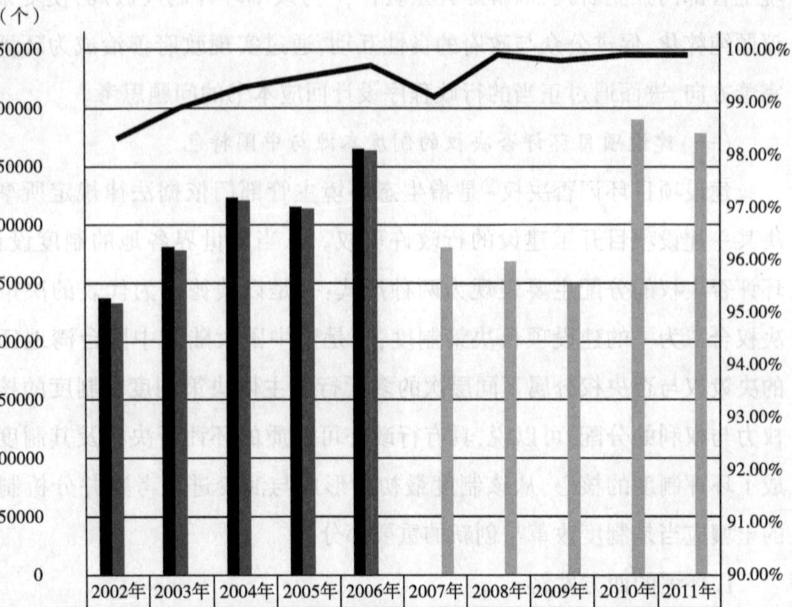

	2002年	2003年	2004年	2005年	2006年	2007年	2008年	2009年	2010年	2011年
当年办理设立的建设项目数（个）	237155	281137	323264	315589	364779					
向环保部门履行申报手续项目数（个）	233129	278118	320997	314038	363685					
当年开工建设的建设项目数（个）						280500	268325	248962	390190	378235
环境影响评价制度执行率（%）	98.30	98.90	99.30	99.50	99.70	99.10	99.90	99.80	99.90	99.90

当年办理设立的建设项目数　向环保部门履行申报手续项目数
当年开工建设的建设项目数　环境影响评价制度执行率

图 2.1　2002～2011 年环评制度执行情况

长期以来，环评否决权作为环评法律关系的重要组成部分，其分配问题却鲜受关注。值得注意的是，我国与其他国家相比，最大的差别并不是公众参与的不足，亦不是信息咨询的不公开、不透明，而是环评否决权是归于生态环境主管部门还是归于建设项目决策部门的核心权力分配问题。为此，本书将重新审视对于环评制度完善的聚焦重心，反思继续强化生态环境主管部门建设项目行政审批权的完善进路是否存在偏颇，考察公众参而不与、政府信息公而不开的制度原因，通过对环评否决权的再分配来重置环评否决权，保证生态环境主管部门独立研判，以解除冗余责任，[①]为改革环评制度破局，使复杂的环境议题纯粹化，促进公众与政府的良性互动，通过实现政府善治成为环评制度的完善方向，进而通过正当的行政程序设计回应本书的问题思考。

(一)建设项目环评否决权的制度本源与中国特色

建设项目环评否决权[②]是指生态环境主管部门依据法律规定所享有的否决某一建设项目开工建设的行政许可权。从当前世界各地的制度设计上看，环评否决权的分配主要表现为两种形式：一是以美德日为代表的决策权与否决权合二为一的建设项目决策制度；二是以中国大陆和中国台湾地区为代表的决策权与否决权分属不同层次的多元行政主体决策制度。制度的核心在于权力与权利的分配，可以说，具有行政许可性质的环评否决权及其制度设计构成了环评制度的核心，从该制度最初的形成与演变进行考察并分析制度形成的土壤应当是制度改革与创新的重要部分。

1. 环评的西方发轫

作为最早实现环评制度化的《美国环境政策法》(NEPA 1969)，其"Sec. 102"条第C项[③]这样描述环评报告的流程：在作出任何具体详细(环评)报告(statement)之前，负责(该项目)的联邦政府部门(the responsible federal official)应当咨询并获取有法律确定其管辖权的(另一)联邦部门(the federal agency)或与环评相关的特别专家的意见(comments)。这些报告、意见和联邦、各州及被授权发展和强化环境标准的地方政府的观点(views)的副本应当呈送给总统、环境质量委员会，并基于美国法典(USC)第五章第552条[④]的规定，将上述文件向公众公开。这些(环评相关)文件应当同整个建设项目的相

① 这一责任包括政治责任、经济责任等，将在下文中系统论述。

② 为了便于论述，下文所称环评否决权均以建设项目为对象展开讨论，不再赘述。

③ See NEPA § 102 · 42USC § 4332 named Cooperation of Agencies, Reports, Availability of Information –, Recommendations; International and national Coordination of Efforts.

④ 此为美国公共信息公开的有关法律规定，包括对公共信息公开的意涵，政府的规章、意见、命令、记录和信息公开程序的制度内容。See 5 U. S. Code § 552 named Public Information; Agency Rules, Opinions, Orders, Records, And Proceedings.

关提案(proposal)一起在现行的行政审查程序中(被审查)。① 这一条文确立了建设项目业务机关主导审查,环保部门配合,由更高位阶的政府机关(总统及环境质量委员会)决策的环评程序(见图2.2)。

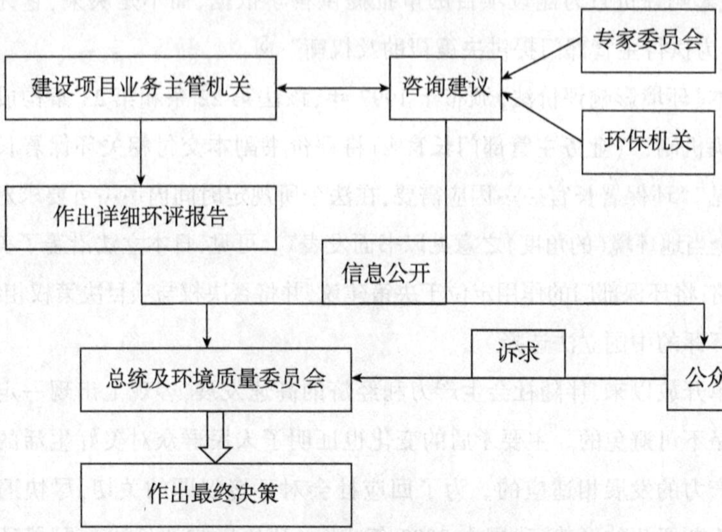

图2.2　模式A:决策权与否决权统一(以美国为例)

美国环评制度(EIA)设计将环评否决权与项目决策权归为一体:一个建设项目的环境影响乃至其能否被社会接受都不是通过一个单独考量的因素就能决定的,而是需要在社会经济发展、社会稳定、环境权益等多个要素中综合考虑。环保部门以及环境专家仅负责提供科学、客观公正的专业资讯(建议及替代方案),向公众如实陈述项目利弊,将环境面向上的科学结论与民意通过程序设计传至决策者,供决策者参考并作出最后决定。从某种意义上说,环评更接近咨询性决策机制而非行政许可机制。

① 这段文字在我国的比较研究文献中鲜有提及,更多的研究立足中美制度间关于立法目的、制度对象和公众参与等方面的比较,忽视了行政程序本身和环评程序中的权力配置与梳理。参见李艳芳:《美国的环境影响评价公众参与制度》,载《环境保护》2001年第10期;汪劲:《环境影响评价程序之公众参与问题研究——兼论我国〈环境影响评价法〉相关规定的施行》,载《法学评论》2004年第2期;马绍峰:《美中环境影响评价制度比较研究——兼评我国〈环境影响评价法〉》,载《科技与法律》2004年第3期;李飒、李海生、周云:《中美环境影响评价比较》,载《环境保护》2006年第23期;王曦:《中美环境影响报告书制度比较研究》,载《法学评论》1989年第1期。

美国“环评”制度自确立以来,发挥了“不可思议的国际影响力”,诸如为德国、日本以及我国台湾地区等超过100个国家和地区采用。[①] 其中,德国1990年首次颁布并于2002年新出台《环境影响评价法》,[②]该法亦采用美国模式,规定“环境影响评价只为建设项目的审批提供科学依据,而不是决策,它为决策做准备,为执行主管部门提供决策帮助及权衡”。[③]

日本《环境影响评价法》颁布于1997年,该法第22条和第23条构成了环评的否决机制,“(业务主管部门长官[④])将评价书副本交付相关环保署长官求得之意见”“环保署长官……因应需要,在法令所规定时间内……可要求对评价书从保全当地环境(的角度)之意见以书面发表”。可见,日本立法沿袭了美国的立法思路,将环保部门的作用定位于决策建议,并将否决权与项目决策权相统一。

2. 环评的中国立法选择

改革开放以来,伴随社会生产力和经济的高速发展,客观上出现一定的环境污染是不可避免的。主要矛盾的变化也证明了人民群众对美好生活的向往是与生产力的发展相适应的。为了回应社会对环境议题的关切,尽快遏制环境质量不断恶化的形势,我国在2002年出台《环境影响评价法》,赋予环境保护主管部门较大的行政许可审批权力,该措施既能引起建设项目决策者对环境保护的关注,也能向社会传达国家对环境保护的重视。从另一个角度考量,《环境影响评价法》制定于2002年,彼时国家级环保部门仍为“环境保护总局”,地方各环保部门参与重大建设项目决策并发表环境保护层面意见的能力十分受限。通过立法设计将环评否决权这把“尚方宝剑”交给环保部门也是为了增加在国家重大决策中政府对环境影响的考量。

为此,1989年《环境保护法》第13条第2款中规定,“环境影响报告书经批

---

① 参见赵绘宇、姜琴琴:《美国环境影响评价制度40年纵览及评介》,载《当代法学》2010年第1期。

② 参见贾彩霞:《中德环境影响评价制度若干问题之比较》,载《技术经济与管理研究》2007年第3期。

③ 万群、汪铁、刘小艳:《中德环境影响评价制度之比较》,载《科技创新导报》2007年第36期。

④ 因日本法采列举法明确了作为业务主管部门首长的各级各部门长官,出于简洁必要,本书以“业务主管部门长官”代替表述。

准后,计划部门方可批准建设项目设计任务书”。在此基础上,2002 年《环境影响评价法》第 25 条作出了具体规定,其主要制度内容是:“建设项目的环境影响评价文件未经法律规定的审批部门审查或者审查后未予批准的,该项目审批部门不得批准其建设,建设单位不得开工建设。”该制度在 2018 年《环境影响评价法》修法时仍然得以延续。其中,审批部门确定为国家各级生态环境主管部门,并依照项目性质、可造成污染程度以及地理位置的不同而分享不同类型建设项目的管辖权。因此可以认为,生态环境主管部门由法律授权分享了对建设项目的决策权。建设项目的业务主管部门对于环评报告享有“形式上”的预审权。[①] 我国建设项目环评流程[②]如图 2.3 所示。

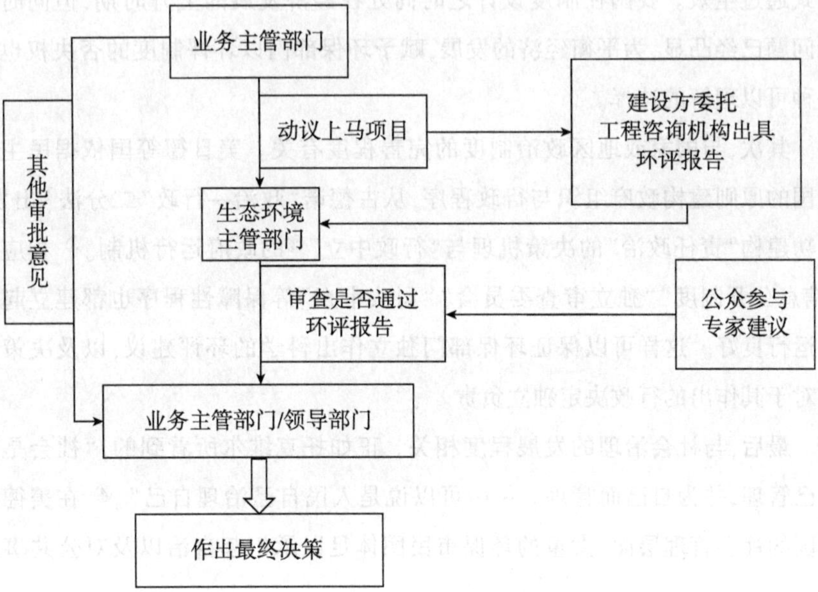

图 2.3　模式 B:决策权与否决权分离(以我国为例)

---

① 2002 年《环境影响评价法》(已被修改)第 22 条第 1 款规定,“……建设项目有行业主管部门的,其环境影响报告书或者环境影响报告表应当经行业主管部门预审后,报有审批权的环境保护行政主管部门审批”。但因此处预审为内部评审且业务主管部门仅负有经济考量责任,加之后续程序还有环保部门的“实质审查”,所以这种预审便流于形式。

② 因建设项目类型繁多,相应规制程序也不尽相同,为本书主旨所虑,此处建设项目选取可能造成重大环境影响而需编制“环境影响报告书”的项目类型。

不可否认,这种制度设计在包括信息公开和公众参与等理论在内的理念研究与制度试验都存在空白的情况下是具备时代性和先进性的,是国家环保事业发展和环保立法的巨大进步。

3. 环评审批权力分配的制度环境比较

经过对以上各地的制度比较及其相关制度环境的考察,可以发现实施环评否决权的归属。首先,与社会经济发展条件有关。美德日等国均是在本国经济发展达到一定程度、经济总量位居世界前列之后,经济发展的压力得以缓解,此时对环境问题的关注就不会因为经济发展需求而搁置。最典型的例子是德国1973年出台了环境影响评价法草案,但迟迟未被通过,直到1990年才正式通过生效。我国在制度设计之时尚处在经济发展的上升时期,但同时环境问题已经凸显,为平衡经济的发展,赋予环保部门以环评制度的否决权也是一种可以理解的选择。

其次,与国家或地区政治制度的完善程度有关。美日德等国依据民主法治国的原则建构政府组织与行政程序,从古德诺"政治—行政"二分法[①]出发,成功建构"责任政治"的决策机理与"行政中立"[②]的政府运行机制。[③] 相应的"信息公开制度""独立审查委员会""司法审查"等保障性程序也都建立起来并运行良好。这样可以保证环保部门独立作出科学的环评建议,以及决策机构对于其作出的行政决定独立负责。

最后,与社会治理的发展程度相关。正如托克维尔所看到的,"社会是由自己管理,并为自己而管理。……可以说是人民自己治理自己"。[④] 在美德日等国的社会管理层面,大量的环保市民团体足以承担起自治以及对公共事务

---

① 参见[美]古德诺:《政治与行政》,王元、杨百朋译,华夏出版社1987年版,第1~140页。

② 张千帆:《论行政中立——从美国行政法看行政公正的制度保障》,载《法商研究》2005年第6期。

③ 这一结论来源于研读《比较行政法》(2008)、于安编著的《德国行政法》(1999)、美国的理查德·B.斯图尔特所著的《美国行政法重构》等著作后得出的浅识。

④ [法]托克维尔:《论美国的民主》,董果良译,商务印书馆1988年版,第63~64页。

的参与式治理的职能,多中心治理模式[①]业已成形。在这样的社会基础上,公众理性参与公共事务决策成为可能。

(二)困境梳理:环评审批权的配置失衡

在我国环评制度建立的进程中,由于社会经济和国内外形势发生了复杂深刻的变化,制度创设时的制度环境也发生了悄然转变,地方政治场域对环境议题的非正常干扰致使环保部门独立公正研判的必要性增加,[②]一系列正当行政程序的保障性设计陆续出台;[③]中央从国家战略层面提出生态文明建设,转变发展方式,将环境问题从经济发展的轨道上松绑;[④]国家不断推进社会管理创新,公民意识不断觉醒,[⑤]公民参与环境议题的可行性极大提高。[⑥] 在这样的背景下,延续立法之初的环评否决权的制度框架便产生了分权不确权、分权不分责、分权不护权、分权不限权的制度困境。

1. 分权不确权:行政部门环评审批权力层次配置不明

当环境持续恶化,环境议题不断被公众关注时,"政府环境责任"的讨论不断出现,针对"政府"的涉环境行政行为的争议与矛盾同时涌向了拥有环评否决权的生态环境主管部门。然而,廓清"政府"与行政法学、行政组织学上的行政主体、行政机关、行政部门、行政机构的关系是行政分权的首要任务。

首先,需要厘定长期以来在"政府"权力配置中的层次问题。在第一层次上,国家的权利源于公民权利依据分权原则被分配至不同的分支,其中行政管

---

① 多中心治理是相对传统的管制模式而言的,基于现代治理理论与哈贝马斯协商理论而提出的新型治理框架。参见[美]埃莉诺·奥斯特罗姆:《公共事务的治理之道》,余逊达、陈旭东译,上海三联书店2000年版,第27页。

② 参见蔡守秋:《论健全环境影响评价法律制度的几个问题》,载《环境污染与防治》2009年第12期。

③ 参见章剑生:《知情权及其保障——以〈政府信息公开条例〉为例》,载《中国法学》2008年第4期。

④ 参见马凯:《坚定不移推进生态文明建设》,载《求是》2013年第9期。

⑤ 参见秦鹏:《环境公民身份:形成逻辑、理论意蕴与法治价值》,载《法学评论》2012年第3期。

⑥ 参见杜辉:《论制度逻辑框架下环境治理模式之转换》,载《法商研究》2013年第1期。

理职能被赋予行政机关[①](各级人民政府)及其组成部门;在第二层次上,行政机关依据行政管理的需要设置若干行政部门,可划分为领导部门、办公部门、职能部门(如生态环境主管部门等部委厅局)、咨询部门、派出部门、信息部门、监督部门等[②];在第三层次上,各职能部门根据本部门的行政职能在部门内部设置若干办事机构(如办处科室)。总之,广义政府是指作为行政分支的广义行政机关(狭义政府)、立法和司法机关的综合;广义行政机关是指狭义的行政机关及其行政部门;从行政法学角度来看,狭义的行政机关及其行政部门中的职能部门与其他法律法规授权的组织一同构成了行政主体。

其次,在厘定行政主体、行政机关、行政部门三者的关系之后可以发现,环评否决权与建设项目决策权出现了分配上的错位。环评否决权的配置出现在第二层次,而重大建设项目决策权由第一层次或第二层次的强势职能部门把握。

最后,在面向社会与公众时,作为第二层次的生态环境主管部门不得不由行政机关(狭义政府)环保职能的权力部门代表政府对公众负责,对环境议题负责,同时不得不以第二层次的职能部门对第一层次的行政机关负责。因此,任何一个面向上的压力都没有触及真正推动建设项目进程的处于第一层次的行政机关或第二层次的强势职能部门。由此环评否决权在双重压力下出现了备受瞩目却因本部门决策话语较弱而较少使用的现象。

2. 分权不分责:行政部门环评审批责任配置紊乱

首先,如果如原先制度所规定的,将否决权赋予生态环境主管部门,将决策权赋予其他部门,致使地方政治意愿——基于 GDP 的地方政绩追求——被强行压附于生态环境主管部门之上。在政府对建设项目的决策层面,根据职

① 一般学说认为,行政主体是行政机关与法律法规授权的组织的总和,其中行政机关包含了狭义行政机关(各级人民政府)和其各职能部门。为展开本书论述,此处采狭义解释行政机关概念,即行政机关仅指代各级人民政府,而其职能部门仅作为第二层次的行政部门存在于行政权力划分过程中。

② 需要注意的是,职能部门作为广义行政机关的一部分是行政法学中的行政主体,而其他为内设机构、派出机构、办公机构和办事机构,一般不具有独立的行政主体资格,除非获得了法律、法规和规章的特别授权,才具有行政主体资格,不然只能以其所代表的机关的名义进行行政行为。

责分工的不同,诸如发展改革、工业和信息化等经济部门主要负责项目的经济考量,生态环境主管部门则承担起对项目进行环境影响评估的职责。在项目开发顺序上,经济部门动议在前,生态环境主管部门审查在后;在实质决策程序上,生态环境主管部门审查在前,经济部门决策在后。由此造成的结果便是拥有建设项目否决权的生态环境主管部门本身肩负了不应有的利益分配的决断能力——政治决策被提早至环评阶段,不可避免地导致各方利益尤其是强势的经济部门对环评过程的干扰,进而导致一些可能出现严重污染的建设项目得以上马。

其次,由生态环境主管部门享有否决权,建设项目的综合考量便被人为地分割为"环境部分"与"其余部分",导致决策机构逃避环境责任。同时,由于生态环境主管部门负责审查环评报告,因此建设项目的环保考量责任便自然由生态环境主管部门承担,而项目的经济政绩效益由决策机关享有。这种权责失衡的后果,必然是生态环境主管部门怠于履行职责,而决策机构则拒绝承担替代责任,导致相关制度被搁置。

最后,由于生态环境主管部门享有否决权,建设项目为了通过环评,往往会采取拆分申报环评、整体进行决策的方式来规避监管。按照既定的制度设计,可能特定建设项目环评报告未必能够获得通过,于是通过将该项目拆分成若干小项目分别进入环评程序以求通过,在获得许可后,这些小项目会再次组合成原定的建设项目,整体通过决策程序上马。由此造成的规避环评问题无法通过行政程序或司法救济程序予以回应。

3. 分权不护权:行政部门环评审批审查机制失位

我国环评报告的审查主体是生态环境主管部门的内设机构。[①] 内部化的集中审查,一方面,仍停留于传统的环境管制理念,将行政程序封闭在特定的场域内进行相对安全和有效率的评价,无论是在专业性上还是在客观性上都不能保证评价的科学客观公正;另一方面,内部集中审查为行政权力提供了巨大的寻租空间。直接审查人、核定人以及签发人均为行政机关领导,封闭的制

① 一般由生态环境主管部门专设科室审查,由科室负责人通过,总工程师核定,分管部门领导签发。

度设计不可避免地使其被经济利益捕获。

尽管我国《环境影响评价法》规定了需要编写环境影响报告书的建设项目应当组织专家评审,但专家评审也存在一定的问题。首先,专家评审的效力过低,其效力仅为参考性建议,不足以构成决策力;其次,专家评审由环保部门组织,受托专家存在受到行政部门干预的可能性,其独立开展评审工作可能会受到影响;最后,评审专家往往由具有环境相关的有理工科背景的专家组成,缺少其他领域的专家。一方面,理工科专家一般是精于某一特定小范围的研究领域,对目标评审对象未必真正了解;另一方面,缺少其他领域的专家的意见会使项目评审落入纯粹的科学考量而忽视建设项目造成的环境问题所诱发的社会影响。

4. 分权不限权:行政部门环评审批公众参与监督缺失

《环境保护公众参与办法》于 2015 年 9 月正式实施,该办法从制度层面明确了公众参与环境保护的合法性,但其在环评制度中的可行性与实效性有待检验。究其原因,环评否决权的前置将公众对建设项目的各类意见一同转移到了生态环境主管部门的审查活动中,许多与环保无关的(如劳动纠纷、征地拆迁等)议题借由环境公众参与的形式展示出来。于是出现了各级政府尽管确实建立了充分的信息公开机制,①然而公众的参与程度与广度仍有不足。于是,即使通过环评的重大项目依然会引发大规模的环境邻避事件,②其中最令研究者无奈的是,环境邻避事件往往裹挟着其他诸如征地拆迁、劳资纠纷、个人诉讼等利益诉求,而环保因其正当性和公益性最终成为个别人谋取私利的

① 查询各省及省会城市生态环境主管部门的官方网站可见,均开设了政府信息公开栏目,众多环评事项及公告亦发布于互联网供公众查询。

② 从浙江东阳事件开始,北京三里屯、广东番禺、福建厦门、四川什邡、江苏启东和浙江宁波相继发生了引发广泛关注的环境邻避事件。有学者从社会学角度分析参加者心理"不闹不解决,小闹小解决,大闹大解决"等足以归类至集体无意识的群体心理;也有传播学者不遗余力地宣讲"舆论风险评估"理论,建议各级官员在大项目决策阶段就让宣传部门介入,避免出了问题再去"灭火"的被动局面。参见冯洁、汪韬:《"开窗"求解环境群体性事件》,载南方周末网站 2012 年 11 月 29 日,http://www.infzm.com/content/83316。

幌子。[①] 因此,由于生态环境主管部门掌握了针对建设项目为数不多的预防性否决权,本应单纯的环保议题被复杂化,本应由政府其他部门承担的社会诉求被生态环境主管部门独自承受,本应通过法律制度手段化解的社会诉愿被以维稳为中心的政治手段消解。[②]

二、国家权力与公共利益分配的次序困境:以再生资源为例

环境立法要求平衡公权力与公民之间的利益关系,公民权利的行使要以公共利益为前提,公权力要尊重公民的权利边界。公权力与公民之间的利益博弈在再生资源权属分配问题上,体现为国家与公民对再生资源权属取得之间的矛盾。因此,本书尝试分析再生资源的权属取得问题,从公权力与公共利益博弈的角度解析衡平次序性原则的适用困境。

(一)再生资源权属分配问题的提出

物直接为人所支配并得以安全、有效利用的关键不在于利用技术的改进,而在于通过制度建构明确权属关系。物的主人可以在物权制度的安排下,通过不同的方式取得和明确其权利。然而,在法定或习俗原则确定的规则下,如果仍无人对物的权利予以公示,那么无主物的出现将不可避免。对于无主物归于何方,西方自罗马法以至德国民法典、法国民法典都有不同规定;在中国古代,自唐代以来亦有依附于中国传统文明的律法设计;将道德上限与法治红线不加区分地合并,并对守法者过度的道德要求,导致忽视或漠视了无主物的物权归属的制度设计。

重构无主物取得制度的理论推进始终充满隐忧,主要归结为以下三个方面:一是对国家所有权可能面临的风险的担忧。在国家主权优先取得原则的主导下,无主之物通常先归国家所有。贸然重置无主物取得制度可能会侵害国家财产安全。二是难以说服或无法回避意识形态主导下的"良好道德风

---

① 以宁波 PX 事件为例,最初的起点便是周边农民上访,其诉求并非要求暂停 PX 项目,而是要求政府对自己进行拆迁以争取到可观的补偿款。

② 接下来如何优化环评制度的思考仍停留于前文所述的"理性协商""公众参与"的"案牍进步"之中,以至南开大学周恩来政府管理学院常健教授发问:"除了协商之外,还有什么解决方法?"参见冯洁、汪韬:《"开窗"求解环境群体性事件》,载南方周末网站 2012 年 11 月 29 日,http://www.infzm.com/content/83316。

尚”。长期以来宣扬的“拾金不昧”“路不拾遗”等道德教化,可能会在无主物取得制度重构的思潮中受到冲击。三是立法成本过高。除已通过制度确定的“无主物”(如自然资源、野生动物等)归国家所有外,剩下的“少部分”无主物(如废弃物)已无过多价值可言。因此,重构无主物取得制度的立法成本过高,可能得不偿失。

作为对这些疑虑的回应,在以中国特色社会主义公有制为主体的法律框架内,国家主权取得原则必须占据不可替代的主导地位。党的十八届三中全会提出,“公有制经济和非公有制经济都是社会主义市场经济的重要组成部分,都是我国经济社会发展的重要基础”。私有财产平等保护原则已从法律到社会运行得到了普遍认可。限制国家主权取得原则,赋予社会其他主体一定条件下对无主物主张权利的制度保障符合时代意义。尽管在五千年的文明史上,道德规范始终在中国社会扮演着超越法律约束的角色,但随着近现代社会的发展,仅依靠道德约束显然难以维系社会传统公序良俗的延续。更为重要的是,曾经被视作“价值不大”的废弃物是否有必要为法律容纳。

我们看到,资源短缺已经成为世界性难题,在下一次资源利用革命中,掌握领导权的国家将决定未来时代的全球资源格局。正是这场资源革命,使人类由不可持续的资源掠夺的时代进入了一个可持续的资源再生的时代。从资源再生观点来看,“垃圾是放错地方的资源”,一切物质资源均具有循环利用的价值。我国再生资源回收系统始终停留在以“拾荒人”为主力的初级阶段,甚至由于难以满足国内再生资源企业的需求,许多企业转而选择了向国外进口“洋垃圾”。这也是不断见诸报端的“洋垃圾进口”的根本原因。“垃圾归谁所有?”这一曾被视为无稽之谈的问题,如今也随着再生资源产业的发展而具备了学术研究的理论价值和制度应用的实践价值。

(二)再生资源权属分配的理论障碍与制度困境

再生资源的权属关系到资源综合利用效能的实现,而针对再生资源权属分配的理论研究偏隘,导致对再生资源自身属性与相关概念的难以辨别以及对再生资源权属应当归于何处的争论,出现了“一切归属国家”或“以价值论取舍”两种既对立又统一的论调。

1. 本体疑虑:再生资源属性确认的理论困惑

再生资源作为继生无主物,其抛弃物属性与遗失物属性有诸多难以分辨的问题。这从我国通过参照拾得遗失物的有关规定对待拾得漂流物、发现埋藏物或者隐藏物的问题就能有所体现。通俗地说,在当前再生资源发展条件下,再生资源的回收其实就是拾荒人的拾荒行为,从这个角度来看,拾荒人所拾的不是垃圾,而是资源。那么,这个资源究竟是原物主无意遗失,还是有意抛弃,就难以辨别了。如果是遗失,那么这个物就不能变为抛弃物,因而也就不能成为再生资源。如果是抛弃,则又缺乏足够理据证明原所有权人确实以抛弃所有权之意思实施了抛弃物的所有权的行为。原物权人内心意思的不可考察性决定了其随时可能改变行为之初衷,在遗失与抛弃间视利益而取舍。这无疑是对制度的极大不尊重和挑衅。

2. 本位窠臼:国家主权取得原则的思维滥觞

国家主权取得原则是指在一国的主权范围内,国家对限定的无主动产和不动产享有直接依国家主权而占有并取得所有权的原则。这一原则的确立有两个方面的好处,其一,符合我国社会主义公有制的基本经济制度。无论改革如何深化进行,公有制的主体地位始终不可动摇,涉及国家主权尊严、国家安全以及政治经济社会稳定的制度设计必须将国家主权取得原则作为无主物权利分配的首要原则。其二,有效解决自然资源物权面临的诸多理论难题。比如,有人提出如果定义野生动物、河流归国家所有,那么野生动物跨境迁徙,河流入海是否意味着国有资产流失?国家主权取得原则认为,一切资源皆需以我国主权范围为限,离开主权控制领域就不在所谓物权取得或者丧失的讨论范围之内。

然而,不加限制地对国家主权取得的滥用会产生负面效应。一是“一切归于国家”无助于激励无主物的可能占有人最大限度地发挥物的效用。再生资源不同于其他无主物品,其本身已是被废弃之物,如果拾得人明知此物依法将归国家所有,甚至还要履行相应的保管义务,那么他必将怠于协助国家将这些资源收集并上交。二是“国家取得以价值论取舍”的做法将使公权力的行使丧失公信力。更进一步说,如果一个物品除了经济价值外,其他价值几乎不被考虑,而国家仍然以主权取得的方式介入,这很可能会引起相关方的抵制和反感。以乌木为例,如果用于科研,只需在其横截面不同位置取少量样本,即可在精密仪器上完成实验。同时,乌木并不属于传统意义上的资源,因为它不在《矿产资源法实施细则》所附的《矿产资源分类细目》中,因此乌木本身并不具备显著的科研价值或资源价值。它只是因为市场自发的定价认可而具有一定的经济价值。如果政府以价值之名进行确权,这种做法是值得商榷的。而对于再生资源(如垃圾)这类“负价值废物”,在资源综合利用意识尚未普及之前,人们自然会避开它们。可以预见,如果再生资源的经济价值上升,必须预防地方政府为了经济发展,以“国家资源安全”和“公共利益”为借口,将垃圾收归国有。因此,在坚持国家主权取得原则的同时,设计一定的限制原则不仅是必要的,也是确保再生资源产业健康稳定发展的前提保障。

3. 制度空白:再生资源物权取得的法律缺失

再生资源物权取得是对无主物动产的先占取得。所谓“先占”,即意味着蓄意占有被视为无主的财产,其目的在于将该无主财产归为己有。然而我国《民法典》物权编并没有规定先占制度,主要还是为了防范国有资产流失和生态环境破坏。所谓国有资产流失的前提是“国有”,而无主物先占原则的前提是“无主”,从理论上不会有任何冲突的可能。在现实生活中,先占取得原则更多地被应用于经济社会的私行为,是自由市场经济的组成部分,对国家的根本政治制度并无冲击的可能。

在自然资源环境保护方面,有学者认为,无主物先占原则的确立尽管恢复了“孤舟蓑笠翁,独钓寒江雪”的正当性,但也可能出现“群钓”“滥捕”的现象最终导致对有限资源的过度开发。必须看到的是,正是由于没有无主物先占原则,才使得国家所有的公共资源不可避免地落入“公地悲剧”的困境中。正如康德所说,“假如我是一物的持有者,以一种物理方式和它联系,若有人未得我的同意而干扰它,就影响了和损害了我固有的自由”①。产权明晰反而促使了权利人保护自己的权益,走上可持续发展的道路。

再生资源的先占取得的制度需求表现为以下 3 个方面。一是产权确认的

① [德]康德:《法的形而上学原理》,沈叔平译,商务印书馆 1991 年版,第 16 页。

需求。物权法和资源法都是以确认财产关系作为首先需要解决的立法任务。再生资源先占制度需要解决的第一问题就是产权的归属。二是实现物的效用的需求。物权法不仅在于“定分止争”,其最终目的是要实现“物尽其用”。赋予收集和占有再生资源的人以法律上所有权人的地位,可以鼓励他去获取更多的资源,并且可以提升权利人的注意义务,妥善储藏和处分收集回来的再生资源。三是维护物的秩序的需求。财产权利的明确有利于妥善处理纠纷。先占原则鼓励和保护先占人的物权请求权,可以有效防止他人对财产的侵害。而先占制度缺失无疑对再生资源取得制度乃至整个物权取得制度体系造成了影响,“直接影响整个物权体系的逻辑性、完整性和体系性”①。

三、区域府际利益分配的次序困境:以京津冀为例

环境立法不仅涉及不同主体之间的利益博弈,还涉及不同区域之间的利益分配问题。环境是一个整体的系统,单个区域对环境要素的规制会影响周边地区,区域间也会因此产生利益分配问题。京津冀地区协同立法困境的背后就是区域府际利益分配问题,为此,本书以京津冀为样本,研究区域府际利益分配的次序困境,为衡平次序性原则的适用奠定基础。

(一)区域立法协同的内涵

在研究京津冀区域环境立法协同时,需要对定义进行明确界定,进而对目前存在的问题进行有针对性的研究,并寻求解决问题的合理方式。

1. 区域立法协同概念

区域立法协同对区域整体发展起着越来越大的作用,因而对区域立法协同的概念进行明晰地阐述具有十分重要的意义。区域,又称地区或者地域。区域立法协同是在区域经济协调发展不断深入的基础上应运而生的,在当前语境下,区域协同发展主要针对经济发展而言,环境问题也主要是经济的无序发展导致的。因而,在对区域环境治理中的“区域”进行定义时,可以部分参考经济学中“一国经济范围内划分的不同经济区”的定义。② 本书所说的“区域”

---

① 王利明:《物权法研究》(上卷),中国人民大学出版社2007年版,第457页、第471页、第481页。

② 参见陈秀山、石碧华:《区域经济均衡与非均衡发展理论》,载《教学与研究》2000年第10期。

是指在经济、政治、环境等多方面具有相当关联但又跨行政功能区划的多个地方组成的某个地区。这里的“区域”还应当符合《宪法》《立法法》等关于我国立法权配置的规定,即必须至少包括两个省级或较大市级地方的立法机关,以确保该“区域”有立法的权力基础。

至于所谓立法协同,在《说文解字》中,协同的释义为:“协,众之和也。同,合会也。”立法协同并非指不同地方组成同一立法机构进行统一立法,而是在充分协调的基础上,各地方人大分别就相关事项进行立法,各地方政府分别制定政府规章,在制定的法律和规章上又具有较高一致性的立法模式。立法协同并不突破我国现有的立法体制,而是在其基础上通过加强各地方政府与立法机构的沟通实现较高的协同性。立法协同也非强制地使各地立法完全一致,而是充分考虑各地方的实际情况,在整体协调的基础上,有针对性地进行适当调整,有一定的“弹性”空间。

不同于中央立法所具有的“全国普适性”,区域立法协同作用于某些特定的行政区域之间,是指由多个地方进行的协同立法,较目前地方立法更强调“协同”二字,其主要特征是各地先在特定的区域达成共识,再由各自立法主体或政府颁布相关法律或规章。在环境治理上,区域立法协同要求在地方立法的基础上,由两个或两个以上平等立法主体针对同一环境问题进行立法。本书主要探讨平等主体之间的区域立法协同,对中央与地方之间的协同不做过多研究。

2. 区域立法协同构成要素

区域立法协同的过程是对各地利益诉求进行协调的过程,立法协同包括立法主体的协同、立法程序的协同和立法内容的协同。

(1)从区域立法协同的主体上看,在我国目前的立法实践中,立法职权主体占据着主导地位。区域立法协同的主体也应当以立法职权主体为主,原因在于这些机关是制定或通过法律和其他规范性文件的法定主体。区域立法协同是指平等的主体之间进行的协同,即在区域立法合作时,合作是横向的。因而,对于京津冀区域而言,立法协同的职权主体应当为河北省、天津市、北京市的人民代表大会及其常务委员会以及同级人民政府。

(2)从区域立法协同的程序上看,立法程序是指我国的立法机关在进行立法活动时所必须遵循的步骤和程序。区域立法协同程序的独特之处在于,需要以地方立法程序为基础,最终仍然是由地方人大或政府颁布法律或规章。在两种立法程序中,都需要加强不同省(市)立法主体的沟通与协调,不再是单独的立法主体的决策结果。

(3)从区域立法协同的内容上看,区域立法协同的内容是指通过区域立法协同确定的事项。目前,京津冀区域在交通、环保等方面展开了一定的立法协同。值得注意的是,适合的内容应积极推进立法协同,反之应由各地区单独立法。随着经济发展与实践的推进,医疗、教育等领域的立法也将逐渐纳入协同的范畴。在进行协同立法的过程中,需要对立法内容进行充分的甄别与思考,因地制宜,因事易策,将立法效益最大化。

(二)京津冀区域环境立法协同的现状与问题

自2014年2月习近平总书记召开座谈会专门听取京津冀协同发展工作以来,京津冀三地在促进经济协同发展的同时,也将区域合作立法工作提上了日程。例如,2016年《河北省大气污染防治条例》(已被修改)在制定过程中征求了京津两地人大的意见;2020年京津冀三地有关机动车和非道路移动机械排放污染的防治条例在制度框架、基本原则、处罚力度等方面保持高度一致。但是,从当前京津冀区域整体立法情况来看,区域立法协同的项目单一,仍然有进一步深化的空间。

1. 京津冀区域环境立法协同的现存问题

综观京津冀三地的环境立法,尽管目前正积极寻求立法协同,但三地现有环境立法差异诸多,冲突仍然存在,由此制约着今后立法协同的制定与执行。

环境协同治理立法方面存在的具体问题主要有以下3个。

(1)关键性概念缺乏统一标准

京津冀三地环境保护立法没有对环境保护中的一些关键性概念作出明确的界定与统一,且三地标准不均衡,对环境保护投入的力度也会不同,长期如此,区域整体环境往往会被最低标准“拖累”。京津冀三地大气污染立法和水污染立法在关键概念上的差异分别见表2.1和表2.2。

表 2.1 京津冀三地大气污染立法关键概念差异

	北京市	天津市	河北省
内容比较	坚持以人为本、环境优先、政府主导、全民参与、科学有效、严防严治原则	坚持保护优先、预防为主、综合治理、公众参与、损害担责的原则	坚持源头治理、规划先行,突出重点、防治结合,政府主导、公众参与原则
	禁止新建、扩建高污染工业项目,并定期制定或者修订禁止新建、扩建的高污染工业项目名录等,无明确说明	禁止新建、扩建高污染工业项目,其他无明确说明	未明确说明禁止新建、扩建高污染工业项目

表 2.2 京津冀三地水污染立法关键概念差异

	北京市	天津市	河北省
内容比较	坚持原则为预防为主、防治结合、综合治理	坚持原则为注重节水、保护优先、预防为主、综合治理、公众参与和损害担责	坚持原则为统筹规划、预防为主、防治结合、综合治理、公众参与、损害担责
	对地表水体无明确定义	地表水体包括河流、湖泊、渠道、水库等	地表水体包括河流、湖泊、运河、渠道、湿地、洼地、坑塘、淀库、蓄滞洪区等
	禁止新建、扩建的生产项目包括制浆、制革、电镀、印染、有色冶炼、氯碱、农药合成、炼焦等	禁止新建、扩建的生产项目包括制浆造纸、制革、染料、农药合成等	对禁止新建、扩建的生产项目无明确规定

(2)重要指标在区域内未能协调一致

京津冀地区在污染排放、产业准入和淘汰、节能减排等方面仍然有待统一。重要指标的差异体现了各地不同的环保政策和不同的技术标准。京津冀三地大气污染立法和水污染立法在重要指标上的差异分别见表 2.3 和表 2.4。

表 2.3　京津冀三地大气污染立法重要指标差异

	北京市	天津市	河北省
内容比较	制定严于国家规定的大气污染控制阶段措施,可制定严于国家标准的本市大气污染物排放和控制标准	对国家已作规定的项目,可以制定严于国家标准的地方标准,并报国务院环境保护主管部门备案	对国家已作规定的项目,可以制定严于国家标准的地方标准,并报国务院环境保护主管部门备案
	实行污染物排放总量和浓度控制,加快削减排放总量	实行大气污染物排放浓度控制和重点大气污染物排放总量控制相结合制度	实行重点大气污染物排放总量控制制度
	记录监测数据,并按照规定向社会公开,监测数据保存时间不得低于5年	建立监测数据档案,原始监测记录应当至少保存3年	如实公开自动监测数据等有关的环境信息,无具体年限要求

表 2.4　京津冀三地水污染立法重要指标差异

	北京市	天津市	河北省
内容比较	实行排污许可管理的企业事业单位其所排放的废水,应当进行监测,并保存原始监测记录,无具体年限要求	排放水污染物的企业事业单位原始监测记录应当至少保存3年	实行排污许可管理的企业事业单位对其排放的水污染物进行监测,并保存原始监测记录,无具体年限要求
	对重点水污染物排放实行总量控制制度,无具体浓度控制要求	实行水污染物排放浓度控制和重点水污染物排放总量控制相结合的制度	实行水污染物排放浓度控制和重点水污染物排放总量控制相结合的制度
	与其他两地的不同在于禁止在砂石坑、窑坑、滩地等低洼地排放污水,倾倒、存贮垃圾、粪便及其他污染物,或以漫流方式排放、倾倒污水	与其他两地的不同在于禁止污染地表水和地下水的行为包括向水体排放、倾倒放射性固体废物或者含有放射性物质的废水	与其他两地的不同在于禁止污染地表水体和地下水体的行为包括有关法律法规规定的污染水体的行为

(3)造成污染所需承担的法律责任不同

在三地目前的立法中,各地分别对本地区的企业排污作出了相关规定,导致同一行为所需承担的法律责任存在差异,由此,在对一些污染企业跨区域污染进行处罚时,处罚标准不统一,造成实际执行中的困难。可以预想,同一行为在区域内不同地方的处理方式不同,必然带来一体化管理的混乱,进而阻碍区域的发展。京津冀三地大气污染立法和水污染立法在法律责任上的差异分别见表2.5和表2.6。

表2.5　京津冀三地大气污染立法法律责任差异

	北京市	天津市	河北省
内容比较	向大气排放污染物不符合国家或本市大气污染物排放和控制标准的,处10万元以上100万元以下罚款	超过大气污染物排放标准或者超过重点大气污染物排放总量控制指标排放大气污染物的处10万元以上100万元以下罚款,被责令改正而拒不改正的,可按照原处罚数额按日连续处罚	排放重点大气污染物超过许可证核定指标的,处10万元以上100万元以下罚款,并将超过排放总量指标的部分在核定下一年度排放总量指标时扣除
	施工工地禁止现场搅拌混凝土,市内禁止新建、扩建混凝土搅拌站	在施工工地现场搅拌混凝土、砂浆的,处1万元以上5万元以下罚款	无相关明确规定
	部分企业如提供饮食、洗浴等的若不使用清洁能源,处1万元以上10万元以下罚款	禁燃区内不得新建高污染燃料设施;现有高污染设施,应当限期改用清洁能源;未改用的应当配套建设除尘装置等控制排放	未按照市或者区人民政府规定的期限改用清洁能源的,责令限期拆除

表 2.6　京津冀三地水污染立法法律责任差异

	北京市	天津市	河北省
内容比较	超过水污染物排放标准或超过重点水污染物排放总量控制指标、伪造监测数据等的企业罚款 10 万元以上 100 万元以下	超过水污染物排放标准或超过重点水污染物排放总量控制指标、伪造监测数据等的企业罚款 10 万元以上 100 万元以下	排放重点大气污染物超过许可证核定指标的,处 10 万元以上 100 万元以下罚款,并将超过排放总量指标的部分在核定下一年度排放总量指标时扣除
	无相关事项的明确规定	损毁、擅自移动饮用水水源保护区地理界标、护栏围网和警示标志的对个人处以 1000 元以上 1 万元以下罚款	毁损、擅自移动饮用水水源保护区护栏围网等的,可以处 3000 元以上 1 万元以下的罚款;情节严重的,处 1 万元以上 3 万元以下罚款
	在地下饮用水水源保护区或者准保护区内堆放和贮存易溶、含有毒污染物的废弃物的处 1 万元以上 10 万元以下罚款	在饮用水保护区内堆放、存贮工业废渣、固体废物和其他污染物的处 2 万元以上 20 万元以下罚款	无相关事项的明确规定

2. 京津冀区域环境立法协同存在问题的成因

京津冀区域环境立法协同的主要任务是区域大气污染的联防联控、水资源保护、生态补偿机制 3 个方面的立法协同。① 但是,已有的立法协同的实践仍然存在关键性概念、重要指标和法律责任等方面的冲突与问题,正是这些问题构成了三地环境协同治理的壁垒,阻碍了三地环境治理的进程。京津冀区域环境治理的立法之间存在诸多差异,主要缘于以下几个方面。

(1)地区发展定位不同造成立法目的难以协同

长期以来,京津冀的发展定位不同,导致三地立法目的有所差异。北京是全国政治、文化、国家交往和科技创新的中心;天津为国际港口城市、北方经济

① 参见孟庆瑜:《论京津冀环境治理的协同立法保障机制》,载《政法论丛》2016 年第 1 期。

中心;河北省的定位则侧重物流、产业转型升级和京津冀生态环境支撑方面。政治地位差距大导致各地的发展定位不同,长期的发展规划也有所差异。

各方强大的行政势力坚持自身发展优先,形成了坚持地方本位主义的发展模式,导致立法目的难以达成一致。在这种发展模式下,各地聚焦于各自区域内的环境情况,缺乏对整个区域环境保护的统一认识。在实践层面,各地对"协同"的认知存在差异,各自不同的管理模式使得京津冀三地在进行环境协同立法时缺乏整体观念,总是"单兵作战",碎片化现象十分突出。有学者指出,这种政府之间协同管理的碎片化,是合作理念、合作动力、组织结构和合作程序的碎片化。[①] 这种碎片化的管理模式使得区域环境保护工作事倍功半,因而需要对京津冀三地的规划进行整体上的安排。

(2)经济发展不均衡导致立法标准难以协同

京津冀三地经济发展差距大,2019 年京津冀三地在全国的人均 GDP 排名分别为第 1、第 7 和第 26。北京作为政治中心,同时享有更多的教育、医疗等的政策资源优势,天津作为直辖市,且临近海域,拥有经济发展的政策与地理位置优势,更多的优质资源不断向京津两地靠拢,形成"虹吸"效应,使得三地经济发展不协调,彼此产业结构差异大。

环境治理是一项整体性的工作,产业结构的不同使得不同污染物的排放标准很难统一,各地的地方环境标准在满足国家环境标准的基础上又会有不同的规定。河北省在平衡经济发展与环境保护的关系时承受的压力更大,立法协同也较京津两地需要考虑的因素更为复杂。

(3)协同机制不健全

京津冀区域内的立法主体相对较多,各主体之间相互协同的力度明显不足,导致存在一些相互冲突的法规。目前京津冀区域形成的"人大常委会联席会议研究、各地人大常委会主任会议批准"的立法协同模式,仍然缺乏刚性的

---

① 参见刘娟:《区域生态府际合作治理的碎片化困境及其出路》,载《环境保护科学》2017 年第 3 期。

约束机制，在立法数量的控制与立法质量的提升上也存在问题。①

环境治理具有整体性和系统性等特征，邻近区域的生态治理具有很强的关联性，局域性生态事件往往会造成整体的生态问题。② 立法机制不健全、各地立法信息不对等导致的环境立法协同不协调、环境治理不统一，需要在目前的法律框架下寻求建立完善的立法协同机制。

四、地方立法与中央立法衔接的次序困境：以深圳、雄安为例

在实践中，地方立法与中央立法的互动衔接常常失序，这使得地方立法效果不尽如人意，中央立法也未能得到良好的执行。因此，本书尝试探究地方立法与中央立法衔接的次序困境，解决央地立法的衔接问题。

（一）改革开放以来的地方环境立法进程回溯

习近平总书记在2018年5月18日的全国生态环境保护大会上强调，“生态文明建设是关系中华民族永续发展的根本大计”。要加快建立健全以治理体系和治理能力现代化为保障的生态文明制度体系。我国有着广袤的国土，地区间的气候条件、地质地貌、固有环境容量和社会经济发展条件有着极大的差异，单一依靠中央统一宏观的环境立法与环境政策难以兼顾各地区环境的实际情况。为此，在中央环境立法不断完善的同时，以地方为主导的结合本区域实际情况进行的地方环境立法有必要紧跟中央立法精神，从各地方具体、可操作和有特色的角度健全我国生态文明制度体系的“四梁八柱”。

回望改革开放40余年以来的地方环境立法，我国先后经历了缓慢起步、数量激增、“瓶颈”低质到新时代全面起步4个阶段。

第一个阶段是从1979年到1989年。以1979年7月4日第五届全国人大第二次会议颁布的《地方各级人民代表大会和地方各级人民政府组织法》（已被修改）为标志，省级人大开始拥有地方立法权，进而在1981年湖南省率先颁布了《湖南省环境保护暂行条例》（已失效）。1982年，地方组织法又赋予了较

① 参见梁平、律磊：《京津冀协同立法：立法技术、机制构建与模式创新》，载《河北大学学报（哲学社会科学版）》2019年第2期。

② 参见田亦尧、郑溯源：《环境合作治理中主导组织的制度建构及经济分析》，载《财经问题研究》2019年第5期。

大的市地方立法权。随后，地方的环境立法进程呈现出较为迟缓和异化的状态，这一时期的环境立法主要以执行国家的环境立法为目的，内容也多以城市市容环境为主，如《南京市市容环境卫生管理条例》(1984)(已失效)、《石家庄市市容环境卫生管理条例》(1987)(已失效)。

第二阶段是从1989年到1999年。以1989年《环境保护法》(已被修改)正式颁布为标志，从中央到地方各级环境立法进入了数量快速增加的时期。从《海南省环境保护条例》(1990)(已被修改)颁布开始，到《广西壮族自治区环境保护条例》(1999)(已被修改)颁布为止共制定了299部环境地方性法规，全国许多省份都制定了本省的环境保护条例。

第三个阶段是从2000年到2014年。以2000年《立法法》(已被修改)出台为标志，地方立法活动从此有了上位法的支持和指导。从《吉林省环境保护条例》(2001)(已失效)开始到《西藏自治区环境保护条例》(2013)(已废止)为止，这一时期的地方各级环境立法主要表现为结合前一阶段的立法实施效果逐步对前一阶段有关环境立法进行修订和完善的过程。

第四阶段是从2014年至今，以《环境保护法》(2014)、《立法法》(2015)(已被修改)、《宪法》(2018)等一系列与地方环境立法相关的法律实施为标志，地方环境立法作为生态文明体制“四梁八柱”建设的重要组成部分已经进入了新的历史时期。《立法法》(2015)(已被修改)第72条允许地方获得更大范围的立法权限，实务界和学术界对关于什么是“环境保护事项”进行了深入研讨。2018年3月《宪法》进行修改，其第100条第2款明确规定：“设区的市的人民代表大会和它们的常务委员会，在不同宪法、法律、行政法规和本省、自治区的地方性法规相抵触的前提下，可以依照法律规定制定地方性法规，报本省、自治区人民代表大会常务委员会批准后施行。”至此“设区的市”的地方立法权限全面放开，也使环境保护立法事项的概念之争不再有异议，环境保护的地方立法自此进入了新时代。

习近平总书记指出，我们要总结经验、乘势而上，在新起点上推动改革开放实现新突破。为了实现这一新突破，在生态文明制度建设中既需要依靠中央的坚强领导，也需要地方的贯彻与创新发展。通过总结经验，可以说，在过去40余年的地方环境立法进程中,围绕地方环境立法的"规范性""指导性"的相关立法逐步建立起来,但地方环境立法本身确实存在和面临大量重复立法、滞后立法和宣示立法,地方立法空间受限、立法认知偏差和地方特色不足,立法技术有限、政治性和公众参与度低等一系列困境和问题。本书立足这一问题意识,通过对地方环境立法的类型化分析,将相关问题归入不同的立法类型中,结合各地环境立法的实践情况分析各类问题成因,引入改革开放以来以经济特区为有利条件实现地方环境立法高质量发展的深圳经济特区经验总结,探索足以在雄安新区尝试乃至在全国推广的地方环境立法模式建议。

(二)功能主义视角下的地方环境立法类型化界分

地方环境立法,是指有立法权的地方立法组织在影响人类生存和发展的各种天然的和经过人工改造的自然因素的总体,包括大气、水、海洋、土地、矿藏、森林、草原、湿地、野生生物、自然遗迹、人文遗迹、自然保护区、风景名胜区、城市和乡村等领域内为贯彻执行上位法、填补上位法空白或特定事项先行立法试验的环境立法活动。在功能主义(functionalism)视角下,不同的社会组织满足不同的社会需求之现象正如不同的人体器官满足不同的生理机能一样。同样地,不同的地方立法也需要相应地满足上位法和地方实际的立法需求。为此,按照地方环境立法所发挥之作用及其与上位法之间的关系,可以将地方环境立法分为执行型地方环境立法(以下简称执行型立法)、填补型地方环境立法(以下简称填补型立法)和试验型地方环境立法(以下简称试验型立法)。

1. 执行型立法

执行型立法,是指以贯彻上位环境法要求为侧重点,通过将有关条文具体细化,以达到足以具体执行,具有可操作性的立法效果的地方环境立法形式。从迁移制度经济学的视角来看,一项执行型的地方环境法律法规"被制定出来后,其宣传、培训以及法律适用者学习、内化所需要的时间、精力和经费成本"①会极大地影响被执行法律的有效落实。降低此成本的有效方式是"明智地调

① 俞祺:《地方立法适用中的上位法依赖与实用性考量》,载《法学家》2017年第6期。

整目标,使之与自己的资源相适应",①具体来说,就是比照上位法条文,结合本地实际,细化条文同时及时修订立法,并通过宣传培训等方式增加法律使用者对该法的接受度。这种立法模式在地方主要体现为两种立法形式,一是"××省(市)实施《环境保护法》办法"或"××省(市)环境保护条例"。以珠海为例,其制定了《珠海市环境保护条例》,其中针对《环境保护法》第6条第2款所要求的"地方各级人民政府应当对本行政区域的环境质量负责"的地方政府环境质量义务条款,《珠海市环境保护条例》在第5条第2款中明确将环境保护纳入政府的工作实绩考核目标体系,实行环境保护考核不合格否决制、环境质量领导责任制等制度,落实任期内及年度环境保护目标和任务,以确保环境质量达到规定的标准。

2. 填补型立法

填补型立法是指以结合本地区环境容量、地质地貌、风土人情、社会经济发展状况等实际情况为侧重点,通过制定富有本地区特点特色的规范,以达到补充上位法预留之空间的效果的立法活动。"有特色始终是地方立法保持活力的要素,是衡量地方立法质量的重要标准,也是检验地方立法能力水平的试金石。"②全国人大常委会在鼓励地方特色立法的报告中指出,所谓"地方特色",就是"从本地的具体情况和实际需要出发,需要规定什么就规定什么,使地方性法规有针对性和可操作性,真正对地方的改革、发展、稳定工作起到促进和保障作用"。

填补型立法和执行型立法最大的区别在于:执行型立法实质上是结合地方发展实际对上位法的一种具体化,使之能够在本地区更好地适用,究其根本,执行型立法的制定与实施是对上位法精神的贯彻,是上位法在不同地方的执行;③填补型立法主要在于通过上位法的指向性立法,充分挖掘本地特色,进

---

① [德]柯武刚、[德]史漫飞:《制度经济学:社会秩序与公共政策》,韩朝华译,商务印书馆2000年版,第148页。

② 李适时:《扎实推进设区的市地方立法工作为"四个全面"战略布局提供坚实法治支撑》,载《地方立法研究》2016年第1期。

③ 参见汪全胜:《"特别法"与"一般法"之关系及适用问题探讨》,载《法律科学(西北政法学院学报)》2006年第6期。

而使环境立法自上而下内容完整，逻辑周延。以太原为例，《太原市生态环境保护条例》在准确把握《环境保护法》精神的基础上，通过对东西山生态环境保护、汾河流域生态环境保护进行专章规定的立法形式确定本地区环境保护的立法路径，推动开放富裕美丽太原建设。

3. 试验型立法

试验型立法，是指以在特定环境立法事项上先行先试为侧重点，依照上级立法组织的授权，通过理论研究、相关经验考察以及本地实践探索，最终为全域提供立法经验和方案的立法活动。试验型立法的创制需要创新和公众参与予以保障。一方面，试验的内涵中包含了创新，创新的途径也只能通过试验，以点带面，不断调整，层层推广。换句话说，创新是试验的前提，试验为创新转化为应用提供途径。另一方面，从博弈论的视角探析，试验型立法必须以公众参与为保障。这是因为如果在此立法过程中，作为博弈过程中处于弱势地位的公众权利得不到保障，那么公平的博弈也会得不到保障，立法的质量和公信力便会大幅降低。① 同时，参与立法的过程，也是博弈各方收集信息并进行分析从而作出最优化选择的过程，如果缺乏公众参与，便很容易陷入“囚徒困境”，理性的“囚徒”双方信息将无法沟通。

试验型立法不同于执行型立法和填补型立法的核心在于：试验型立法仅有授权而无对应的上位法指导，其先行先试的目的既不是细化上位法规范，亦不需要完全依照本地特点，而是以更广域的国家视野进行试验性立法活动。以广州为例，2004 年《广州市大气污染防治规定》（已失效）修订时，就新增了多条防治扬尘及颗粒物污染的条款。例如，要求建筑工地周边设置不低于 2 米的符合规范的围蔽设施；在建的 3 层以上的建筑物设置楼体围障；施工工地场地实行硬地化；施工期间每天定时对施工工地洒水、清除淤泥渣土。此外，广州市还制定了专门的《广州市机动车排气污染防治规定》，率先执行新的机动

① 参见熊琼、孙冠豪：《地方立法与公众参与机制探析——基于博弈论视角的考察》，载《南海法学》2017 年第 1 期。

车排放标准和汽油标准。[1] 在这里需要强调的是,虽然很多城市的立法起到了很好的试验推广作用,但并不要求此类立法活动每次均需成功,应当容忍在探索中不断试错和调整。

(三)地方环境立法的困境检视

1. 执行型立法的困境:重复立法、滞后立法与宣示立法

首先,执行型立法中的不必要重复立法现象严重。这里的不必要重复主要是指除了上位法立法目的、法律原则、法律规则中的前提条件[2]外,下位法对上位法条文的重复。这种不必要的重复立法表现在两个方面:一是表现为对上位法的照搬照抄或拆分组合。例如,大多数省市的环境保护条例章节与2014年《环境保护法》的规定几乎一致,如福建、安徽、江苏、新疆等20余省市均是如此,只不过未有第四章"防治污染和其他公害"而已。二是在不改变核心权利义务配置的情况下仅作了文字性调整。例如,《湖南省风景名胜区条例》第8条就是对国务院《风景名胜条例》第8条和第9条的文字性调整与重复。

其次,地方环境立法存在严重滞后于上位立法的现象。我国国家层面的环境立法紧密贴合环境保护实际工作的需要,专项立法层出,具体环境法律制度不断创新,如按日计罚、排污许可证、生态环境损害赔偿等创新性制度让环境保护法"长了牙齿"。但是,许多地方的环境立法并没有跟上中央环境立法的节奏,甚至一些省份至今有效的环境保护条例依然以1989年的《环境保护法》(已被修改)为上位法,毋宁说新的环境法制度在地方有具体可操作实施的可能了。

最后,执行型立法的宣示性偏向。宣示性是法律条文中仅展示,彰显某种观念价值,并不包括行为模式和法律后果等要素,不直接调整社会关系制度规范的属性。[3] 作为中央环境立法,其本身应当是指导地方环境立法和环境管理

① 参见李挚萍:《地方环境立法发展走向分析——以广东环境立法为考察重点》,载《地方立法研究》2017年第2期。

② 这里的前提条件主要是指适用范围、主管机关、名词术语含义、但书条款和除外条款。

③ 参见刘能:《地方立法中宣示性条款的价值》,载《人民政坛》2011年第1期。

的宏观政策,其内容更为抽象,制度有边界而不设内栏。然而一些地方环境立法依然延续上位法的宏观表述,使本应落实的制度规范沦为宣示性立法。

2. 填补型立法的困境:立法空间有限、立法认知偏差和立法特色不足

首先,填补型立法存在立法空间不足的问题。填补型地方立法有赖于上位法留有充足的立法空间。一是上位法事无巨细的规范内容无疑极大地限缩了地方立法空间;二是上位立法并未留有指向性条款,使地方填补型立法于法无据;三是地方环境立法规划不科学,导致相关环境立法空间相互挤占,例如,地方在制定"水"污染防治条例、"大气"污染防治条例、"土壤"污染防治条例时都有关于排污许可的规定,那么随后进行的排污许可证的相关立法就不可避免地出现立法空间"被压缩"。

其次,填补型立法存在立法认识偏差的问题。这种认识偏差主要表现为当前的中央环境立法数量庞大、更新速度快,作为地方已不需要再做过多立法,只需加强执法即可。

最后,填补型立法特色不足。承前文所述,填补型立法的核心就是充分发挥本地区特点特色,但这种特色的挖掘有赖于地方立法组织的高度负责和专业水平。但从目前的实际情况看,许多填补型立法存在大量照抄照搬其他地方立法规范而未结合本地发展需求的现象。

3. 试验型立法的困境:立法技术有限、逆向选择与公众参与不足

首先,试验型立法存在地方立法技术不足的问题。地方立法有赖于立法组织的专门立法部门(如各级地方人大常委会、法工委)、法律实务部门和个人(如法院、检察院和律师)、法律研究机构(如高校、社科院等)三者的通力合作。例如,湖北省环境资源法律人才充足,研究力量强大,为其地方环境立法提供了充足的人力支持和智力支持。然而,有些地方人大常委会、法工委人手不足,有些地方司法机关忙于应对本职司法活动而无暇分顾,有些地方律师紧缺、高等院校以及其他研究机构数量不足、能力有限,这些都是制约试验型立法工作的重要因素。如天津市就面临着从事环境资源法律实务和研究的机构和人才奇缺,难以承担试验型立法的重担。

其次,试验型立法易成为政治逆向选择的产物。法治建设尽管是政治建

设的延续,但其宗旨依然是以法治思维设计具体的法律制度并力求取得实效。试验型地方立法的许可逻辑应当表现为地方首先具有足够的立法能力,在得到中央认可后进而获得试验立法的机会。当下不容忽视的一个问题是,先行先试已成为一些地方期望获得中央认可与肯定的政治表现。这种情况可能会导致一些地方不顾自身立法能力是否匹配,盲目争抢先试先行的资格,从而出现本末倒置的问题。

最后,试验型立法的公众参与不足。因为没有直接具体的上位法统领,所以试验型立法的合法性来源一是来自上级立法机关的授权和一般上位法的原则性指导,二是本地区公众的广泛协商与参与。地方立法的公众参与不同于在人大立法阶段的人大代表的意见表达,前者更倾向于在专门立法文稿征求意见时可以容纳大多数利益相关者的意见,是"直接民主决策"的体现,而后者是立法程序中民意代表在代议机关履行职责的行为。在目前的地方试验型立法中,在立法者方面,为避免出现利益冲突,尽快完成"立法创新任务",立法征求意见时闭目塞听或充耳不闻的现象依然存在。公众方面,一是获取立法信息的渠道有限,缺乏如告知函、听证会等专门的利益相关方知情保障措施;二是参与立法能力不足,立法活动技术性过强,一般民众在没有专门人员解读的情况下确实难以了解立法文本背后的实际情况。

4. 地方环境立法的供需偏差

比较容易出现的第 4 个问题就是 3 种立法的需求类型与实际类型出现了偏差,如表 2.7 所示。具体表现是,首先,在需求是执行型立法的情况下,实际上进行了填补型立法或试验型立法,那么此时的填补型立法活动或试验型立法活动是不存在上位法支持的,进而导致立法活动本身的不合法。其次,在需求是填补型立法的情况下,若实际上开展了执行型立法,则会出现对既有上位法的不必要重复;若实际展开了试验型立法,亦会出现因不存在上位法支持导致不合法的结果。最后,在需求是试验型立法的情况下,若实际进行了对上位法的执行型立法,就会出现在没有抓手的情况下盲目落实上位法,其结果只能是立法内容虚化的宣示立法;若实际进行填补型立法,则会导致本应全面创新的立法内容只是进行了一定程度的小修小补,并不能达到试验型立法的目的。

表 2.7　地方立法的需求类型和实际类型的偏差矩阵

实际	需求		
	执行型	填补型	试验型
执行型	√	重复立法	宣示立法
填补型	不合法	√	低效立法
试验型	不合法	不合法	√

五、立法法体模式选择的次序困境：以国土空间规划立法为例

不同类型的法体模式会直接影响环境立法的内容和与其他法律法规的衔接，因此，法体模式也是衡平次序性原则所衡平的对象。

何谓法体模式？姜明安教授认为，法体模式是指一部法律的制定所采用的形式、样式。① 本书基于此含义申言之，法体模式是指一部法律所呈现出的逻辑延展、体系结构与样式外观，在内部可以表现为这部法律最根本的框架布局和逻辑体系，在外部可以表现为这部法律的名称以及与相关立法的效力关系。国土空间规划为国家的空间发展方向提供了指南，为国家规划提供了可持续发展的空间蓝图，为各类开发保护建设活动提供了基本依据。长期以来，我国在国土规划领域确实存在“多规并行”“规划打架”的现实问题。针对这一问题，我国启动了基于“多规合一”的国土空间规划体制机制和制度的建设工作。国土空间规划的立法首先要考虑的（也是最重要的内容）就是如何定位“国土空间规划法”的法体模式。

（一）国土空间规划立法法体模式的选择基础

我国国土空间规划立法法体模式选择基础的考察可以从我国国土空间规划立法的演进和现状样态进行梳理。从纵向视角来看，我国的国土空间规划立法先后经历了“国土规划”时期、“多规并行”时期、“国土空间规划”时期。我国首个国土空间规划领域的文件是《国土规划编制办法》，该办法不仅注重生态环境保护，要求各地方政府在编制国土规划时要严格遵循自然规律与经济规律的原则，而且还十分先进地规定了跨省、自治区、直辖市的国土规划和

① 参见姜明安：《我国行政程序立法模式选择》，载《中国法学》1995 年第 6 期。

大江大河流域规划的工作方案。但是因计划经济管理逻辑的限制，当时的国土规划在许多地方被当成计划来编制，为避免国土规划成为限制市场经济转型的条条框框，很多地方并没有真正地启动国土规划的编制。

随着我国逐步推进市场经济体制的改革，市场的活力与创新力都得到了增强，计划经济逐步退出历史舞台。各部门真正意识到市场经济条件下规划的价值和作用，各专项规划的立法、编制和实施活动随之进入快速发展阶段，分别通过《城乡规划法》《土地管理法》《海洋环境保护法》《草原法》《森林法》等立法形式在城乡、土地管理、海洋环境保护、草原、森林等方面制定了具体的规划制度。据不完全统计，至今我国通过法律制定的规划已有80余种。尽管多规并行有利于行业或领域内个体规划的明晰，但规划层级日益增多，各类规划分属不同部门管理，事权不匹配、权责不明确，规划的目标和原则缺乏统一性，同时对空间规划政策的统一性和有效性产生了影响。

从体制机制建设层面来看，我国在2018年国家机构调整改革中通过组建国家自然资源部，使之行使所有国土空间用途管制和生态保护修复职责。这次改革将分散于原国土资源部的土地规划职责，国家发展和改革委员会的组织编制主体功能区规划职责，住房和城乡建设部的城乡规划管理职责，以及水利部、原农业部、原国家林业局、原国家海洋局、原国家测绘地理信息局的自然资源规划职责一并归于自然资源部，为国土空间规划协调并统领各类规划形成统一的规划体系奠定了体制机制基础。

从政策层面来看，中央通过《关于全面深化改革若干重大问题的决定》(2013)提出要建立空间规划体系；通过《生态文明体制改革总体方案》(2014)要求构建以空间治理和空间结构优化为主要内容的空间规划体系；通过《省级空间规划试点方案》(2017)提出要构建主体功能区规划为基础的统一衔接的空间规划体系；截至2019年，中央发布《关于建立国土空间规划体系并监督实施的若干意见》，自然资源部颁布《关于全面开展国土空间规划工作的通知》，这标志着国土空间规划编制审批和实施管理工作全面启动。可见，我国目前对于国土空间规划的体制建设和政策储备是基本充盈的，规划编制技术是相对成熟的。然而，国土规划工作科学展开、规划实施有序进行、规划管理规范有效必须通过国土空间规划立法予以重要保障。尽管规划学界公认国土空间规划属于各单项规划的上位概念，但无论是早期的《国土规划编制办法》还是前述提及的各类政策，单从法律位阶上看，其远低于经由全国人大常委会通过的《城乡规划法》《土地管理法》等法律，没有法律支撑的“国土空间规划”又如何能够统御诸如“土地规划”“城市规划”等有法律作支撑的专项规划？正因如此，国土空间规划不仅应当立法，还应当选择正确恰当的法体模式，使之足以对“土地规划”和“城乡规划”形成必要的约束。

由此，在政策引导和体制保障的基础上，本书建议通过立法的形式明确国土空间规划的编制、实施和监督的具体规定与程序，一部“国土空间规划法”提上了立法日程。在选择恰当的法体模式以指引该法章节编排、具体制度内容及其与相关规划立法的协调等问题时，还需要在明确法体模式的具体类型后进行充分的研究。

（二）国土空间规划立法法体模式的类型化界分

根据不同法律在其立法体系内的地位和调整对象范围的不同，主要的法体模式分为单行法模式、基本法模式和法典模式。首先，单行法是指不统一适用于各领域的法律、法规，只对某一特定领域（如国土空间规划）中的特定事项（如土地规划）作出具体规定。从立法难度上讲，由于单行法只需对某类具体的问题作出特殊规定，因此它的立法难度相对较低。当社会上新出现的某种法律关系欠缺法律规制或者某个特定领域亟须进行立法时，立法者和学者会优先选择立法难度低、实施灵活度高的单行法的法体模式。从效力位阶上看，当同位阶单行法对相同的事项作出了类似规定时，根据特别法优于一般法的原则，应当优先适用特别单行法。当下位单行法与上位单行法在规定的内容上发生冲突时，根据下位法不得违反上位法的原则，应选择适用上位单行法。

其次，基本法模式是指在某个领域的立法体系中处于基本地位，以相对抽象和一般的原则性表达，为其他相关联的立法提供总纲或总则式指引的法体模式。从该法体模式的形成方法上看，常见的学术表达为“提取公因式法”或“抽象法”或“综合法”，这3种方法基本一致，即通过抽象或综合提炼的方法实现具体单行法向抽象基本法的进化和过渡。例如，将单行法中的基本概念、原则与制度作为“公因数”提取出来组成基本法,“多项式”就变成了剩余的单行法。从该类法体模式的效力上看,相较于“群龙无首”“自成一家”的单行法,基本法能够将体系中散乱的单行法重新编排与组织,使每部单行法都能够在各自特定的领域中充分发挥出本身的作用,并且不会影响其他单行法的正常实施,从而解决单行法之间的冲突与协调问题。

最后,法典模式是指按照一定的逻辑结构、章节体系将某一领域的所有相关法律制度汇结成典,以使该法体模式下的制度体系足以容纳所有的单行法律内容的法律制度表现形式。法典模式的典型示范莫过于《法国民法典》《德国民法典》以及我国《民法典》。根据法典编纂方法的不同,又可以将法典模式分为汇编型法典与实质型法典。汇编型法典与实质型法典的最大区别在于法典的内容是否可以体系化呈现。汇编型法典往往采用简单的编纂方法对各项法律进行排列与组合,然后依照划定的标准进行归类。实质性法典不仅要求对各项被整合的法律进行系统划分,还要求体系内的各部分内容能够相互衔接与协调,从而使得整部法典具有逻辑与体系性。

(三)国土空间规划立法法体模式的选择困境

承上所述,每个法体模式都有其各自的优缺点以及各自能够发挥的作用。就法体模式本身利弊而言,单行法虽然能在短时间内填补某一特定领域的立法空白,但由于调整对象的局限性,使得单行法无法长久实施。在进行单行法的立法时,立法者追求的是立法的速度与法律的灵活性,因此单行法制定所考量的因素往往不够全面,以致无法和其他法律进行有效的衔接与协调。基本法模式可以解决单行法之间的冲突问题,统领各项单行法,但基本法模式无法使整个法律体系呈现出一种逻辑严谨的表现形式。至于法典模式,虽然其可以解决单行法与基本法存在的问题,但由于制定一部法典的成本过高,对基础性立法的成熟度要求极高,有关制度必须经过长期社会生活反复检验后,方可写入法典,否则一旦仓促写入并将该制度与其他制度关联,再想修改法典,就难上加难了。需要强调的是,相关法体模式确定并完成立法并不意味着就停驻不变了,而是要结合社会经济发展和规划实施实践情况适时进行改变与进阶,即实现从低阶的单行法模式向法典化模式的进化。

从我国国土空间规划立法的法体选择来看,学术界相对倾向于运用提取公因式的方法制定一部能够统领各个规划法律制度的基本法。但从研究现状来看,基本上停留在两个面向,一是直接提出将国土空间规划法作为一部基本法,并提出基本法应当具备的各项内容;二是通过对比国外国土空间规划法的形式,直接提出我国应当建立国土空间规划领域的基本法。然而对于回答为什么选择基本法模式,以什么样的标准决定法体模式的选择等问题的研究仍是空白,为此,后文将从国内外国土空间规划立法经验,包括其经济社会基础、立法演进等方面总结对我国的启示以及我国国土空间规划立法的法体模式选择路径。

第三节　衡平次序性原则在环境立法中的实现

基于对环境立法中衡平次序性原则适用困境的分析,需要从主体利益衡量、区域利益划分和法体模式选择标准建构这 3 个角度来确保衡平次序性原则在环境立法中的实现。

一、实现部门利益与部门利益的次序衡平

"法律是特定民族的历史、文化、社会的价值与一般意识形态与观念的集中体现。任何两个国家的法律制度都不可能完全一样。"①换句话说,没有无须本土化改造即可移植成功的制度,然而本土化进程的成败根源在于制度关涉各方利益衡量的平衡问题。为此,权利与权力作为工具在各端利益与价值存在冲突时便具备其设置的必要性,反过来说,当这种必要性消失,权利(力)自然也会消失。

通过正当行政程序对权利与权力进行配置进而实现利益平衡,是达至制度移植本土化成功的关键。这种平衡不仅表现在行政机关自身的权责平衡,

① 张文显:《论立法中的法律移植》,载《法学》1996 年第 1 期。

也表现在行政机关与相对人之间的权责平衡,还表现在相对人自身的权责平衡。[①] 具体到环评否决权的改革路径,可以从下几个层面展开:在行政机关自身的权责平衡层面,通过重新配置环评否决权以提升权力分配的科学性,并明确生态环境主管部门职责以增强争议处理的有效性;在行政机关与相对人之间的权责平衡层面,以独立审查为手段确保权力运行的公正性;在相对人自身的权责平衡层面,通过公众有序参与监督以保障权力行使的正当性。

(一)确权:以环评否决权重置为中心的改造

1. 建设项目分类管理

首先,《环境影响评价法》以建设项目造成环境影响的程度为标准,分别要求填写《环境影响登记表》《环境影响报告表》或编制《环境影响报告书》。根据兼顾行政效率与经济效益的考量,对于不造成环境污染或仅造成轻微污染的建设项目,其环境成本较低,建设单位只需填写《环境影响登记表》或《环境影响报告表》。这类建设项目可以归为Ⅰ类建设项目,并由生态环境主管部门依照现行规定完成审批。此时,否决权仍归于生态环境主管部门。对于可能造成重大环境影响的建设项目,需编制《环境影响报告书》。此类建设项目可归为Ⅱ类建设项目,其环评审批权限应由省级及以上生态环境主管部门负责,最终决策机构享有环评否决权。在环评活动中,生态环境主管部门的角色转变为决策咨询机构,为审批决策提供专业意见。最后,应当加强生态环境主管部门对环评项目的执行监督,查处拆分项目规避环评的行为,对于此类行为应当一律裁决所有拆分项目环评结论以及整体项目的行政许可无效,由建设单位重新履行环评责任。

2. 明确Ⅱ类项目的决策机构

对于Ⅱ类项目的决策机构,本书认为,在我国政府序列内无必要设立针对Ⅱ类建设项目的从中央到地方各级的高于政府各部门的所谓的“委员会”。这是因为,根据我国国家产业发展布局和地方经济发展的实际情况,不同建设项目的决策程序亦存在不同。就项目决策机构而言,可根据项目性质由人民政

① 参见罗豪才、袁曙宏、李文栋:《现代行政法的理论基础——论行政机关与相对一方的权利义务平衡》,载《中国法学》1993 年第 1 期。

府或建设项目的业务主管部门担任。在实施民主集中制的政府决策框架内，现有的中央一级的国务院与地方各级人民政府足以凭其较高的政治位阶作出令各部门信服的行政决定。为此，Ⅱ类项目决策机构可以明确为中央和地方人民政府，而非各级政府直属部门。

完成环评否决权配置，一是使环评制度在兼顾中国特色的情况下回归其本来面貌；二是可以实现Ⅱ类项目的决策责任与环境责任相统一，避免消极行政的发生；三是在发生司法救济时，环评可以作为建设项目行政许可的一部分而被纳入司法审理中。

(二)分责：层次化权责划分剥离环境议题

决策主体合法性的获得是通过现代政治价值的引导、政治文化的培养、政治制度的建设等实质行动以取得人民的信任实现的。

为此，利用行政权力分权分层的方法科学厘清行政机关行政分权后不同层次上以及不同职能部门间的权力划分差异，建立不同的诉求解决渠道，民政的(议题)归民政(部门)，建设的(议题)归建设(部门)，最终环保的(议题)也将归环保(部门)。

在这样的权力配置下，如上文所述，区别对待不同级别的建设项目，将生态环境主管部门的责任划分也区别为建设项目否决责任与建设项目咨询建议责任。在建设项目否决责任中，需要承担起对建设项目的环境风险及其造成的环境破坏后果的所有经济、政治与社会责任。在建设项目咨询建议责任中，要求生态环境主管部门承担起向行政机关提供科学评估报告以及客观、无保留地向公众公开项目环评结论的评估责任。

(三)护权：以建立独立审查为手段的审批权改造

在明确否决权责配置的情况下，一个独立的第三方审查机制为决策机构科学决策提供了可能。为此在每一个Ⅱ类项目审查时组织专门的“环评咨询委员会”十分必要。首先，在地位上，该组织由生态环境主管部门召集，但独立于任何一个政府部门，不受任何行政机构干扰。其次，在内部设置中设立双向审查机制，即由两部分不同的审查人员分别从建设项目的正面和负面专注分析某一面向上的环境评价，然后客观地将建设项目的双向分析如实呈交决策机构参阅，并无保留地向社会公众公开。最后，在审查人员的构成上，可以基于“三三制”原则分配审查组成人员，即1/3的行业专家、1/3的跨领域专家、1/3的利益相关方代表。通过制定科学的人员遴选机制，防止评审组成人员存在瑕疵而影响制度的实效。

（四）限权：以公众参与为中心的审批权改造

首先，随着环评否决权的重构，生态环境主管部门被解放出来同社会公众站在了同一战线上，环境议题的社会化讨论是值得期待的。其次，否决权的后移有效过滤了在环境公众全程参与中不应当存在的复杂利益矛盾，民众的其他诉求也不会堆积在环评程序中没有出路，反而会在建设项目进入最终决策程序时得到通盘解决。

诚然，单纯的权力再分配并不能一劳永逸地解决一个制度中存在的所有问题，[①]政府与公众的协作治理作为环评否决权的重要一环，需要环评意见的如实及时公开以及通畅的民众诉求表达渠道作为保障。作为转移环评否决权的生态环境主管部门亦不能因此有所懈怠，而应当将工作重心放在对环评报告执行程度的监督检查上，并对环境违法行为予以严厉制裁。同时，司法程序的环境专门法庭设立，党的十八届四中全会提出的跨行政区域法院以及巡回法院的尝试，以及党的十八届五中全会提出的建立省级以下环境监察检测部门垂直管理等环境政策，都为环评活动的司法救济和行政监督提供了有力支持。

二、实现国家利益和公共利益的次序衡平

公权力与公民之间的利益衡平，背后是国家利益与公民利益的次序问题。在再生资源权属分配问题上，通过分配正义与持有正义的价值判定，可以有效衡平在不同情况下国家利益与公民利益的次序。本书拟通过解决再生资源权属分配问题，为公权力与公民之间的利益协调探索制度进路。

---

① 当一套新机制建立时，往往会因与国情不符而遭到非议；而当一套机制基于国情提出时，又会因与理论不符而受到责难。这说明，在实践中，国情与理论之间常常存在难以调和的矛盾。所谓国情，是指在现实情境中与普遍性理论相对的特殊性和差异性。如果能够轻易地兼顾两者，那么所谓的特殊性也就不存在了。

(一)环境资源权属的分析框架:以无主物为例

1.无主物的意涵界定

首先,无主物是物权法上的物。物作为物权的客体须为独立于人身以外,能为人直接支配和控制,并能够满足人的需要的特定物。能满足人的需要的物并不限于必然经过人类固化于物上的劳动,所以一切能为人所利用并产生价值的物都可以成为物权的客体。那么,无主物就应当是作为物权的客体同有主物相对应的一种类型。

其次,无主物是物上所有权人空缺的物。一般认为,没有所有人或所有人不明的物就是无主物。其中存在概念范畴与逻辑推演两个方面的问题。一方面,从概念范畴上看,无主物有两种可能:一是无所有人,二是所有人不明。其中,所有人不明就存在该物本身有所有人但难以查明或者该物已无所有人但无法证实两种可能。若该物本身是有所有人的,只是难以查明,则基于物权的追及效力此物应为有主物。故而以所有人不明来表述无主物的概念范畴欠妥。

另一方面,这也造成"所有人不明"所引发的逻辑推演的混乱——所有人的确定是在法律规范之前还是之后。需要说明的是,此处的"之前"与"之后"的表述并非指时间顺序上的前后,而是基于历史唯物主义逻辑,反映社会存在与社会意识之间决定与反作用的关系。也就是说,在自然规律下,物首先被人发现和感知。为了保障物权,所有权制度及其他相关法律逐步得以制定。例如,法律规定森林、河流、矿产等自然资源归国家所有。同时,根据《民法典》第318条中规定,遗失物自发布招领公告之日起一年内无人认领的,归国家所有。对于拾得的漂流物、发现的埋藏物或者隐藏物,也应参照适用拾得遗失物的有关规定,法律另有规定的除外。按照这种逻辑,如果某一物品出现所有者不明的状态后启动公告程序,若有人认领,则该物为有主物;若无人认领,则归国家所有,亦为有主物。因此,现行法律在一定程度上否认了无主物的存在。进一步讲,包括固体废物在内的再生资源,一旦出现所有权不明的状态,都将不可避免地归"国家所有"。例如,刚被扔进垃圾箱的垃圾,除其原所有权人可主张所有权外,不可能有其他人能够主张权利,最终归"国家所有"是法律层面的必然结果。然而,这种法律层面的必然结果与社会生活的常识显然存在较大差距。

为此,无主物的范围应当放弃“所有人不明”的表述,进而界定为“没有所有人或所有人已无法确认的物”。这样就剔除了“所有人可以查明但暂时不能确定”这一情况。“所有人可以查明但暂时不能确定”的物在法国民法中其实就是无主财产的表达方式,如遗失物,但遗失物不是无主物,而是因所有人、占有人不慎所丢失的动产,应当属于“占有脱离物”。[①] 法国法区别了无主物与无主财产:无主物是指自始无主的物、野生动物或抛弃物;无主财产是指暂时脱离主人的物,进而无法使不特定第三人直观地确定所有权人。由于学者们没有自始辨别《法国民法典》中二者的区别,而直接判定了法国民法对无主物的价值选择,抑或单纯地从所谓“物”与“财产”的文字角度进行理论剖析。这两种研究路径都是值得商榷的。

同时,将无主物的无主地位的确定时刻定于法律规范之后,换句话说,在没有法律规范之前,“没有所有人或所有人已无法确认的物”都是无主物,其中包括自然资源、野生动物。这些物的权属归依应当随后由立法国家基于“先占自由主义”、“先占权主义”或“主权先占”等不同的价值取向予以明确。在这一逻辑下,村民挖掘出的乌木应当首先在法律规范之前被认定为无主物,并在随后的立法中选择以何种原则确定物之所属。由此就不存在“所有人不明——所有权归国家——所有人已明确——不存在所有人不明”的循环论证的荒唐逻辑。

2. 无主物的类型分析

对法律对象的研究不仅要避免大而化之的宽泛而论,也要防止挂一漏万的个别分析,为此,对研究对象的类型化界分就显得十分必要。然而并非所有划分都是科学的。对于无主物,我国立法和学界研究都有着不同的划分标准,划分的无主类型也具有很大差别。

---

① 陈华彬:《物权法》,法律出版社 2004 年版,第 362 页。

类型划分1——立法例的选择：埋藏物、隐藏物与漂流物

从我国立法的选择可以发现，我国采取了通过外部表现形式的列举式立法。所谓漂流物，是指在水上漂流的动产。[①] 所谓埋藏物，通常是指埋藏于地下，而所有权人不明的动产。[②] 所谓隐藏物，是指隐匿于他物质中的物。这种划分在唐律中也有体现，唐律将无主物划分为宿藏物、阑遗物、漂流物，其中宿藏物即为埋藏物和隐藏物，阑遗物则是指遗失物。

这种划分有助于直观地区别无主物的形式，但需要注意以下内容：一是"漂流物、隐藏物与埋藏物"都存在有主物和无主物两种可能性；二是诸如抛弃物等形式的无主物没有明文规定；三是这一划分方式掩饰了这些物的原始状态，即它们本身就自然没有所有权人，还是所有权人刻意隐藏但无意放弃所有权，抑或所有权人故意放弃所有权等。所以这种划分方式并不可取。

类型划分2——传统物权法的划分：动产无主物与不动产无主物

依据物的物理性质能否移动或移动将极大损害价值的标准，物被划分为动产和不动产，所以无主物也理所当然地被区分为动产无主物和不动产无主物。这一划分有着历史渊源。罗马法的万民法中，无论是动产还是不动产都可依先占取得，也就是所谓先占自由原则。随着近现代社会的进步，对于动产和不动产无主物能否先占取得又有了新的发展。例如，《德国民法典》第958条规定，"自主占有无主动产的人，取得该动产的所有权"[③]。如今，世界上大多数国家的民法把无主物区分为动产或不动产，采用二元立法例，动产适用先占自由主义，不动产适用先占权利主义，从而确立了无主动产和不动产的不同归属。[④]

这种看似合理科学的划分，却无法进一步解决最实际的无主物确权问题。既然绝大多数国家采取二元立法例明确了不动产的物权归属，那么不动产无主物实际上从法律上就可以归于消灭。也就是说，在法律规范之前，尚存不动

---

① 参见王利明：《物权法研究》（上卷），中国人民大学出版社2007年版，第457页、第471页、第481页。

② 参见陈华彬：《物权法》，法律出版社2004年版，第362页。

③ 陈卫佐译注：《德国民法典》（第2版），法律出版社2006年版，第344页。

④ 参见文海兴、王晓光：《论无主物的先占取得》，载《中南政法学院学报》1992年第4期。

产无主物，但是在法律规范之后，不动产无主物皆归为有主，再做讨论已无意义。尤其是在我国，不动产主要是指土地和房屋，土地确定为国家或集体所有，房屋也可以通过房屋登记制度确定，所以可以说，不动产不存在法律无主物。而单纯的动产无主物本身就是无主物产权研究的本体，所以动产无主物与不动产无主物的划分如今已没有太大的实际意义。由此本书接下来所论及之无主物皆默认为动产无主物。

类型划分3——原始无主物与继生无主物

从无主物的来源进行划分，可以将其分为原始无主物和继生无主物。“动产之成立无主，其情形有二：①自始即为无主，如野生之飞禽走兽、海产等；②原为有主，而被抛弃。”①原始无主物是指物自产生以来，一直处于无主状态，如自然资源、野生动物等。继生无主物是指原本有所有权人，但由于所有人对所有权的丧失、抛弃等且无人继受所有权的物，如抛弃物、人为埋藏或隐藏但最终无法确认所有权人的物、被继承人死亡但无人继承的物等。

这种划分可以实现基于无主物不同的来源进一步区别立法规制。对于原始无主物，可根据国家主权安全等理由，通过立法设置主权取得原则，并有针对性地予以限制，防范公权力以公共之名行与民争利之实。对于继生无主物，则应当遵循对物尽其用的立法旨意，通过制度设计提供便利路径，尽可能实现物之所有权的有效承接。

再生资源不同于可再生资源。可再生资源是指可以重新利用的资源或者在短时期内可以再生，或是可以循环使用的自然资源，如生物资源（可再生）、土地资源、水能资源、气候资源等，从本质上说，应当属于原始无主物，并在主权取得原则的指引下，通过法律制度转变为国家或集体所有的有主物。再生资源是指不可再生的在人类的生产、生活、科教、交通、国防等各项活动中被开发利用一次并报废后，还可反复回收加工再利用的物质资源，如以矿物为原料生产并报废的钢铁、有色金属、稀有金属、合金、无机非金属、塑料、橡胶、纤维、纸张等。这类资源从本质上说属于继生无主物，具体来说就是由于资源利用

① 王泽鉴：《民法物权》（第1册），中国政法大学出版社2001年版，第216页。

而产生的废弃物,经所有权人抛弃后产生的抛弃物。

（二）再生资源的抛弃物性质判断标准

从外观上看,作为抛弃物的再生资源与遗失物都是不能确定所有权人的物。如上文所述,从理论上区别,前者是继生的无主物,后者是所有人暂时无法确定的有主物,两者在性质上有着本质的区别。然而在实践中,如何甄别无主物的归属,往往只能依赖于原权利人的主观心态,而这种心态随时可能发生变化。

为此,首先应当明确作为抛弃物的再生资源应当具备的条件:(1)原所有人必须基于真实的意思表示放弃所有权;(2)所有权人抛弃该物应当是一种单方法律行为,这种行为既可以是明示的,也可以是默示的;(3)所有权人的抛弃行为针对不特定第三人,如果是为某个特定人而抛弃的,应当视为转移而非抛弃。

相比之下,遗失物应当具备以下条件:(1)占有人不慎丧失对动产的占有;也就是说,占有人对物占有的脱离并非基于个人意愿,而是由于其他因素导致占有物丢失。例如,在打扫卫生时,不慎将报纸包的现金和垃圾一起倒掉,这些现金就应当定为遗失,不应因其被发现的地点而改变性质。(2)遗失物被发现时必须无人占有,并被发现人拾得。

如果不能从主观上判断原权利人的真实意思,那么就只能从客观表现上推定物上权利的归属。首先,再生资源应当是非经特殊技术改造,已基本丧失原物的基本功效或功效极大降低。遗失物的使用价值应当还能利用。其次,再生资源应当在特定的场所,以特定的形式出现,如垃圾已打包分类处理等。遗失物出现的场合与该物的功能极为不符的,如贵重物品出现在垃圾箱中,基本可以断定是遗失物。再次,可以结合社会的一般认知。再生资源其实就是城市垃圾,包括生活垃圾、建筑垃圾等,人们对于这些事物的认知还是有所深入的。最后,可以尝试以再生资源领域为突破口,设计取得时效制度。对于一些如旧衣物、旧家电等废旧物资的拾得,可以在特定场合进行公开公示,经过一定时期仍无人有证据主张权利的,可以视作无主物。

（三）分配正义:主权取得的限制原则构建

无主物是法律意义上的公共资源。根据罗尔斯的分配正义理论,其核心在于通过“两个正义原则”实现社会公共资源的公平分配。在无主物分配领域,我们默认国家与个人尚处于相对自由相容的环境中,国家在其中处于更为强势的地位。所以,“社会和经济的不平等应这样安排,使它们……在与正义的储存原则一致的情况下,适合于最少受惠者的最大利益”。[①] 在国家主权取得原则的主导下,分配剩余资源,确保实现社会正义,需要对国家主权取得原则构建抑制性限制原则。

国家主权取得原则应限于以下范围:国家主权安全保障原则、能源资源安全保障原则、社会稳定保障原则。首先,国家主权安全保障原则是指为保障国家主权和领土完整,国家以主权力量规范和制约所有主权范围内的能源资源和一般财产,不受任何他国势力的干涉。此原则的规定是在国家安全层面,应对国际突发事件,为国家调配资源提供的法制依据。反过来,在没有国际突发事件的情况下,国家主权的取得不能天然地及于所有能源资源和普通财产。

其次,能源资源安全保障原则。资源安全是指一个国家或地区持续、稳定、充分并经济地获取自然资源,同时使其发展赖以依存的自然资源基础和生态环境处于良好或不遭受破坏的状态。[②] 能源资源安全关系到国家政治安全与经济命脉,为此,国家将一国战略储备需要的能源资源统一收归国家所有,在保证储备安全的情况下,许可公民申请对能源资源上有条件地设置用益物权。

最后,社会稳定保障原则。稳定是发展和改革的前提,发展和改革必须有稳定的政治和社会环境。没有稳定的政治和社会环境,一切都无从谈起。所以,只有当社会稳定秩序遭受重大冲击时,国家才可以对财产权属予以限制,如对网络资源或无线电频谱进行管制或限制使用等。

(四)持有正义:再生资源先占取得制度设计

“持有的正义”是诺齐克在《无政府、国家与乌托邦》一书中提出的。他提出,如果一个人通过符合获取正义原则的方式获得某种持有物,那么他对该持

---

① [美]约翰·罗尔斯:《正义论》,何怀宏、何包钢、廖申白译,中国社会科学出版社1988年版,第292页。

② 参见秦鹏:《论资源安全及我国相关制度的重构》,载《中国软科学》2005年第7期。

有物拥有权利。① 进而,诺齐克在持有的正义框架下对无主物提出了获取的正义原则。其核心观点是持有的最初获得,即对无主物的获取。这包括下列问题:无主物是如何可能变成被持有的;它们通过哪些过程变成被持有的等。我们将把围绕这一论点的复杂真理称作获取的正义原则。② 其实,诺齐克是对洛克理论的一个发展,洛克认为,"当且仅当不使他人状况变坏时,对无主物的拥有才是正当的"。③ 再生资源的回收利用不仅是对他人业已耗尽效能的废弃物的有效分解,更是为将来资源的循环利用创造条件与可能。对于如何获取再生资源物权的制度设计,应当以先占原则为核心,根据我国目前立法、司法的实际情况,从习惯法延续、立法例修正补充、最后到立法确认3个步骤推进。

第一阶段,延续现有的习惯法。目前,对无主物,法律没有特别规定时,按先占原则取得所有权,在法律有特别规定时,从其规定,如《民法典》第318条、第319条规定,拾得漂流物、发现埋藏物或者隐藏物的,参照适用拾得遗失物的有关规定,自发布招领公告之日起1年内无人认领的,归国家所有。这种习惯规范在现实生活中已经达成共识。况且我国自古以来就有上山砍柴、下河捕鱼的乡土传统,并不拘泥于特定法律规范的限制。尽管有学者指出,习惯有悖于"物权法定原则",因为物权的内容法定中包含了"公示方法法定",在先占原则并未写入法律的情况下,通过习惯确认是不恰当的。但是应当看到,这并不意味着物权的封闭,相反,为避免僵化,学界出现了诸如"物权法定无视说""习惯法包含说""物权法定缓和说"等物权法定的缓和理论。当前经济社会快速发展,物权的形式内容变幻多样,人们对物权保障的需求也日益增强,通过物权法定封闭物权是不现实也不可行的,会极大地妨碍人们对资源的充分利用。所以,再生资源的取得可以通过这种人民群众生活中约定俗成的习惯法来规制。

---

① ［美］罗伯特·诺齐克:《无政府、国家与乌托邦》,何怀宏等译,中国社会科学出版社1991年版,第57页、第156页、第181页。

② 参见［美］罗伯特·诺齐克:《无政府、国家与乌托邦》,何怀宏等译,中国社会科学出版社1991年版,第57页、第156页、第181页。

③ ［美］罗伯特·诺齐克:《无政府、国家与乌托邦》,何怀宏等译,中国社会科学出版社1991年版,第57页、第156页、第181页。

第二阶段,立法例修正补充。也许全面放开无主物先占取得有一定的风险,但可以预见的是,再生资源先占制度具有可行性和及时性。我们可以将再生资源物权取得制度为试点和突破口,尝试建立先占取得制度。为此,可以先将物权法中增设一条关于无主物的明确表述:“没有所有人或所有人已无法确认的物,归国家所有。法律另有规定的除外。”同时删去其他条文中“所有人不明”的表述,根据“没有所有人或所有人已无法确认的物”以及“所有人可以查明但暂时不能确定的物”这两种情况,分别设定权属分配规则。在完成基本范畴的界定后,尝试增设一条:“自主占有可作为再生资源回收利用的抛弃物的人,取得所有权。”

第三阶段,推进《循环经济促进法》修改和“资源综合利用法”的立法工作,将资源法立法进程同物权法的修订进程配套进行,在“资源综合利用法”中明确再生资源和再生资源产业的功能定位。借鉴发达国家的成功经验,综合运用包括积极规制与消极规制、激励性规制与惩罚性规制、刚性规制与弹性规制等在内的多项规制手段,设计出一套集科学性、前瞻性、可行性、可操作性为一体的法律制度。[①] 在再生资源取得制度方面,应当设计专节规定再生资源的取得、保存、转让、投产到循环利用的权利义务配置,为再生资源产业提供基础性的法律保障。

三、实现区域地方利益间协调的次序衡平

区域利益的分配是影响环境立法效果的重要因素,京津冀协同发展不仅要求经济社会的协调发展,更要求规则规范的协作互补。自京津冀协同发展战略提出至今,三地在京津冀立法协同方面已经作出了尝试并且取得了一些有益成果,针对区域环境保护的立法实践还在不断完善,需要由“碎片化”治理模式向整体协同方向发展。待经验成熟,可以再向其他领域逐步拓展。为保证京津冀区域立法协同的稳定性、合理性和均衡性,并保证其在实施过程中的可行性,仍然需要对相关的立法协同机构和机制进行完善。

(一)设立区域专门立法协调机构

针对治理京津冀区域环境保护的立法协同工作,在现有体制下,设立“京

① 参见秦鹏:《关于再生资源立法的若干思考》,载《法商研究》2004年第5期。

津冀区域环境立法协调小组”则可兼顾合法性与效率，推进治理区域环境立法走向标准化，改善目前“碎片化”的治理现状。可以分别从三地政府人大常委会法制工作委员会和生态环境主管部门等机关抽取相关工作人员组成。在建立工作小组时，应当由三地共同建制，明确选任小组成员的条件、职能以及工作方式等，同时在人员数量上应保证三地均衡，小组组长应当由三地的成员轮流担任。京津冀区域环境立法协调小组应当按照平等协商、相互一致的原则进行立法协商，而后分别向三地人大或政府提出就某一事项立法或制定规章的建议，三地人大或政府分别就此建议进行审核后各自立法。三地在成立京津冀区域环境立法协调小组后，应当首先就关联度高、存在问题大、污染严重的相关环境问题进行集中讨论，从各地的实际情况出发，求同存异。在委员会协商达成一致意见后，形成立法文本，分别提交三地人大，再在三地结合本地情况作出适当调整后，形成立法草案。

（二）突出技术性协同，建立技术性协作机制

由于各地之间存在经济条件、产业结构、自然环境等诸多因素的差异，在治理污染企业的立法不能简单地对环境指标参数或污染排放物的特征参数进行“一刀切”限定。在设立不同指标时，不能为了迁就低标准而舍弃高标准，也不能为了迎合高标准而忽视当地发展的实际情况。突出技术性协同，需要专业领域人士结合立法的内容对具体执行指标进行磋商。立法前应当由京津冀三地相关领域专家就立法内容涉及的技术性指标协商，将预期结果形成报告提交给立法委员会。在标准统一的基础上，允许一定的浮动空间。针对跨区域污染的企业，可制定企业污染评估机制，按照对不同区域产生的污染大小，由相关技术人员运用各种理论模型制定参数。

在治理京津冀区域环境污染的具体实践中，应当采取“共同但有区别”的责任，在整体利益一致的基础上要有所区别，从各地的实际情况考虑，在注重环境保护的基础上减缓经济发展的压力。京津冀三个主体之间要积极实现利益共享，并推进生态补偿政策，明确区域内或跨区域污染带来的直接损失和间接损失，结合本地区的社会、经济、环境等因素制定适合的补偿标准。在污染费用标准的制定上，应根据地方的具体情况，制定出整体一致但又具有一定浮

动空间的排污费用与赔偿标准，同时也需要注重三地之间法律制度的深度融合，对区域协同执法等内容作出与地方情况相适应的规定。

（三）建立立法后评估协同机制

针对性的环境立法实施后，需要及时对立法后的效果进行相关评估。通过常态化的立法评估机制可以了解区域内立法的具体实施情况，从而为区域立法的完善提供宝贵的建议。与一般法律立法后评估的不同之处在于，京津冀区域环境立法在评估主体、评估标准、评估内容、评估方法以及评估后的回应上都要有相应的调整。治理区域环境污染的立法后评估协同机制能够更清晰地反映目前的立法协同工作中存在的问题和各具体指标制定时存在的漏洞，关系着各地区立法主体对后续立法工作的调整方向，关系着区域立法质量的提升，也关系着区域整体环境改善的效果，对今后开展区域立法协同工作大有裨益。

评估工作在具体实施时，应优先选择具有相应专业知识，同时兼备开放性和权威性的无利益关系的第三方作为评估的主体，以保证评估结果的中立性和科学性。由此，在政府主导下可以联合区域内各高校形成"立法评估委员会"，对立法协同的实施效果及影响进行客观性的评价，弥补在立法时无法预见的不足之处。评估标准可以从两个角度展开，分别是区域立法的实施效果、影响和区域立法文本自身的逻辑性、合理性。评估体系指标应当由专业的机构或人员制定，评估内容上应包括立法被有效执行的程度、效益水平、群众满意程度等。评估的方法由"立法评估委员会"决定，可以采取前后对比分析法、投入与产出分析法等。在形成评估报告后，各地立法机关应以此为依据，积极采取措施，协同修改或补充区域立法。

（四）搭建信息交流平台，整合信息交流方式

目前，三地省级人大和政府之间的交流略显不足，原因就是交流方式还不够高效，导致信息更新缓慢，交流成本过高。搭建高效的信息交流平台，一方面，可以加强各地之间现有立法信息的共享，充分节约立法资源；另一方面，可以有效避免协同立法与现有立法之间的冲突，减少后续审查时不必要的工作，及时清理现有的冲突法规。

搭建京津冀立法信息交流平台可以采取多种形式,例如,开通动态通报功能,设立动态通报机制,区域内立法需通过平台及时公开,以自然季度为准定期进行汇报工作,便于平台的信息及时更新;制定立法工作例会,以每年召开两次为宜,由三地轮流承办,充分交流目前立法实施情况及立法评估结果分析,明晰日后协同立法的方向;开展实地考察项目,加强三地立法人员的互相交流,促进立法人员了解其他省(市)的实际情况,在进行协同立法时更利于理解其他地方的考量。在建立信息交流平台时可以充分发挥北京的政治中心优势,以北京相关部门为主导,收集各项资料,随后再迅速分发给各地方的协同立法委员会相关部门,平台运行的费用应当由三地政府共同承担。

在对区域环境污染的治理上,需要及时对各地区的环境现状和处罚结果予以公示,并通过横向地区之间的对比和纵向各自地区协同治理前后的对比发现立法协同对整个区域的影响,以便为后续的生态补偿政策提供依据。同时,此信息共享平台的建立可以为后续其他领域的立法协同问题提供基础,并整合各类立法协同相关的信息,极大地减少因信息杂乱而造成的资源浪费。

四、实现地方立法层面上央地关系协调的次序衡平

在立法层面上,央地关系的协调决定了不同位阶法律体系的严密和完善。在衡平央地关系的过程中,可以以中央立法为统领,对地方立法的类型进行界分。在对地方立法进行分类的基础上,结合地方特色,推动央地立法协调,实现中央与地方之间的利益衡平。

（一）深圳特区环境立法样态与经验梳理

1992 年 7 月 1 日,第七届全国人大常委会第二十六次会议通过了《关于授予深圳市人民代表大会及其常务委员会和深圳市人民政府分别制定法规和规章在深圳经济特区实施的决定》,深圳经济特区从此有了立法权,2000 年颁布的《立法法》以“较大的市”的形式,2015 年修正的《立法法》以“设区的市”的形式进一步确认了深圳市的地方立法权。所以,深圳市作为我国地方立法先行先试的“立法改革先锋”,其立法经验是具有借鉴意义的。

根据北大法宝的统计数据,截至 2024 年 11 月,深圳市共制定现行有效的地方性法规 330 余部。另外,根据深圳市司法局官方网站,深圳市现行有效的生态环境类法规规章已有30余部，约占制定地方性法规的10%，涉及综合立法、专项立法、资源利用、市容市政、污染防治、自然环境保护及上位法执行等多个方面。

1. 具体、即时、高效的执行型立法

首先，在细化条文方面，深圳大量地方环境立法是针对上位法既有规范制定了具体的实施办法。例如，《深圳市生态公益林条例》第12条第2款规定：市、区林业主管部门应当按照林种、树种及其分布，利用文字、图表、摄影及电子信息等形式建立生态公益林档案登记制度。具体登记管理办法由市林业主管部门制定。该条文是对《森林法》(2009)(已被修改)第15条第2款规定的林地登记制度的进一步细化，规定了特定林地的多种形式登记，有利于推动林地登记制度的落实。

其次，从立法更新速度来看，深圳市能够紧跟中央立法进度，适时及时更新或订立相应地方制度，确保制度衔接顺畅。例如，《深圳市经济特区机动车排气污染防治条例》是在《大气污染防治法》(2016)(已被修改)实施后第二年即进行第二次修改，而《深圳经济特区水土保持条例》《深圳经济特区城市供水用水条例》《深圳经济特区水资源管理条例》等多部法规亦是如此，同时及时废止《深圳经济特区实施〈中华人民共和国固体废物污染环境防治法〉规定》等多部执行型立法，有效地推动了被执行法律的高效落实。

2. 特色鲜明的填补型立法

填补型立法是对上位法预留空间的地方自主性填补，是在继承上位法精神的基础上，对地方发展实际的一种立法性宣誓，通过立法这一手段，对地方环境保护路径进行确认。而这也要求填补型立法必须高举地方特色这一旗帜，为自身深深地打上地方烙印。

与多数地方涉及本地区环境保护的特殊性时，只是把特殊区域的名字列上而未有具体的针对性措施①相比，深圳特区的填补型立法可谓特色鲜明。一是结合自身特色经济发展模式，例如，《深圳市排水条例》针对深圳本地部分排

① 参见肖爱、唐江河：《"两型社会"建设中的地方环境立法转型——以湖南省地方环境立法为例》，载《吉首大学学报(社会科学版)》2012年第3期。

水设施实行特许经营情况，对特许经营者作出相应规定，明确规定排水设施的所有权和折旧资金使用方式；[①]二是结合自身特色以及城市发展定位，例如，《深圳经济特区绿化条例》根据深圳建设国际性花园城市、生态园林城市和宜居城市的需要，在法规中特别强化对古树名木的保护，对立体绿化进行专章规定并大幅提高对违法行为的处罚力度，突出社会监督；[②]三是结合公众的特殊发展需求，例如，《深圳市排水条例》从公众的生活需求出发，将适用范围扩大到小区红线内的排水设施，且增加了物业管理单位的职责。

3. 创新试验与多元参与的试验型立法

试验型立法是在授权的基础上，结合本地区的发展情况，并立足于更大的视野，从整个国家发展的角度出发，在立法上的探索与突破。这就决定了试验型立法必须要将创新作为驱动，由公众参与作为保障。

首先，深圳在制度创新方面可谓经验颇丰，1992 年全国人大常委会授权决定的初衷之一就是希望深圳经济特区在立法上先行一步，为国家的立法探索提供经验。[③] 具体来看，包括《深圳经济特区循环经济促进条例》《深圳经济特区建筑节能条例》（已废止）在内的多部法规均可谓全国首创，为国家制定《循环经济促进法》等提供了宝贵的可复制、可推广的经验。

其次，正如弗里德曼教授所言，构建有效率的法律规则在很大程度上需要摆脱“囚徒困境”的影响。[④] 就深圳而言，为实现立法工作的突破，深圳市人大常委会通过建立法规公开征询制度，引入公众参与，广泛征询社会意见，并引入立法辩论机制，召集常委会委员、人大代表、专家、行业人士和公众代表，就

---

① 参见肖意、朱婷婷：《加强排水管理保护水体环境》，载《深圳特区报》2007 年 6 月 26 日，第 A07 版。

② 参见崔嵩：《〈深圳经济特区绿化条例〉10 月 1 日施行》，载《深圳商报》2016 年 9 月 26 日，第 A10 版。

③ 参见深圳市人大常委会法制工作委员会：《用好用足两个立法权　为加快建设社会主义现代化作出新贡献》，载中国人大网 2017 年 9 月 13 日，http://www.npc.gov.cn/npc/c1773/c1848/c21114/c33174/c33176/201905/t20190521_265358.htm/。

④ 参见李适时：《扎实推进设区的市地方立法工作　为“四个全面”战略布局提供坚实法治支撑》，载《地方立法研究》2016 年第 1 期。

条例中的主要制度和内容进行公开辩论。①《2017年度深圳市环境状况公报》数据显示,累计发布宣传环保工作的亮点和成效的报道869篇,组织召开9场新闻发布会和媒体通气会,并在六五世界环境日等节点开展宣传活动,普及环保法律知识,培养了公众参与意识和参与能力,为环境多元共治和科学立法奠定了基础。

（二）雄安新区的环境立法思路与制度展望

通过总结深圳地方环境立法的成功经验,可以认识到充分利用国家对地区发展的支持政策,以中央政策和中央立法为指引,通过制度设计落实中央立法、建立具有地区环境特点特色的本地环境法规、探索在合法正当的前提下的制度创新是地方环境立法取得积极成效的关键。雄安新区作为"国家大事、千年大计",是党中央在新时代作出的重要战略部署,既有中央政策的坚强支持,又有白手起家的巨大建设空间,其地方环境立法可以在借鉴深圳经验的基础上探索新的制度展望。

1.白纸作画:以"环境法典化"为形式的试验型立法

首先,从概念上看,法典是指对某一部门法的法规在有关理论指导下,按照一定体系进行全面的编纂,它具有确定性、稳定性、系统性、内在逻辑性以及和谐一致性等特点。法典化是法典编纂作为一种运动在各个国家和地区展开和蔓延的动态的过程。它是对同类或同一部门法律进行清理、汇编、分析和审查,按照统一化、体系化的目标对这些法律规范进行废止、修改、整合与完善,进而形成一部法典的立法趋向与过程。地方立法"法典化"②是指针对地方某一领域的规范性文件按照特定的体系进行统一立法的过程。

其次,从地方的立法实际上看,多年来地方环境立法数量庞杂,正如本书论证的,中央政策、国家法律都可能需要通过地方环境立法予以落实,执行型立法、填补型立法和试验型立法的总量数倍于中央立法,在这种情况下地方环境立法不能仅停留于对地方环境法规的清理和评估上,而应当结合地方实际

① 参见《广州:深圳拟施行立法辩认机制引入公众参与》,载《吉林人大工作》2008年第7期。

② 这里的"法典化"并非国家层面的法典编纂,而是对复杂繁多的地方环境法规进行统一成体系化的整合。

尝试进行地方环境的“法典化”试验。

最后,从在雄安新区率先开创“法典化”的可行性上看,现阶段国家探索尝试制定统一的环境法典将会付出巨大的制度成本,其中包括法律法规的清理、效力整合以及与相关制度、体制和机制的衔接,稍有不慎便会造成巨大的立法混乱。雄安新区则不然,正如中央指出的“白纸之上好作画”那样,雄安新区作为国家战略,可以为一切制度创新提供试验平台。从立法成本上看,雄安新区现阶段并没有制定专属雄安新区的环境地方立法,尚在沿用以往三县的制度,对照中央立法进行的地方立法都需要在下一阶段展开。若参照一般地方对每部中央环境立法逐一地制定反而会耗费巨大的立法资源,而直接在实务界和学术界既有的“环境法典化”研究的基础上,制定统一具体的法典化性质的“雄安新区生态环境保护综合条例”更为适当。

2. 一张蓝图:以环境规则设计为内容的执行型立法

在雄安新区的地方生态环境保护的统一立法中,首先应当结合国家有关制度统一纳入这部地方立法中,并设计更为细化且可供执行的规范。

(1)地方政府环境治理现代化的制度设计

首先,应当探索环境行政垂直管理制度的地方衔接与落实。自中央提出省以下环境监测与监察垂直管理以来,各地方都开展了具体的实践工作,有些地方甚至更进一步地提出生态环境主管部门的垂直管理,一些县(区)的生态环境局变成了上级生态环境主管部门的下属分局。雄安新区目前已经成立了生态环境局,按照中央机构改革意见统一行使地方生态环境管理权力。

其次,应当加强环评制度改革在地方层面的制度回应。在中央层面逐步完成环评制度改革和批复雄安新区规划纲要的背景下,雄安新区的地方环评制度也应当随同中央立法精神的旨趣,从以项目环评为中心向以规划环评为中心转移。一方面,明确“生态优先、绿色发展,努力建设绿色低碳新区”的目标,对标中央对雄安新区的规划要求,通过建章立制加强对后续各类规划进行全面的环评,从源头杜绝决策对生态环境造成的负面影响;另一方面,在加大规划执行监督力度的基础上,以“放管服”为指导思想减少对建设项目的环评审批,包括与其他事项由串联改为并联,鼓励企业在规划框架内创业发展。

最后,应当重视环境信息公开与公众参与制度的地方贡献。环境信息公开与公众参与是保障地方环境治理真实有效的重要途径。在中央层面,环境信息公开基本上全面实现,但个别地方仍然将环境问题视为“负面消息”而试图掩盖。正如生态环境部原部长李干杰所指出的,揭露和报道环境问题应当被视为正面宣传,而掩盖事实既而被曝光才是负面报道。下一步应当通过地方立法明确这一环境信息公开的逻辑基础,且要明确责任归属——若确属企业自己的责任,则不应牵连地方政府,避免担心被问责而掩盖问题扩大环境损害。对于公众参与问题,应当对照《环境保护法》和《环境保护公众参与办法》的有关规定,具体设计相关章节条款,明确和细化公众参与的具体程序、权利和保障制度,建立以听证会、专家委员会和“互联网+政务平台”等为主的多种公众参与路径。

(2)地方环境要素治理的制度设计

首先,分章建立水、大气、土壤、固体废物污染防治制度。目前,我国国家立法对水、大气、土壤和固体废物污染防治制度进行了分散立法。对于地方立法来说,本身环境类地方法规可供执行的效力偏低,有必要统一设计在相对位阶较高的地方“环境法典”中。需要注意的是,其中既要包括原有的各要素立法内容,也要加入如“水十条”“大气十条”等中央对各类污染防治的具体政策,还要结合雄安新区的地理环境特点在具体标准上细化加强。

其次,建立重点污染物减排制度。目前雄安新区的污染源主要来自两个方面:一是初级加工业所产生的废弃物,二是生活污水和垃圾。一般来说,环境统计污染物排放量包括工业源和生活源污染物排放量,COD 和 SO_2 排放量的考核是基于工业源和生活源污染物排放量的总和。为此,可以专章制定科学合理的减排统计办法,结合国家目标辅之以地方动态目标,逐步实现重点污染物的减排。

最后,建立总量控制制度。在总量控制制度之下实际有两个具体的制度有必要结合地方工作实际建立起来。一是排污许可证的地方审批制度。这一制度是在中央改革排污许可制度的大背景下提出的,它的制度目的在于考核企业。二是与之相对的环境质量制度。这一制度的提出并不在于对污染的控制,而是在于对良好环境质量的保障,制定制度的目的主要在于考核政府。尤其是在环境保护督察工作全面展开的当下,地方有必要通过这两个制度明确企业责任和政府责任的分野,既不能把所有造成污染的企业“一刀切”地关停,也不能对地方环境履职干部“一刀切”地问责,进而造成多方面多主体更复杂的矛盾。

3. 彰显特色:以环境制度创新为亮点的填补型立法

(1)设立专章保护白洋淀生态环境

《河北雄安新区规划纲要》指出,加强白洋淀生态环境治理和保护,同步加大上游地区环境综合整治力度,逐步恢复白洋淀“华北之肾”的功能。为此,加强白洋淀上游生态环境保护的立法工作既是雄安新区生态环境保护的重点工作,也是雄安新区最具特色的环境立法活动。可以按照“党委领导、人大主导、政府协同、公众参与、专家支持”的机制推进。在具体的制度设计上,要在内容上注重因地制宜,充分体现地方立法“不抵触、有特色、可操作”原则。充分考虑雄安新区的实际,在法律责任的设计上,既考虑上位法类似行为的处罚种类和额度,防止畸轻畸重,又对违法情形进行分类,防止过大的自由裁量幅度。同时,明确执法主体责任,从立法层面明确市、县(市、区)、乡(镇)政府及部门的职责范围,落实责任制。从保护对象——“白洋淀”——的实际情况出发,以恢复生态为目的,以污染治理为手段,区别对待工业生产和居民生活的污染处理方法,既着眼未来,也认识到历史的遗留问题,用科学、合理、公正的立法保护好“华北明珠”白洋淀,为构建“蓝绿交织、清新明亮、水城共融”的绿色生态新区保驾护航。

(2)环境区域联防联治的雄安方案

雄安新区的设立将京津冀协同发展提升到了一个新的平台,而这个协同发展的重要基础是生态环境保护,可以说,在此基础上的协同才是可持续的区域性发展模式。具体到雄安新区地方政府的工作,解决突出的地方环境污染问题需要聚焦区域对接协作、联防联治及部门联防联控方面,为协同治污凝聚攻坚强大合力。同时,应建立有效可行的制度予以保障。

为此,有必要通过地方立法在京津冀三地间推动深化区域大气污染联防联控协作,建立统一污染排放限值标准和环境准入、退出机制,着力推动解决阻碍区域协同发展的突出环境难题,尤其是在大气污染、森林湿地建设、区域性河流治理方面,应将联防联控政策进一步细化、具体化,做到政策可落地、见成效。

(3)环境区域多元共治机制

从区域环境治理的角度来看,雄安地处京津冀腹地,环境污染源中既有本地生产生活污染,也有异地基于流域、大气等介质的输入型污染。为此,应当探索以雄安为中心的京津冀协同治理机制,通过建立地区间排放权交易、生态补偿、生态环境损害赔偿、生态环境损害磋商等制度解决地区间环境污染矛盾及其背后的经济、政治与社会矛盾。

从多元共治主体来看,环境治理需要企业、政府和公民的协同配合。在生态文明建设上升为政治责任以后,政府主导环境保护工作的积极主动性得到了保障,下一步应当从企业和公民环境义务的培养入手,以高质量发展为指引,鼓励高新科技企业,淘汰落后产能,关停重污染企业;发挥新区引入的高水平研究机构、教育机构及其高层次人才的治理能力和"参政议政"能力,发挥未来雄安新区社区公众业已成熟的环境公民意识的优势,建立专家学者、社会公众共同参与地方环境决策的制度和实施机制。

五、实现立法法体模式确定的次序衡平

法体模式的选择是环境立法的基础。在衡平次序性原则的适用过程中,需要综合考虑国际做法与国内立法情况,制定差异化的法体模式选择标准。具体来说,本书建议根据保护法益的趋同性、基础立法的完备性和法律体系的衔接性这三大标准,综合确定立法的法体模式。

(一)境外国土空间规划立法的法体模式选择经验

从宏观上看,世界上已经存在的国土空间规划立法之间存在一种联通性,[①]这种联通性是由"国土空间规划法"所调整的对象决定的。《城乡规划法》《土地管理法》《水法》等规划法实际上是对人、土壤、水等要素产生的社会

---

① 参见秦天宝:《比较视野下的环境法》,载《郑州大学学报(哲学社会科学版)》2016 年第4期。

关系的调整。同时,这些要素也存在于国土空间规划所调整的“空间”中。因此,当这些要素在世界各个国家或多或少都存在的条件下,各国的国土空间规划立法之间会形成一种联通性的特征。

比较法作为基础法学的组成部分之一,①是一种科学的研究方法。用比较法对境外的国土空间规划立法进行研究,可以为我国国土空间规划的立法、执法、实施监督提供帮助。因此,本书借鉴诸如德国、荷兰、英国、日本等“国土空间规划法”实施效果良好的国家,对国外法体模式进行研究和比较,总结各国法体模式选择和演化进阶的社会经济与制度条件。

1. 单行法阶段

各国在规划单行法的立法前夕,都将促进经济发展作为提升自身实力与改善人民生活的根本手段,而忽略了城市在快速建设中出现的“密度高”“交通紧”“资源贵”等影响人民日常生活的问题。随着城市无序发展与土地资源浪费问题的日渐突出,各国纷纷启动针对城市建设的规划立法。

德国是进行空间规划比较早的国家,最早可以追溯到普鲁士时期。现如今,其空间规划体系发展已经较为成熟,是大量空间规划法律、观点和理论的发源地。第二次世界大战以后,在美国“马歇尔计划”的帮助下,德国的经济进入快速复苏阶段,城市的数量与规模日渐庞大。但城市的不规则发展也造成了住房紧张、交通不便、人口密集等问题。为了规制城市无管制建设的行为,1960 年德国颁布了国内第一部专项规划法案——《联邦建设法》②(Bundesbaugesetz, BBauG),这也是联邦德国的第一部“城市规划法”。该法规定了城市建设的目标与路径,调整了城市建设发展的趋势,从而确保城市和农村地区能够在一种合理的结构下发展。此后,德国又开始面临城市的更新与换代等问题,为此德

---

① 参见[日]真田芳宪、华夏:《比较法的方法与今日的课题》,载《比较法研究》1993 年第 3 期。

② See Bundesministerium des Innern, *Bundesbaugesetz*, www. stadtgrenze. de(2024 - 10 - 23), https://www. stadtgrenze. de /s/bbg/1960/bbaug1960 - 001. htm.

国在 1971 年颁布的《城市建设促进法》①(Städtebauförderungsgesetz,StBFG)中增加了旧城改造与城市更新的内容,还包括建筑的购买权、租赁权等涉及房屋权利的规定,从而减轻居民的住房压力。《联邦建设法》与《城市建设促进法》的颁布标志着德国的城市规划基本成形,为德国的空间规划法律体系的形成奠定了基础。

荷兰的空间规划起源于 20 世纪初。荷兰的国土面积仅有 41528 平方公里,且国内多沼泽、湖泊,在人口密度大、可利用空间小的情况下,荷兰人十分重视国内的规划事业。工业化以后,荷兰的城市化速度开始加快,生活在乡村地区的居民在看到城市中优越的生活环境后纷纷向城市迁移。在大量农村居民涌向城市的压力下,荷兰政府拟用规划立法的手段控制城市的发展。为了改善农村户口居民在城市的住房问题,1901 年荷兰颁布了《住宅法》(Woningwet)。该法规定了人口迁移与农村居民在城市居住的条件等事项,从而限制了农村居民向城市的涌入,在一定程度上缓解了城市的住房压力。②

英国的城市规划立法有着悠久的历史与深厚的渊源。在第二次工业革命后,英国的资本主义生产完成了从手工业向大工业的过渡,国内的生产水平得到了质的提升。随着人口的过快增长与建筑面积的大幅增加,英国的城市建设也开始进入了"混乱"的时代。为此英国在 1909 年制定了国内第一部城市规划法——《住房和城市规划诸法》。第一次世界大战过程中,英国优越的地理位置促使大量国外难民涌入,这不仅增加了英国当地人民的住房压力,也减少了英国本土的可利用空间。1919 年英国出台新的城市规划法——《住房与城镇规划法》(Housing,Town Planning,Act 1919)③将各级委员会设定为城市规划的主体,赋予了其在不违反法律的情况下强制征收任何土地的权力。同时,

---

① See Bundesministerium des Innern,*Städtebauförderungsgesetz*,Bundesgesetzblatt(2024 - 10 - 23),https://www.bgbl.de/xaver/bgbl/start.xav?start=//*%5B@attr_id=%27bgbl171072.pdf%27%5D#__bgbl__%2F%2F*%5B%40attr_id%3D%27bgbl171072.pdf%27%5D__1587056997467.

② 参见蔡玉梅、高延利、张丽佳:《荷兰空间规划体系的演变及启示》,载《中国土地》2017 年第 8 期。

③ See UK Parliament,*Housing*,*Town Planning*, *&c. Act* 1919,legislation.gov.uk(2020 - 04 - 20),http://www.legislation.gov.uk/ukpga/1919/35/contents/enacted.

将住宅分为工人阶级住宅与小型居民住宅,以一种给住宅分类的方式减少了流入人口因条件不同而面临的住房压力。第二次世界大战后,英国的大部分城市面临战后重建的问题,由于事先没有制定重建的具体规模与范围,导致城市的边界不断扩大,环境污染越来越严重。为此,1947年英国出台了《城乡规划法》(Town and Country Planning Act)①,设置了专门的规划部门——中央土地委员会(The Central Land Board)。同时,在该法第四章中赋予了政府部门和地方当局为发展而强制征用土地的权力,以加强政府对土地的管制。1947年《城市规划法》虽然在一定程度上对城市的建设起到了指导作用,但过度地将规划的权力集中于中央和地方政府部门,导致了政府权力的滥用以及监管上的失灵。为此1976年《城乡规划法》增设了国家自然计划委员会(National Physical Planning Council),赋予其向联邦政府或州政府就城镇与乡村的规划事宜提供咨询的权力,在一定程度上分散了集中于政府的规划权力,同时将其作为改善环境和实现国内可持续发展的手段。

日本在西方国家规划立法的启蒙下也开始启动本国的规划立法工作。日本国内面积狭小,资源匮乏,迫使其不得不加强对外的交流。明治维新后,日本开始向西方国家学习空间规划。1919年,日本颁布了国内第一部规划法律——《都市计划法》(都市計画法)。《都市计划法》第1条就明确了城市的范围不仅包括市域也包括与市的发展有关的周边市町村。同时,在都市计划的程序上,《都市计划法》规定要经过都市计划的地方委员会讨论之后由内务大臣决定具体的内容。在各地的都市计划地方委员会中,也逐渐从无到有地设立了专门的事务局,这些部门的职员在此后的城市规划与发展中起到了非常重要的作用。② 这部法律虽然对日本国内的住房、基础设施建设起到了一定的改善作用,但没有从根本上解决城市可持续发展利用的问题。因此,1968年日本对《都市计划法》进行了修改,该法第15条对城市规划的制定者作出了划

① See UK Parliament, *Town and Country Planning Act*, 1947, legislation. gov. uk (2020 - 04 - 21), https://www.legislation.gov.uk/ukpga/1947/51/contents/enacted.

② 参见姚传德、于利民:《日本第一部〈都市计划法〉及其配套法令评析》,载《国际城市规划》2017年第2期。

分,规定大城市规划由都道府县制定,其他城市规划由市町村制定,并要求市町村制定的城市规划应当经过议会讨论决定,同时应当符合都道府县制定的城市规划。新的《都市计划法》完善和发展了土地的利用管理与规划的审批程序。

随着社会的发展与经济的不断成熟,各国的规划法开始凸显出单行法的局限性,只能在专项规划上进行有限度的规制,无法对大面积的空间规划问题进行有效的应对。在单行法数量越来越多的情况下,单行法之间的冲突与矛盾问题越发严重,各国开始意识到单纯依靠制定规划单行法无法及时建立起统一协调的规划法律规范体系,因此各国开始准备制定一部可以整合单行法并统领规划领域的基本法。

2. 基本法阶段

20 世纪中期,德国、荷兰以及日本分别制定了本国的空间规划基本法。这一阶段的立法往往具有综合性、原则性和纲领性的特点。

德国是典型的联邦制国家,在行政管理层级上分为联邦、联邦州与市镇三级。德国的空间规划体系与行政层级唯一不同的地方就是在联邦州层面与市镇一级之间增加了区域规划,以此协调各城镇之间空间规划的发展。① 在城市化加深的影响下,德国城市空间发展的压力越来越大。为了调整城市与乡村之间的差距,协调专项规划的发展,德国在 1965 年颁布了第一部在全国适用的空间规划法律——《空间秩序法》②(Raumordnungsgesetz, ROG)。该法第一章即明确规定了空间规划的任务、指导思想与作用。在任务上,《空间秩序法》要求德国的所有地区都应当制定各自的空间规划法,协调各自对空间发展的不同要求,从而抵消在规划层面的冲突。在指导思想与原则上,《空间秩序法》将经济社会的空间需求与生态功能相协调,实现可持续的空间发展,通过不同地

---

① 参见张志强、黄代伟:《构筑层次分明、上下协调的空间规划体系——德国经验对我国规划体制改革的启示》,载《现代城市研究》2007 年第 6 期。

② Bundesminiserium des Innern, *Raumordnungsgesetz*, Bundesgesetzblatt (2020 - 04 - 28), https://www.bgbl.de/xaver/bgbl/start.xav? start = //* % 5B@ attr_id = % 27bgbl165s0306.pdf% 27% 5D #__bgbl__% 2F% 2F * % 5B% 40attr_id% 3D% 27bgbl165s0306.pdf% 27% 5D__1593225838569.

区生活条件的平衡安排，实现长久、大尺度的区域平衡。同时，在第一章第二部分中，《空间秩序法》规定了实施空间秩序的8项基本原则，分别在实体与程序方面对联邦与地方层面的空间规划作出了原则性的规定。在作用上，《空间秩序法》对联邦、州、区域与地方各级的空间规划进行了有效的衔接与协调，为《空间秩序法》的有效实施打下了基础。

荷兰在基本上解决了住房以及城市的建设问题后，将视角转向了能够将空间资源合理保护和有效利用为核心的空间规划。为了提高空间的可持续发展利用，荷兰在1965年颁布了《空间规划法》[①]（Wet op de Ruimtelijke Ordening）（已废止）。该法明确提出了规划的定义与规划制定者的责任，指出规划是一项协调活动，各级政府及规划师有责任创造一切有利于协调磋商的条件，从而为规划决策中的利益协调提供了法律基础。此外，该法为解决规划冲突的问题，规定了各级政府的主要任务以及事权分配以减少管理职能重叠的现象。此后，荷兰开始将重心从经济效益转向空间利用，同时开始加强自身的交通建设。

日本的《国土综合开发法》[②]（国土総合開発法）是其国内空间规划的第一部基本法，第二次世界大战后，日本面临城市的重建与人口的提升等问题，因此在1950年出台《国土综合开发法》。该法的制定从社会、经济、文化等角度出发，规定了土地利用、城市建设的程序，同时还规定了防灾减灾的事项，在当时来说，该部法律已经是相对先进的了。此后，日本依据该法先后制定了5次国土综合开发规划，提高了日本的空间可持续利用能力，恢复了日本的国内经济。随着环境的恶化与经济的倒退，日本国内可利用的土地资源越来越匮乏，为了配合《国土综合开发法》的实施，寻求均衡发展，日本在1974年制定了《国土利用计划法》[③]（国土利用計画法），该法主要规定了国土利用规划、土地利用

---

① Ministerie van VROM, *Wet op de Ruimtelijke Ordening*, Overheid. nl（2020－05－01），https://wetten. overheid. nl/BWBR0002375/2008－02－01.

② 国土交通省，国土総合開発法，国土交通省网站（2020－05－02），http://www. mlit. go. jp/common/001116810. pdf。

③ 国土交通省，国土利用計画法，e-GOV（2020－05－03），https://elaws. e-gov. go. jp/search/elawsSearch/elaws_search/lsg0500/detail? lawId＝349AC1000000092。

规划的制定程序与土地转让许可等内容。在基本理念上,《国土利用计划法》开始将公共利益与自然环境的保护置于发展的优先位置,以确保国土的均衡以及可持续发展。在第5次国土综合开发规划实行后,随着周围生活环境的恶化以及资源的紧缺,日本民众开始抵制"开发"二字。日本政府在考虑了国土自然条件后,为了从综合的角度推进国土的利用与保护,将《国土综合开发法》修订为《国土形成计划法》(国土形成計画法)。[①] 对比《国土综合开发法》,2005年日本修订的《国土形成计划法》更加注重人文环境的建设,强调经济的可持续发展。例如,在《国土形成计划法》第3条中规定,国土形成计划应当结合日本的人口、产业等社会经济结构的变化,从而确保日本国民有一个适宜居住的环境。同时,在第5条规定,全国规划应当与国家有关环境保护的基本规划相协调。《国土利用计划法》与《国土形成计划法》共同构成了日本国土空间规划基本的法律体系。

3. 法典阶段

目前,国外国土空间规划的法典阶段的主要表现形式是通过对空间规划法的上位概念和上位领域进行法典化,将空间规划法作为相关法典的一部分编入其中,进而实现空间规划法律制度与其他规划法律制度的协调统一。比较典型的是将国土空间规划和环境保护法共同纳入统一法典体系的荷兰《环境与空间规划法》[②](Omgevingswet)。

荷兰进行空间规划立法法典化的步骤主要分为两步,第一步是进行部门的改革。2010年,随着荷兰住房、空间规划和环境部的正式解体,空间规划从部委名称中消失。空间规划的职能被合并到新的基础设施和环境部(现为基础设施与水管理部,Minister of Infrastructure and Water Management)。第二步是进行法律的创制。2016年《环境与空间规划法》的草案正式颁布,其对空间、住宅、交通、自然环境等方面的35部法律和240部法规实现了整合,各种准建

① 国土交通省,国土形成計画法,e-GOV(2020-05-07),https://elaws.e-gov.go.jp/search/elawsSearch/elaws_search/lsg0500/detail? lawId=325AC0000000205。

② See Rijksoverheid, *Omgevingswet*, Rijksoverheid(2020-05-15), https://www.rijksoverheid.nl/onderwerpen/omgevingswet.

证也合一为“环境许可证”。[①] 这次改革同时实现多法合一、多规合一、多证合一，实现了规划体系的“大一统”。

《环境与空间规划法》适用的范围非常广泛，不仅包括空间规划的法律法规，还包括物理环境(physical environment)和影响或可能影响物理环境的活动的各项单行法。通过观察《环境与空间规划法》的整合手段，可以得出提取公因式法同样适用于法典化的结论。《环境与空间规划法》对上述多部物理环境相关的法律中逻辑有共性、内容有差异的部分进行提炼，并简化为标准化的一般规定，从而形成相对具有普适性的规划管理模式。剩下无法整合的部分作为特殊条款纳入《环境与空间规划法》的体系中。具体表现在《环境与空间规划法》第四章，其依次规定了物理环境中活动的一般规则和特殊规定，特殊规定即依次规定了建筑物、对环境有害的活动、水相关活动、采矿相关活动、道路限制区活动、文化遗产、世界遗产等有关的政府法规(government regulations)的制定。例如，《环境与空间规划法》第4.24条要求：“制定与采矿活动有关的政府法规时要确保：a.保障与航运有关的安全利益；b.保障能够开展与国防有关的活动的利益”。类似的特殊规定保证了《环境与空间规划法》在针对不同的管理对象时均能实现最佳的管理效果，避免了标准化可能造成的遗漏。[②]

荷兰的《环境与空间规划法》虽然可以解决法律冲突的问题，但进行国土空间规划法典的创立是一项工作量巨大的工程，不仅要囊括所有的规划法律，还要将权责与事权明晰，同时做好各项法律之间的协调工作。因此荷兰的《环境与空间规划法》至今没有正式出台，现在浏览荷兰的环境法网站，上面也清楚地显示着“环境法的生效需要额外的时间”。

上述国家立法演进情况如图2.4所示。

---

① 周静、沈迟：《荷兰空间规划体系的改革及启示》，载《国际城市规划》2017年第3期。

② 参见张书海、李丁玲：《荷兰〈环境与规划法〉对我国规划法律重构的启示》，载《国际城市规划》2022年第1期。

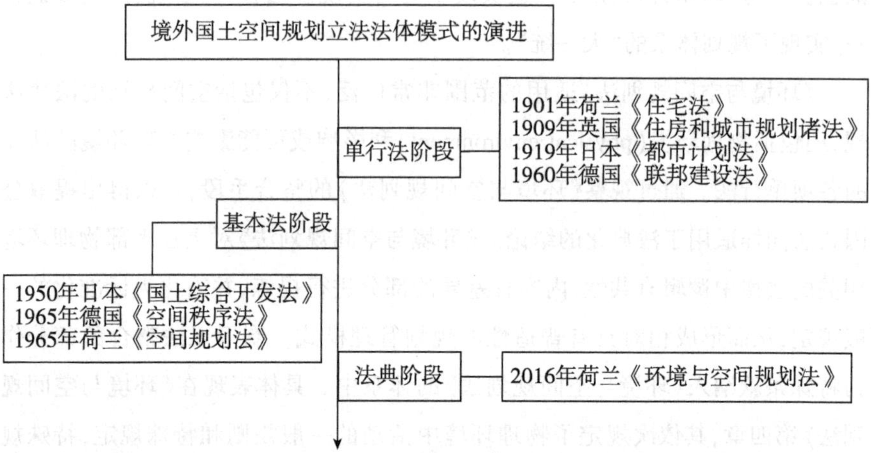

图 2.4　境外国土空间规划立法法体模式的演进

4. 小结

经过比较研究可以发现,法体模式的选择并不是一个经过预设就可以直接启动的立法命令,而是一个与一国当时城乡建设和土地规划发展程度相适应,并随着社会经济发展而不断改进和进化的过程。比如大部分国家的空间规划都起源于城市规划,而当时各国都面临着城市无序发展、住房分配不均等问题。无论是德国的《联邦建设法》还是英国的《城乡规划法》,各国立法的目的都是解决一个首要的问题——城市住房问题,此后各国才开始进行空间规划的单行法立法。当各国进入以可持续发展为目标的更高阶段时,更具宏观和统一指导价值的基本法立法就是当然选择。德国、荷兰在这个阶段都颁布了“空间规划法”并以此统领国内的空间规划,日本也是多次修改《国土综合开发法》以解决因开发而导致的环境问题。至于最终是否编制法典,就需要更加审慎地作出决断。整合上文对各国的论证,可以归纳出决定国土空间规划法体模式选择应当基于以下标准。

第一,可持续发展是否已经成为“多规”各法共同的价值追求。各国在进行规划之初,正是经济迅猛发展的时期,并没有注意到环境的保护问题。德国在单行法阶段将主要重心放在城市的建设上面,无论是《联邦建设法》还是《城市建设促进法》都将城市的建设摆在首位。荷兰早期出台的规划法律《住宅法》同样是为了解决城市的住房问题。但是随着工业化、城市化的加深，大气污染、水污染、二氧化碳过度排放导致的温室效应等环境问题让各国开始重新审视规划的方向。德国出台的《空间秩序法》将规划的指导思想调整为经济建设与生态环境保护相协调，致力于实现可持续的发展。荷兰在进入基本法阶段后也出台了《空间规划法》，要求制定规划时应注重环境质量。进入法典化阶段的荷兰将所有规划法整合成一部《环境与空间规划法》，将"环境"二字放在"空间规划"之前，突出保护环境的重要性。荷兰最初的规划权掌握在中央政府手中，而后规划权力转移到住房、空间规划与环境部，2010 年机构改革后该部门变为基础设施和环境部。无论是立法的变革还是机构名称的改变，荷兰的一系列做法表明空间规划开始侧重于环境而非经济，规划的重心开始从经济向环境上转移。日本将 2005 年《国土综合开发法》改为《国土形成计划法》，将"开发"二字改为"形成"的行为表明了日本今后规划的方向。注重环境保护的做法表明日本开始将规划的重心从经济转向环境。

第二，原有国土空间规划立法的法体模式是否已不能满足行政体制建设、社会经济、人民生活的需求。在进入基本法阶段前，各国普遍面临着空间规划立法体系散乱、政府部门权责不清、规划内容重叠并行等问题。因此各国纷纷开始进行空间规划法的升级，也就是开始进行基本法的立法工作。德国的《空间秩序法》不仅加强了空间的可持续利用，同时明确了国内的空间规划的指导思想，地方纷纷制定地方一级的空间规划法。此后，德国联邦层面的空间秩序法、州域层面的州空间规划法以及市级层面的市空间规划法相互协调配合，德国国家的规划立法体系基本形成。之后，德国将《联邦建设法》与《城市建设促进法》整合为《建设法典》，进一步简化了规划法律体系。荷兰的体系化比德国更完善。荷兰的《空间规划法》构建起了空间规划的基本框架，而后的《环境与空间规划法》不仅将所有法律、法规融合为一部法律，还将规划也整合到了一起。同时荷兰也进行了政府的部门改革，这使得荷兰的规划流程进一步简化。荷兰的《环境与空间规划法》力图为社会创造一个舒适安全的环境，同时加强对空间利用的管控与利用。因此可以看出，当只有通过立法法体模式的升级与演化才能解决国土空间规划实施中的结构性问题时，法体模式的进化就势在必行。

第三,"国土空间规划法"与其他专项规划法是否能够顺畅衔接。国土空间规划的立法涉及的内容广、涉及的部门多,而大部分规划法与国土空间规划法具有相同的法律位阶,因此协调的难度很大。荷兰的《空间规划法》在实施过程中同样出现了空间规划与其他规划法律发生冲突的问题,规划审批程序复杂,审批时间长,为此荷兰制定了《环境与空间规划法》。该法将所有规划类法律进行统一,从根本上解决了法律协调的问题。日本现行的主要规划法律包括《国土形成计划法》与《国土利用计划法》,二者并不冲突,前者涉及国土空间、经济发展的战略方针性规划,后者配合前者,有计划地利用土地,并采取规范的土地调整措施。日本在法律协调的处理上有着出色的表现,这要归功于日本政府清晰的"一级政府,一级事权,一级规划"的空间规划体系。纵向上,日本各级政府部门权责明确,地方在规划的制定上拥有较大的权力;横向上,日本的国土交通主管部门(国土交通省)负责综合性的空间规划,其他相关部门各司其职,形成了清晰的事权边界。为此,规划事权清晰是国土空间规划法体选择必须考量的关键因素。

(二)我国其他部门法立法的法体模式选择经验

通过对境外国土空间规划立法经验的借鉴,本书已经得出了法体模式的三个选择标准。但应当意识到,这三个标准并不能完全解决国土空间规划立法的法体模式选择问题。虽然国土空间规划立法应当主要借鉴国土空间规划法的立法经验,但在面对法体模式的选择时,不同的部门法之间也相互存在一种共同性。因此,本书通过对《民法典》以及"环境法典"的立法背景、立法特点以及立法的相关内容进行研究,以完善我国国土空间规划立法的法体模式的选择标准。

1.《民法典》立法经验借鉴

民法是我国最重要的部门法之一,也是人们生活中最密切相关的法律,2020 年 5 月 28 日《民法典》的公布标志着我国依法保护民事权利进入了"民法典"时代。《民法典》先后经历了数次法典化的失败和渐进式法典化的尝试,一代代民法学家的尝试与努力所取得的成就和经验足以为法体模式选择提供有益的经验。

从历史视角看，回顾我国《民法典》的立法进程，我国先后制定了《婚姻法》(1950)(已失效)、《继承法》(1985)(已失效)、《民法通则》(1986)(已失效)、《收养法》(1991)(已失效)、《担保法》(1995)(已失效)、《合同法》(1999)(已失效)、《物权法》(2007)(已失效)、《侵权责任法》(2009)(已失效)、《民法总则》(2017)(已失效)。没有这些单行法与基本法作为《民法典》的立法基础，民法的法典化就很难实现。因此，可以得出如下结论：是否有大量而成熟的基础性立法是法体模式选择必须要考量的重要指标。

从体系结构的逻辑性角度看，所谓综合的体系化并非某一个单行规定的体系化，而是在有若干基础性立法的基础上，将这些基础性立法按照一定的逻辑整合成一个有机的整体呈现出来。在大量单行法和《民法总则》这一基本法基础上编纂的《民法典》最终形成了“总则编”“物权编”“合同编”“人格权编”“婚姻家庭编”“继承编”“侵权责任编”等相互之间关联性强、逻辑结构严谨的法典体系，没有体系化的部门法就难以进行法典化的尝试。因此，可以得出如下结论：是否可以实现综合的体系化是选择高阶法体模式的关键指标。

从具体法律条文间的分布与协调角度看，一部法典应当做到条文的精练、不重复与相互协调。比如，《民法典》在总则编中规定了所有民事活动均应遵守的平等、自愿、公平、诚信、公序良俗等原则；将人格权、物权、债权等一般民事权利规定亦纳入总则编，在分编中就不必再作规定。同时，将侵权责任和违约责任的民事责任承担方式合并放入总则编中，实现了民事责任承担方式的统一。又如，在物权编中规定了物权侵权请求权，既将相关侵权责任指向了侵权责任编，又为侵权责任中的财产权侵权明确了损害赔偿请求权基础。因此，可以得出如下结论：是否能够合理配置法律条文分布，以实现原则与规则、宏观与微观、抽象与具体的规范组合是选择法典模式需要考虑的另一个重要因素。

2.“环境法典”的编纂经验

2018 年生态环境部成立以后，“环境法典”编纂工作被提上日程，一时间也成为学界研究的热点。长期以来，我国《环境保护法》存在价值目标的局限、立法理念的偏差、协调机制的缺失等问题，为此 2014 年我国修改了《环境保护法》以使其真正起到基本法的作用,同时也为环境法的法典化创造了关键性条件。[①] 随着我国环境基础性法律的增加、法律体系的成熟,目前环境立法所采取的分散式法体模式再一次出现与环境保护工作的不适应。[②] 为此,加快环境法律的立改废释工作,推动编撰环境法典再次提上日程,以解决我国目前环境法律、法规之间的矛盾、冲突的问题。[③] 在衡量目前基于中国的立法传统和目前环境法制的现状后,学界基本达成的共识是环境法规范的法典化与《民法典》不同,囿于其变动性和不成熟性,应立足于对环境政策的清理与对环境法律的整合,[④]应选择适度法典化的模式。[⑤⑥] 也就是暂不制定大而统一的"环境法典",而是在适度的原则下,将立法和法律实施相对成熟的《环境保护法》《水污染防治法》《大气污染防治法》《土壤污染防治法》《固体废物污染环境防治法》以及生态保护、绿色发展等领域相关法律进行体系性整合后制定适度"生态环境法典"。

综合上述,一部法律在制定之初必然面临"单行法—基本法—法典化"模式选择这一不可回避的问题。从"环境法适度法典化"的共识形成过程可以得出法体模式选择应当考量如下因素。一是该立法活动所保护的法益是否能够突破部门利益的樊篱。比如,我国的环境立法主要包括污染防治、自然资源保护与生态系统保护三部分,这也导致了污染防治、自然资源保护和生态保护之间的立法分离。这样的分布使得各部分立法分别由相应的部门管理,造成了部门利益法制化。不仅如此,在环境问题得到高度重视之前,政府其他部门往往将环境利益视为生态环境主管部门的利益,为维护本部门的利益,其他部门通常会将环境利益置于本部门利益之后,致使环境利益难以得到充分保障。当环境日益恶化,环境利益作为政治需要和社会普遍关注的公共利益,已经超越了部门的界限时,为保护环境利益而进行的立法便不再受各部门的制约。

---

① 参见吕忠梅:《中国需要环境基本法》,载《法商研究》2004 年第 6 期。

② 参见吕忠梅:《将环境法典编撰纳入十三届全国人大立法计划》,载《前进论坛》2017 年第 4 期。

③ 参见孙佑海:《我国 70 年环境立法:回顾、反思与展望》,载《中国环境管理》2019 年第 6 期。

④ 参见党庶枫、郭武:《中国环境立法法典化的模式选择》,载《甘肃社会科学》2019 年第 1 期。

⑤ 参见吕忠梅、窦海阳:《民法典"绿色化"与环境法典的调适》,载《中外法学》2018 年第 4 期。

⑥ 参见张梓太:《中国环境立法应适度法典化》,载《南京大学法律评论》2009 年第 1 期。

二是各基础性立法的"强度"是否均衡。所谓强度,是指基础性法律完备,不存在立法漏洞,可以应对现实中的突发事件。比如,在环境保护法律体系中,目前污染防治领域的立法较多且相对完善,包括《水污染防治法》《大气污染防治法》《固体废物污染环境防治法》《噪声污染防治法》《放射性污染防治法》《土壤污染防治法》等多项法律法规。而生态保护领域的立法是比较薄弱的。从此次我国的新冠疫情可以看出,我国的《野生动物保护法》在内容上疏忽了对某些野生动物的保护。在实施中,监管机关松懈地进行管理,以致违法的野生动物交易大量存在。这表明我国在环境保护的某些范围内还存在立法薄弱或者空白的现象,基础性立法的强度有待提高。基于此,有学者提出了"适度法典化"的折中方案。该方案建议对环境法中的基本价值、共性原则加以整合,并对基础性的目的、原则以及相关制度进行规定,在环境法领域建立起具有基础涵盖力以及综合协调力的框架体系。由于这种法典编纂模式具有灵活性,可以随着环境法体系的成熟而不断进化,因此得到学界的普遍认可。

由此,我国其他部门法立法的法体模式选择经验,可以总结如图 2.5 所示。

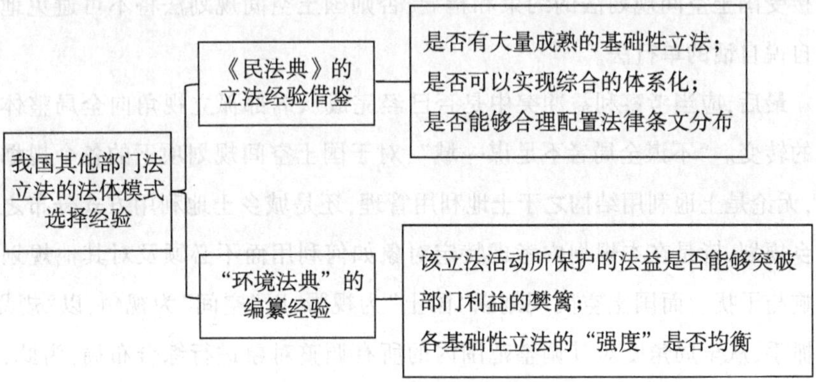

图 2.5　我国其他部门法立法的法体模式选择经验

(三)基于标准化的我国国土空间规划立法的法体模式选择

综合国外国土空间规划的立法经验和我国相关立法法典化经验,本书将法体模式的选择标准总结为保护法益趋同性标准、基础立法完备性标准以及与其他立法的衔接性标准三大标准。我国的国土空间规划立法应当在衡量自身标准后选择符合我国实际情况的法体模式。

1. 保护法益趋同性标准

所谓保护法益趋同性,是指一部法律中各项制度所保护的法益是否能够在利益衡平之下实现优先利益次序的一致性。若各项制度的利益次序无法实现一致,则各个制度不得不分别立法,以不同的价值本位、调整方法订立单行法,因此,保护法益趋同性是区别单行法和其他法体模式选择的基础性标准。国土空间规划的法益中包括经济利益、环境利益、社会利益、公共利益等。在社会经济的不同发展阶段,国土空间规划内土地规划、城市规划等专项规划对待不同利益的态度亦有不同。因此,在制定国土空间规划立法时,首先,应当考察利益识别中可持续发展是否已经成为所有规划中共同的优先价值目标。可持续发展是在环境保护和资源节约利用的前提下,既注重代内发展又关注代际发展的发展理念,可持续发展应当优先成为空间规划内各项制度共同遵循的原则和价值目标。

其次,应当考察利益分配中是否已经完成从部门利益分野向公共利益的趋同。国土空间规划的各专项规划涉及多个行政部门,不同部门利益相异,各部门需要认识到国土空间规划法并不是某个部门的法律,在专项规划制定时需接受国土空间规划法的约束和指导,否则国土空间规划法将不可避免地成为自说自话的单行法。

最后,应当考察利益冲突中是否已经完成从局部孤立视角向全局整体视野的转变。"不谋全局者不足谋一域",对于国土空间规划项下的各个规划而言,无论是土地利用结构之于土地利用管理,还是城乡土地利用方式分布之于城乡规划,皆是在本规划内考虑特定对象如何利用而不必顾及对其他规划的影响与干扰。而国土空间规划以"国土"为视野、以"空间"为视角、以"规划"为抓手,从全局角度对其调整范围内的所有调整对象进行综合布局,为此,国土空间规划立法有必要要求各专项单行法实现视野视角的转换。

2. 基础立法完备性标准

所谓基础立法完备性,是指在选择法体模式时,应考量是否已有基础性立法存在,这些立法是否足以支撑进一步的抽象化或体系化,以及这些基础性立法是否完备等客观条件。提取公因式的前提是存在可提取的公因式。只有当多项式足够多时,才能找到足以形成独立"公因式集合"的基本法。只有当存在“公因式集合”且多项式组合可构成体系时，才有可能形成法典。因此，基础立法的完备性是在已有单行法的基础上，判断是选择基本法还是法典模式的必要标准。

首先，应当考察是否存在必要的基础性立法。无论是从单行法模式进化到基本法模式，还是从基本法模式进化到法典模式，基础性的立法是进行法律进化的前提。

其次，应当考察基础性立法实施中的结构性缺陷是否只有通过法律进化才能得以解决。立法活动需要付出大量成本，且其后的运行更需要在守法、执法、司法等方面付出巨大的社会成本，为此仅有基础性立法尚不足以启动法律的进化。只有在某些问题上的解决往往呈现出会牵一发而动全身的结构性问题时，才需要考虑法体模式进化的问题。举例而言，为了限制城市规划中对某区域土地的过度使用，需要依靠土地规划相关法律制度的约束。然而，土地规划本身也可能受到环境规划、自然保护地规划等法律规定的影响。在这一系列规划链条中，仅靠完善任何一个单一环节，都无法实现整体调整的目标。因此，更高层级的国土空间规划立法能够发挥统筹全局、全面调整的作用。

最后，应当考察基础性立法是否能以体系化的形式呈现出来。体系化指的是体系内各部分之间具有关联性，且具有合理的编排结构。体系化的优势在于可以将该部门内所有法律制度融合成一个有机的整体，从而建立起协调内部法律规范的体系。比较典型的如民法中的“潘德克顿体系”和“法学阶梯体系”。在国土空间规划立法领域，目前所谓的“五级三类”仅是政策表达，而非严谨的逻辑体系，国土空间规划自身的逻辑架构尚未形成。

3. 与其他立法的衔接性标准

与其他立法的衔接性，是指国土空间规划在满足上述各个标准后，还须明确其与城乡规划、土地利用规划等专项规划立法之间是吸收、合并还是分立的关系，才能决定其选择何种法体模式。这一关系的确定需要遵从以下标准：一是应当考察国土空间规划立法是否能够对其他规划立法形成制约，形成不了制约就只能按照单行法模式立法；二是应当考察国土空间规划立法是否具备成为其他规划立法上位法的条件，能够满足这一条件才有可能选择基本法或者法典的法体模式；三是应当考察国土空间规划立法是否具备包含或吸纳其他规划立法的条件，唯有满足这一条件，才能考虑法典的法体模式选择。在启动立法后的历次立法论证、条文设计中都需要围绕这3个标准进行专题研判，只有在得到协调统一的意见后，才能对法体模式的选择作出决定，其后才是对其他规定的讨论与立法。特别是，如果选择国土空间规划立法以“基本法”为法体模式，就必须思考基本法的“国土空间规划”如何在规划立法体系内与其他专项规划的法律相衔接、如何在国土保护与利用立法体系内与“国土开发保护法”相衔接、如何在环境资源行政立法体系内与“规划环评制度”“环境规划制度”相衔接等一系列问题。

我国国土空间规划立法的法体模式选择标准如图2.6所示。

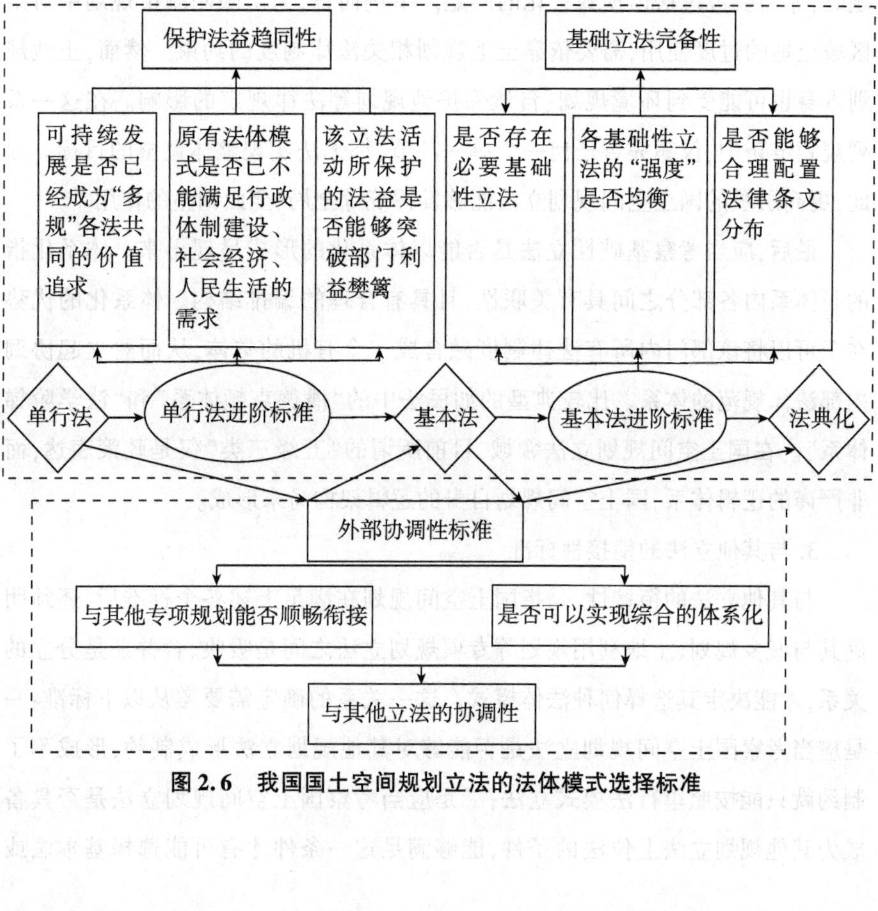

图2.6　我国国土空间规划立法的法体模式选择标准

4. 小结

综上所述，在目前单行法效力有限、法典模式条件不成熟的情况下，国土空间规划立法选择“基本法”作为法体模式更为适合。但须知，生态、环境、资源、国土相互之间彼此承载、彼此影响密不可分，任何一个领域的立法都离不开其他领域的支持与协调。为此，本书建构法体模式的选择标准，目的是提示各领域立法活动不应将宏大体系、全面调整、时髦名称作为立法追求，而是应当以客观立法基础为依据，作出正确恰当的法体模式选择。

第三章　环境行政执法中的衡平有效性原则

第一节　环境行政执法中衡平有效性原则的概述

衡平有效性原则，是指在环境法律规范的执行过程中，应当以法益权衡的次序作为价值判断，以具体事件中政府、企业与公众等多元主体依照特定的权责分配而作出的具体行为作为事实判断，为达到效能提升、损失填补、损害恢复、震慑违法的效果，采取最有效而非最严酷的控制手段。

一、衡平有效性原则的调整对象：环境行政法律关系

环境治理的直接参与者莫过于环境行政法律关系的主体。在传统的"传送带"式的行政模式下，行政法律关系的直接主体便是行政主体与行政相对人，传统行政法所秉承的"控权论""平衡论"无一不指向通过对行政权力的控制或公权力与私权利的平衡以达到对行政相对人权利的保护。这也是传统行政法中"帝王原则"——比例原则——的逻辑基础。其实，无论是西方主张的比例原则还

是我国坚持的合理性原则，其主要内容都是针对具体行政行为的目的与手段间的“合比例性”或“合理性”。所以，任何行政权力扩张的尝试都会引发基于比例原则的挑战，如按日计罚制度如何突破比例原则的限制始终是环境法学界难以逾越的鸿沟。跨越这条鸿沟的关键进路就在于对环境行政关系主体实现突破：“环境”作为全人类所享有的竞争非排他的共有物品，为突破公共资源利用时难以避免的“囚徒困境”和“公地悲剧”，多中心参与治理成为必要的策略选择。因此，环境衡平有效性原则最重要的考量并不是目的与手段的衡平，而应当是可否将更多的主体纳入环境治理的主体框架，建构以“善治”为导向的政府（传统行政主体）、企业（传统行政相对人）、公众（可扩展至涵摄诸多私部门的公民①）多元协同共治的治理模式，实现各治理主体的权力、权利与义务的衡平配置，进而确保在其中任一方作出与其他各方利益相关联的行动时，其他各方的利益诉求均应得到尊重的理论基础。② 本部分将从传统的行政模式展开，逐步论述和展示环境衡平有效性原则构造环境行政关系新模式的功能。

二、传统行政主体命令管制下的权责分置

在传统行政管制视野下，公共资源的利用往往会由于“经济理性人”的逐利行为而陷入“公地悲剧”。为了尽可能避免更多的人出于共同利益的考虑而一致行动导致有限的开放性资源遭受过量的摧折，每个人都把控制的期望寄存于国家行政部门所出台的政策之中。例如，海尔布罗纳提出，“人们并不会期望某些个体对维护公地发挥一定的作用，在这种情况下一定要通过公共部门、行政单位等进行有效的外部管制”。除此之外，学者卡鲁斯和斯通纳提出，“假如经济发展的效率是源自对公共资源的利用，针对此类情况必须对公共资源展开有效的调控”。权威型统治策略要求一个具有权威性的中央根据环境

① 随着公共行政理论的兴起及其对传统行政法治的挑战与更新，行业组织、公益组织、公司、非营利组织、咨询委员会、专家小组、自我管制组织，甚至公民个人等私主体正在逐渐承担起环境治理的部分职能，形成了环境公共治理的新分支，可以将其称为“环境私主体治理”（private governance）。参见杜辉：《论环境私主体治理的法治进路与制度建构》，载《华东政法大学学报》2016 年第 2 期。

② 这一基础便是对传统比例原则限制环境行政手段之理论困境，实现学理突破与创新的关键所在。

资源状况制订相应的开发计划,并制定合理的惩处措施处罚违背中央计划的组织或个体。

首先,环境污染防治法律体系具有的一类十分明显的特征是将政府权力作为主导阻止破坏生态环境的行为,其制度的特点可系统性地概述为下述几点:对于制度逻辑而言,阻绝这些环境要素的权责被分配到各个具体的政府部门,导致生态污染治理的计划被划分为多个部分,如此就不能有效地体现这些生态要素彼此之间所具有的依存关系。对于制度的实施而言,行政权力的科层制特点导致地方行政部门在应用具体的法律制度时,需要经历一个法律再解释和政策界限划分的过程。对于制度工具而言,行政主体通过向合法排污单位发放排污许可证或设定新的污染物排放标准等方式,实现其制定的制度目标。然而对于设定此类标准的主体而言,其需要解决的问题在于,是让标准变得具有普适性,从而使其能够在更为广泛的范围进行适用,还是让标准所具有的特定性更强,以此更好地适用于某些特殊的区域、企业和污染物。对于行政执法的操作性和法律制度的协调性而言,环境标准的精准性能够在一定程度上推动环境行政执法的规范化和有效性。然而,由于环境规制对象的多元化,实现污染防治目标需要环境标准具备多样性和特定性。这种复杂性使得环境执法在实践中面临较大挑战,如何平衡精准性与多样性、特定性之间的关系,是当前环境执法的一大难题。

维护生态环境是当代国家必须担负的一项重要职能,怎样实现该职能存在多种不同的方法和渠道:或以赋予社会民众个人权利、调控行政权为基础,或以赋予行政权、制约社会民众权利为基础。大部分学者提出我国可以在一定程度上提升环境保护机关的权力,以便开展更为有效的环境治理。例如,提升我国生态环境机构的管辖权力和具体的管辖范围、对生态环境主管部门实行垂直管理、把和环境保护存在一定关联的权力都系统性地划分到生态环境主管部门。此类生态环境预防机制是以效率假设为前提的。通常认为,权力的统一性越强,集中的程度越高,则权力行使的实际效率也就越高。但是,尽管生态环境主管部门的权力得到实质性提升,也不能确保此权力完全作用于环境保护。权力的集中程度提升也不会让效率必然性地增加,这是因为所有对于强大公权力的信赖往往都基于一个共识:强大的中央具有准确的信息渠道、强大的外部监督机制、有效的制裁途径以及极低至零的行政运行费用。至于这个理想状态能否完全实现,学者们往往持消极态度。奥斯特罗姆用博弈论说明了权威型统治有极大的概率将资源利用人推向彼此背叛的方向而不是彼此合作。①

三、政府、企业与公众协商共治的权责衡平

协商共治和“环境治理”具有十分紧密的联系。对于环境治理理论而言,公共事务的形成不仅源于公共领域的行为,而且私人领域的不断发展也要借助对公共领域的吸收,单一维度的处理方法已不再是解决公共事务最为理想的选择,而治理就是衔接在两个领域间,用于妥善处理公共事务的平台。环境协商治理是以生态资源的长期性、可持续性利用为最终目的,以个体之间建立在环境利用之上所形成的社会关系为具体的调整对象,以改善人类和自然之间的关系为目的的一类治理方式。详细来讲,就是明确和环境有一定关联的主体根据特定的程序和计划提出全新的环境决策,并对该决策进行有效的执行,而且必须在全过程中都得到各主体严密监督的生态资源配置过程。在此阶段衡平政府、企业与公众的权责分配主要从不同主体间的协同共治路径,同一主体内部不同要素的协调共治体系,同一主体参与共治体系的自我约束与责任规范三个层次进行;遵循“行政主导多方参与”阶段、“市场主导多方参与”阶段、“社会主导多方参与”阶段这三个阶段时间坐标系的环境多主体共治的“三层次三阶段”实践逻辑。

首先,治理主体间的权责平衡。在行政主导阶段,政府作为执法主体,确立了企业与公众在环境执法活动中的行政相对人身份出现,建立了严格的行

---

① 奥斯特罗姆为此假定了3个博弈:一是囚徒困境下每个理性自利的囚徒的选择——(背叛,背叛)——(0,0)的结果;二是理想中央政府统治下的理性人的选择——(合作,合作)——(10,10)的结果;三是拥有70%正确率的政府统治下的选择——(背叛,背叛)——(-1.4,-1.4)的结果。所以奥斯特罗姆得出结论,“在负载能力和博弈一中获利概率既定的条件下,中央机构必须有足够的信息,才能以大于0.75概率来正确地实施制裁,避免把牧人推向(背叛,背叛)的均衡”。参见[美]埃莉诺·奥斯特罗姆:《公共事务的治理之道》,余逊达、陈旭东译,上海三联书店2000年版,第27页。

政监管体系。在这种模式下,企业与公众以被动的形式参与环境治理活动。在市场主导阶段,企业应当主动采取措施参与环境治理并关注公众的产品环保体验。企业应当主动回应环境执法活动,开展环境信用评估,定期进行环境绩效评估,主动公开环境信息。公众则以监督企业经营活动为主要参与执法形式。在社会主导阶段,公众治理与社区治理相结合,开始纯粹化、科学化、合法化的环保活动。公众以环境利益作为环保活动的出发点与落脚点,与企业活动、政府行政和谐共进。公众通过监督政府履行监管责任和企业履行生态环境保护责任,推动环境治理的良性发展。政府作为代表民意的主体,主动回应社会需求,企业则主动调整生产方式,保障公众的环境利益。

其次,治理主体内部的权责平衡。在行政主导阶段,需要积极协调国家环境监管要求与地方经济发展压力之间的矛盾,努力推进因经济诉求而受困的府际合作。面对小微企业环保责任过重,而成规模企业环保违法成本较低的现实,应积极采取行政措施加以规范较少。针对公民个人参与环境保护活动较少,社会组织也停留于有限的环保公益宣传活动的问题,政府应当通过行政引导,鼓励和培育第三部门的发展。在市场主导阶段,央地府际关系进一步协调,规模企业开始承担更多的环境责任。政府对中小企业的科技创新扶持与产业结构调整不断加强,不同规模企业开始承担共同但有区别的环境责任。在社会主导阶段,社会组织逐渐发育健全,公众个人的环保素质不断提高,公众通过相互宣传和督促,提升环境参与能力。中央对地方建立起环保垂直监管监测体系,公众对环境保护的诉求开始区分公益与私益。公益活动由受委托的社会组织承担,私益诉求由公民个人承担。

最后,治理主体自身的权责平衡。在行政主导阶段,加大政府监督力度,不仅要避免政府行政执法过强影响企业发展,侵犯公众的合法权益。也要防止政府行政执法过弱放纵企业违法,提升政府环境保护领域的公信力,支持并激励企业与公众对强制性规范的普遍遵守,同时努力改变环境法仍停留在软法阶段的客观现实。在市场主导阶段,逐步建立起生产者延伸责任制度,企业环境责任基本建立,企业市场活力得到释放,企业守法经营得到激励,违法污染环境严厉处罚,企业通过履行环境责任提高自身的竞争力。在社会主导阶段,经过多年对消费者环境义务的宣教与法律规制,环境公民身份得到普遍性认同。公众成为监督政府行政的主要力量,通过诸如听证程序等正当的行政程序参与到环境行政执法活动中,规范企业的经营活动。

第二节　环境行政执法中的衡平有效性原则的适用困境

衡平有效性原则主要针对环境行政执法,目的是提高环境行政执法的有效性和合法性。因此,衡平有效性原则面向环境行政执法的全方位、全流程和全主体。衡平有效性原则不仅关注宏观上的行政管理,也关注微观上的行政行为,包括具体行政行为、行政监督和行政惩戒。同时,衡平有效性原则还从主体角度出发,关注主体之间的协作治理,力求提高行政行为的效能。

一、环境行政管理效能检视:以生物技术伦理规制为例

规制路径的选择是环境行政管理的前提,也是影响环境行政管理效能的基础性因素。为此,下文以生物技术伦理的法律规制为例,研究针对同一管理对象不同规制路径的范围和边界,并审视现有的行政规制模式,总结衡平有效性原则的适用困境。

(一)生物技术伦理的意蕴与法治需求

尽管科学技术发展的最终目的是促进生产发展和生活质量的提升,但是技术层面的成功并不等同于其可以随意走出实验室。在风险不可控制的情况下盲目应用,不仅会导致社会秩序混乱、人类社会安全受到威胁,甚至会出现其他完全不可预知的风险,这也是科技伦理存在的意义。

1. 生物技术伦理的内涵

伦理,其价值旨趣意在要求某类行为对人类自然属性的尊重以及对人类社会属性的尊重;其目的不仅要求行为人的行为应当是对行为对象有利的,还要求行为人应当考虑行为的后果,进而使该行为的效益最大化或者损失最小化;其对行为的约束方法,主要是通过对相关人的利益分配或责任分担明确原则性的指导思想,达到对该行为所产生的社会关系进行具体的权利义务分配

的目的。①

科技伦理是伦理范畴内的一个具体类型,是科技活动与科技发展中伦理关系及其内在秩序的伦理规范、伦理原则与伦理价值的总和。② 它既表现在正面地激励科研人员树立与坚持推动科技水平进步的目标与信仰,积极投身于科技创新活动,也表现在以负面约束的方式要求科研人员遵循道德准则,开展科技创新活动以一般伦理约束为限,杜绝开展可能威胁人类生存与伦理秩序的活动。

具体到生物技术伦理,首先,要求生物技术的研究、开发与利用行为应当保有对生命伦理的尊重,这主要体现在生物医学研究和应用中的行为规范,如动物实验、人类生殖、器官移植、遗传等方面。其次,生物技术伦理要求在生态伦理和社会伦理范畴内正确认知基因伦理,这主要体现在基因工程既要处理好科学技术活动与动植物以及作为其生存空间的生态环境的关系,也要明确基因多样性改造与生物多样性保护之间的辩证关系。最后,在生物技术开发和应用过程中应当坚持保护人类健康、生态环境,以及促进可持续发展的行为原则,对技术应用中出现的权利分配和责任划分等秩序问题作出具有可预测性的价值判断。

2. 生物技术伦理的规范对象

伦理的规范对象,有狭义说和广义说之分。狭义说认为,伦理作为主观价值判断,只能由具有主观意识的自然人承担,也就是认为科学技术伦理仅针对科学家提出了规范,主要对科学家在实验室的科学行为和所承担的社会责任进行规制。广义说对科学技术伦理的规制对象的认识扩展到了人类进行科学技术研究、科学技术设计及试验、科学技术产品生产及科学技术使用的全过程,相关主体涵盖了科技行政管理部门、科学技术设计者、技术工人、科学技术产品消费者等多方人员,当然生物技术伦理最重要的规范对象还是生物技术

① See D. Stemerding et al., *Science & Technology Governance & Ethics*, Springer International Publishing, 2015, p. 99 – 110.

② 参见陈爱华:《论现代科技伦理的应然逻辑》,载《东南大学学报(哲学社会科学版)》2018年第3期。

研究、开发和利用领域内的相关科技行政管理部门、科研机构和科研人员。

3. 生物技术伦理的法治需求

首先，生物技术伦理需要通过法律对行为的控制作用实现对行为人的约束。伦理作为主观价值判断依据蕴藏于人的内心之中，而人关于是非对错的伦理观念并非客观表现在其外部行为中。伦理的宣教仅能止于人的观念的形成，至于如何使之“知行一致”则始终存在客观难题，特别是科学的进步、鼓励创新和天马行空，那些因科技利益而痴迷的“科学狂人”和因经济利益而失去底线的“科学商人”随时可能出现。故单纯依靠人自我的伦理约束也必将因个体的差异和利益的诱惑而“沦丧”。坚持平等原则的法律所规制的对象并非无差别的人，而是其客观的行为，法律通过对行为所给予的奖励或制裁实现人对自身行为后果的预判。因此，为规范科研活动在科技伦理范围内进行，生物技术伦理中无论是正面的激励价值理念还是负面的错误戒除导引都需要将这类抽象的行为模式具体化，而法律会通过“特定的规制逻辑”将伦理具象化后的行为模式以立法形式予以确认。

其次，生物技术伦理需要法律的强制性制裁违背伦理规范的行为。伦理自身对“出轨越位”行为的制裁一般体现在精神层面的惩罚，期待着所追求的科学正义能够使行为人感到自责与惶恐，进而对今后行为人及其他人的行为有所限制。然而，很显然这种限制对于已经在巨大的利益诱惑面前失去理性的行为人而言是很苍白的，为此法律的强制力规制无疑有助于填补伦理规范的缺陷。法律的震慑力将会使科研行为在法律与伦理共同铺就的行为规范轨道上运行。

最后，生物技术伦理通过对行为人的普遍约束设置一种普适性的价值判断，形成人的自律。正如马克斯·韦伯在《学术与政治》一书中提出的，无论是科学技术本身还是在科学技术工作中，都应保持价值中立，如此才能使科学技术始终按照正当的方向发展而非误入歧途，进而造福人类。[①] 在现代生物技术的发展进程中，各方面的伦理问题难以避免，而这些伦理问题在很大程度上会

① 参见[德]马克斯·韦伯：《学术与政治》，冯克利译，生活·读书·新知三联书店2015年版，第100页。

对新兴科学技术的普及和继续发展造成困惑,特别是大量科研人员接受的科技训练远多于伦理培养,在“科学创新”的诱惑之下,确实难以辨别某一科研行为是否突破了科学技术伦理。为此,对科学技术伦理进行法律规制,可以为科学技术的发展提供行为规范和价值观念上的引导,为科学技术的发展营造规范的环境与和谐的社会秩序,有利于生物技术科研人员从畏惧法律到遵守法律再到遵守伦理,进而达至科研人员的主动“自律”意识,也能够唤醒对其他违反伦理的科研行为予以告诫与监督的“律他”意识。

(二)生物技术伦理法律规制路径的比较与选择

科技伦理是科技发展与科技活动中伦理关系及其内在秩序的伦理原则、道德规范与伦理价值的总和。[①] 从内涵上看,科技伦理一方面强调通过塑造科学家形象,鼓励广大科研人员积极投身科研创新工作,把推动人类科技发展作为职业信仰与目标;另一方面科技伦理要求科研工作者以人类普遍遵循的道德准则和一般伦理约束为限,不得开展可能挑战人类伦理安全与生存秩序的科技改造。新兴技术的创造与发明一日千里、日新月异,无论是针对人类胚胎的基因编辑行为,还是实验室研发中的生物安全风险预防不足,都是对科技伦理的挑战,将给人类生存与发展带来巨大的技术隐患。

可以说,科技伦理治理问题既是科学问题,又是制度问题;既是伦理问题,又是法律问题。但伦理本身对行为的规范不具有强制性,作为具有正面激励作用的科研伦理,更多的是一种信念上的鼓励,不需要存在强制性内容。而作为具有负面约束作用的科研伦理,就需要对不当的科研行为予以强制性管束,这就必须运用法治思维保障科技伦理的权威性,用法治手段确保科技伦理对科研行为的强制约束力。在当前的研究中,运用法治手段对科学技术伦理进行规范性保障的进路基本上有 3 种手段,即基于国家暴力机器的刑事法律制裁手段、基于市场调控规则的民事法律调整手段、基于国家公共管理职能的行政规制手段。从目前制度的效果来看,这 3 种手段都发挥了一定的制度功效,也不可避免地面临来自手段本身的困境。

---

① 参见陈爱华:《科技伦理的形上维度》,载《哲学研究》2005 年第 11 期。

1. 刑事法律制裁的主要范围与边界

为了实现科技发展与法益保护之间的平衡,[①]在目前刑法理论与刑罚制度应对新兴技术时缺乏解释论以及对应立法条款的情况下,作为社会呼声最强烈的有效手段,刑事规制模式基本上有两个面向:牺牲罪刑法定原则以“削足适履”,抑或增设新罪名构建“伦理刑法学”框架。比如,提出在保持谦抑性的同时,对突破科技伦理底线的基因编辑行为[②]适时使用“非法经营罪”“非法行医罪”“以危险方法危害公共安全罪”进行制裁;通过完善刑法分则罪名体系,增设“基因犯罪”类罪名,规定人类辅助生殖基因医疗犯罪;[③]在制裁手段上主要包括划定基因治疗的禁止范围、合理设置量刑幅度、设置财产刑与从业禁止等方式。[④]

然而,应当注意的是,“法无明文规定不为罪,法无明文规定不处罚”的罪刑法定原则作为刑法的重要基本原则,要求某一特定行为是否构成犯罪必须满足法律条文明确规定的构成要件。严格按照现有构成要件分析,对人类胚胎进行基因编辑的行为是科研活动还是医疗活动本身就难以定性,即使该行为严重违背伦理与道德,如果不能满足特定罪名的构成要件,就不能突破罪刑法定原则这一底线;倘若在遵循罪刑法定原则的前提下,没有专门的罪名对突破科技伦理底线的行为予以制裁,那么诸如以危险方法危害公共安全罪、非法经营罪等“口袋罪”就不可避免地被拿来应用。尽管对社会秩序产生严重破坏的不法行为必须受到严格约束与打击,但是,“口袋罪”的滥用将直接消解法律对个人行为的指引作用和预测作用,一大批创新性的科技活动将处在“合法性未知”的尴尬状态。在自身安全得不到法律确认的情况下,科研工作者的工作热情必将大打折扣,从而阻碍科学技术的发展和进步。如若增设新罪名,那

---

① 参见刘艳红:《刑法理论因应时代发展需处理好五种关系》,载《东方法学》2020年第2期。

② 参见张如、魏汉涛:《人类基因编辑技术发展的刑法应对——以现代风险治理为视角》,载《学术界》2020年第1期。

③ 参见于慧玲:《人类辅助生殖基因医疗技术滥用的风险与刑法规制——以“基因编辑婴儿事件”为例》,载《东岳论丛》2019年第12期。

④ 参见马路瑶:《风险社会视阈下人类胚胎基因编辑的刑事立法立场》,载《湖北社会科学》2019年第11期。

么,单独针对某一科研活动设置罪名,还是针对某一类甚至全部科研活动统设一个“违背科技伦理罪”？每一次的刑法调整都将使整个社会和市场付出巨大成本。姑且不论对立法、执法和司法所增加的制度成本,在技术创新日新月异的当下,任何一项新科技的科学性和良善性都处于不确定状态,甚至某些当下认为极端错误的科学论断在未来也有可能成为真正的科学,只有在技术得到反复实践后被定性为突破伦理底线的行为才能进行规制。那么,由于人类认知的限制,在当前的眼光无法对其他大量新兴技术相关问题作出正确评价的前提下,为一个具有局限性的认知动辄使用刑法制裁,不禁令人想起布鲁诺捍卫日心说的悲剧,这一罪名的滥用必将导致更多科学技术领域的冤假错案。为此,通过单纯的刑法手段对科技伦理行为进行全面规制显然是不可取的。

2. 民事法律调整的主要手段与限度

运用民事法律手段对突破科技伦理的“市场行为”进行规制也可以视为运用“有形的手”对“无形的手”的调整。《民法典》总则编第 10 条和第 153 条第 2 款规定的“公序良俗原则”,即科技伦理在民法基础原理中的体现。[①] 在人格权保护方面,《民法典》人格权编第 1009 条明确规定:“从事与人体基因、人体胚胎等有关的医学和科研活动,应当遵守法律、行政法规和国家有关规定,不得危害人体健康,不得违背伦理道德,不得损害公共利益。”在契约自由框架下,市场经济理性诱发的类似于“基因编辑合同”的突破科技伦理行为,应属于《民法典》第 153 条第 1 款“违反法律、行政法规的强制性规定”的情形,属于无效合同。如果侵权行为人故意违反法律与科技伦理,枉顾技术存在的巨大不可控风险,一旦侵害基因编辑婴儿及其父母的法定权益,也应当承担侵权责任。进而有论点认为,对于已出生或待出生的基因编辑婴儿的人格尊严及隐私权等权利的保护,可由其法定监护人或“父母”代理请求损害赔偿。[②]

然而,对于民事法律规范来说,尽管科技伦理与公序良俗有着密切联系,

① 参见王康:《“基因编辑婴儿”人体试验中的法律责任——基于中国现行法律框架的解释学分析》,载《重庆大学学报(社会科学版)》2019 年第 5 期。

② 参见王康:《“基因编辑婴儿”人体试验中的法律责任——基于中国现行法律框架的解释学分析》,载《重庆大学学报(社会科学版)》2019 年第 5 期。

但市场主体基于“经济人的理性”自利行为，不可避免地会造成私领域的自主权与公共领域治理权的紧张。在契约制度中，关于个人权利义务的约定皆是对自身权益的处分，无须向社会公示，但大量个体契约行为引发的风险得不到化解而出现大面积聚集时，就会形成负面影响巨大的社会风险。正如贝克所言，风险社会的根源并非科技带来的风险，而是人类社会制度所产生的风险。[①]在基因编辑婴儿案中，若将贺建奎与婴儿家长签订合同的行为定性为市场自主行为，那么除非贺建奎主动向外界透露有关情况，否则行政监管部门不仅无法对履行合同的主体作出规范，甚至连合同的存在都无从知晓。在侵权责任方面，其核心解决的是对私领域个人利益的侵犯，侵权人需对个人承担侵权责任，而违背科技伦理的科研活动所侵害的是整个人类社会秩序与安全的公共利益，这是侵权法无法解决的问题。总之，对于科技伦理治理，无论是刑事法律制裁手段还是民事法律调整手段，均只能在自己涉及的领域内解决部分问题，对此，既不能“饮鸩止渴”，也不能“置若罔闻”。

3. 行政规制的传统方式与效用

在这样的背景下，运用行政规制手段强化科研活动遵守科技伦理的监管似乎更为适当。所谓行政规制的传统手段，是指在法治发展的背后，政府的权力行使基于从上而下单向、合法传达的立场。[②] 传统行政规制秩序则借助形式规则的技术性掌控权力的运行。在此基础上，行政权力将精准性、稳定性、纪律性和可靠性作为准则，在既定章程与规则的范围内，在职务等级形成的权威的影响下实现对规制对象的命令与控制。

基于此逻辑，行政机关运用国家公权力、权威采用包括制定规则、采取行政决策在内的一套完整的规制流程对科技秩序进行宏观调控、对科技活动进行直接或间接干预的模式可以填补民事法律规制的有限性和刑事制裁的边界性。其主要规制手段包括从行政许可、行政监督到行政处罚的多种管制手段。一是通过规定人类胚胎基因编辑行为的许可制度，明确被许可行为的目的、种类等，对进行人类胚胎基因编辑的科研人员的权利与义务、被编辑者的权利与

① 参见[德]乌尔里希·贝克：《风险社会》，何博闻译，译林出版社2004年版，第39页。
② 参见杜辉：《面向共治格局的法治形态及其展开》，载《法学研究》2019年第4期。

权利救济途径等内容进行明确规定;二是加强政府对各级伦理委员会的指导与监管,[①]在行政机关管理下建立各级科技伦理委员会,对涉及敏感伦理问题的科研进行立项、检查、验收,[②]不仅坚持书面审查,还应当深入科研机构进行细致调研,并为防止后续行为偏离伦理目的进行长期而持续的监管;三是通过制定一系列监管规章制度,强化科技行政部门对有关行业的监督检查并设立专门的监督机构,赋予其对基因编辑科研行为全过程的监督权;四是追究违反规定进行人类胚胎基因编辑行为的机构、组织以及个人的行政责任,并视情况予以行政处罚。以上行政管制措施有助于在有明确法律法规规定的情况下,让各方利益主体对人类胚胎基因编辑行为作出合理的价值判断;有助于通过确定相应主体的责任,为科技研发活动提供评价标准;有助于科技行政管理部门运用行政规制手段对科技活动进行规范性干预,强制科技活动行为主体履行义务,以其权威性命令参与科技活动的行为主体遵守规则,令违反者受到惩罚与制裁,从而有效实现规制与管理作用。

行政权力对科研活动干预的力度与限度始终是研究者难以回避也难以量化的问题。无论是控权论还是平衡论,都不足以科学地解决行政管制规则的滞后性与自然科学规律的未知性。例如,传统行政管理手段中,行政官员在不具备相应知识结构的情况下,对某一科技创新活动的伦理评价将不得不面临鼓励与审查的二难选择。造成这种困境的根本原因在于,对所有现代公共事务所采用行政规制的模式与逻辑难以符合国家治理现代化的基本理念。根据党的十九届四中全会的《中共中央关于坚持和完善中国特色社会主义制度、推进国家治理体系和治理能力现代化若干重大问题的决定》的政策精神,现代国家制度与治理体系应当具有开放性和回应性,封闭在“传送带”模式下的传统行政规制体制显然已经不再符合现代国家治理理念。针对科技伦理行政规制领域如何实现治理现代化这一问题,本书尝试在对科技伦理治理的行政逻辑

---

① 参见潘建红:《基因编辑技术伦理亟待从共识走向共律》,载《中国科技论坛》2019 年第 1 期。

② 参见李东风:《从基因编辑婴儿事件看当前科学伦理问题》,载《科学与社会》2019 年第 2 期。

以及相应手段进行剖析的基础上，分析其存在的问题，并提出科技伦理治理的法治逻辑与规制模式转换。

(三)传统行政规制模式的缺憾与不足

传统科技伦理规制模式作为典型的命令控制型行政管制模式，在相当长的一段时期内，对规范科研人员的科研行为确实起到了积极的引导作用。然而，从长期来看，科研活动将世世存在并不断创造更加先进的科学技术，推动人类社会进步。这样一来，科研伦理行政规制不仅需要突破僵化的行政管制体制，还需要吸纳更多元的规制主体参与进来，否则原本意图引导科研活动在正确轨道上可持续发展的行政管制手段将成为限制科技创新或纵容科研活动突破伦理底线的工具。

1. 科技伦理规制对行政政策与命令存在路径依赖

路径依赖，是指技术、经济或社会等系统一旦进入某一路径就会在惯性的作用下不断自我强化，并锁定在这一特定路径上。① 在传统命令控制型治理模式下，“权威政府”是唯一的社会管理主体，其他主体严格遵照法律制度以及政府作出的决策行动。而社会组织与社会力量往往位于管理决策的边缘地带，② 其积极性与主动性难以调动，也会对政府管理形成惯性依赖。

一方面，在长期依赖行政权威的命令控制模式下，如果在成文法中对突破科技伦理的科研活动没有专门的法律规制，那么，秩序权威就会受到挑战，对相关活动只能尝试运用其他法律部门的手段或者抽象的法律原则予以规制。按照制度变迁理论，在制度创制伊始，制度的规制对象为遵循制度所划定的规范开展各项活动，进而使制度得到普遍的遵守，这也是制度的均衡状态。然而，制度的长期运行必然会暴露其中的空白与不足，这就为投机者提供了“不法”空间。在制度长期处于均衡状态时，制度的对象如果只是被动接受制度约束，就会形成制度依赖，如果有投机者利用制度空白谋取不当利益，则制度本身便难以及时填补空白进而制裁“不法”行为。

---

① 参见[美]布莱恩·亚瑟：《复杂经济学》，贾拥民译，浙江人民出版社2018年版，第123页。

② 参见段尧清、尚婷、周密：《我国政府信息公开政策十年演化分析》，载《情报科学》2019年第8期。

例如,在《涉及人的生物医学研究伦理审查办法》中,对什么是“各级各类医疗卫生机构”“项目研究者”等并没有明确规定,如大学、科研院所中从事医疗相关研究的主体是否属于医疗机构？各类医疗机构中的实习人员、大学科研院所的教授及其所带的博士生、硕士生是否属于项目研究者？如果事后作限缩解释,就会使个别机构和个别人员以自己不是医疗机构或不是项目研究者的理由逃避法律制裁;如果事后作扩张解释,则会扩大相关研究机构和研究人员的责任范围,法律的“指引、评价、教育、预测、强制作用”会受到质疑,正常的科研活动也会受到限制。因此,这些概念的范围都需要进一步明确。而《人胚胎干细胞研究伦理指导原则》作为根据《涉及人的生物医学研究伦理审查办法》所制定的具体性规范之一,其对人类胚胎干细胞的研究设置了诸如囊胚体外培养期限自受精或核移植开始不得超过 14 天、人囊胚不得植入人或任何其他动物的生殖系统、不得将人的生殖细胞与其他物种的生殖细胞结合等义务性规定,但该规定最后既未明确针对研究机构遵守该义务条款的监督机制,也未明确研究机构违反该义务的法律责任。一旦违反该义务的科研活动出现,将无法依此文件及时予以纠正或制止,只能层层向其他法律文件找寻制裁依据,其结果也只能是继续使用刑事制裁或承担民事责任的规制手段。

另一方面,即使存在制度可以进行管理与规制,制度实效也难以尽如人意,根本原因在于制度本身没有为其实施创造必要条件。例如,原国家卫生和计划生育委员会、原国家食品药品监督管理总局制定的《干细胞临床研究管理办法(试行)》第 8 条,科学技术部和原卫生部制定的《人胚胎干细胞研究伦理指导原则》第 9 条,原国家卫生和计划生育委员会制定的《涉及人的生物医学研究伦理审查办法》第 7 条等皆规定,在相关研究领域要成立科技伦理委员会。但科技伦理委员会的组成与遴选仍由行政机关控制,且不具备独立的项目审查和监督地位,对科技伦理委员会的责任并没有明确规定,这就使科技伦理委员会履行审查和监督的义务缺乏主动性,跟踪审查的效果也将受到很大影响。

2. 传统科技伦理的行政规制模式存在固有缺陷

依照传统的命令规制模式所设定的行政法主体仅涉及行政主体与行政相

对人。因此,这一解释框架无法适应"政府—市场—科研人员—社会公众"多元主体的多元诉求。例如,《人胚胎干细胞研究伦理指导原则》设定了从事人胚胎干细胞研究的单位在研究中应履行的禁止进行生殖性克隆人研究等义务。《干细胞临床研究管理办法(试行)》设定了开展干细胞临床研究的医疗机构与专家委员的条件与职责。同时,对研究立案审查和相关过程进行了规定,并设定了研究报告制度以及行政部门对机构的监督管理权。《涉及人的生物医学研究伦理审查办法》规定了伦理委员会的权力与义务,对伦理审查、知情同意进行了规定,设定了行政部门、伦理委员会、医疗卫生机构的监督管理权,以及医疗卫生机构、项目研究者违反规定的法律责任。分析发现,以上这些文件只规定了政府或有关部门的监管权和科研人员的法律责任,但对科研人员参与管理的权利几乎只字未提,也没有关于行业协会、相关领域研究会、社会公众共同参与监督的规定。

申言之,新兴技术研发活动所产生的难以预测、具有巨大负面效应的风险不再仅对行政相对人产生影响,也会对社会公共利益和公共秩序产生深远影响,进而引发市场主体与普通民众对涉及自身利益的科技活动的关注与讨论。随着市场主体与公民个人在知情权、意见自由表达等方面的权利意识不断强化,其提出自身利益诉求的意愿更加强烈。科技管理也不再只是行政管理部门和科研人员之间的事,一种更加开放沟通的机制亟待建立。

3. 现行科技伦理规制模式难以预判、评估与防范科技风险

长久以来,我国科技伦理规制主要将精力集中在建立行为明确的因果关系和较为完整的规制流程上,从行政规则与标准制定到对具体问题作出行政处罚、行政许可等行政决策都有明确要求——有明确事实予以认定,有足够证据提供支撑,有相对确定的规则依据等。但科学技术具有极强的科技不确定性,所谓科技不确定性是指受限于当前的技术水平,对科技风险无法作出准确认知与防范。[①] 科技的不确定性是科技创新活动的主要风险,科技工作者在进行科研活动时遵守的科学技术真理具有不确定性,任何时期的科学都只能对

---

① 参见田亦尧、刘英:《环境侵权诉讼中关联性的证明责任》,载《法律适用》2019 年第 24 期。

自然中部分对象进行的有限认识,具有猜测与反驳性质的科学理论并不是一成不变的。[①] 由于科学技术本身具有极端复杂性与高度不确定性的天然性质,科技工作者在开展创新活动时由于种种原因造成的某些错误也存在不能及时发现科技风险的情况。故科技研究活动带来的科技风险与社会风险是客观存在的,传统的事后治理手段无法预防这些风险。

首先,从风险识别角度来看,目前的立法中并没有确立风险预防原则。例如,《涉及人的生物医学研究伦理审查办法》第 18 条规定了"控制风险原则",但并不能将之视为风险预防原则的体现。该办法提出,涉及人的生物医学科技活动所面临的风险涵盖了人身安全、科技风险和社会风险,其中关于"将人身安全、健康权益放在优先地位"的表达有两层含义,一是不得损害受试人的生命健康,二是可令受试人获得更大的健康利益。需要思考的是,后者的个体获益性是否应当高于社会与科技所承担的风险性?在风险社会的大背景与基础下,为了个人利益而置更大的公共利益于不顾是否可取?例如,在贺建奎基因编辑婴儿案中,其行为可以令婴儿终身不患艾滋病,看似确实将人身权益放在了首位,满足了人的优先地位,但是,这个改变人类基因的行为实际上会对社会利益造成严重损害。为此,只有先对风险进行识别才能正确认知风险所侵害的利益。

其次,从风险评估角度来看,目前立法对科技风险的评估标准不合理。《涉及人的生物医学研究伦理审查办法》第 19 条、第 21 条将"合理的风险与受益比例"即"风险收益比"作为批准研究项目风险评估的一个基本标准。那么,何为收益?如果仅将其定性为经济收益,则意味着将科技风险的判断和评估单纯与经济收益相对比,这必然会出现"用违背科研伦理的规则去规定科研伦理"的荒谬现象。如果定性为社会收益或科技收益,那么,科技风险和收益皆存在不可预知且不可量化的情形。因此,以"风险收益比说"作为风险评估标准显然不合适。

最后,从风险防范角度来看,防范的核心在于充分而有效的风险沟通。科

---

① 参见刘松涛、李建会:《断裂、不确定性与风险——试析科技风险及其伦理规避》,载《自然辩证法研究》2008 年第 2 期。

技风险固有的不确定性使得不同主体对科技风险可能作出差异较大的不同认知，建立包括政府信息公开、专家论证与公众参与等方式在内的科技风险沟通制度，可以提高风险规制工作的透明度与风险规制的科学性。目前，我国在法律和行政法规层面并未对风险沟通作出规定，在部门规章以及其他规范性文件中的规定也极为笼统，规范体系稀缺，制度化自觉力不足。[①] 当然，《农业转基因生物安全管理条例》等行政法规提出要求行政机关发布相关信息，但若行政机关只是形式地履行发布职责致使民众不能获悉或者难以知悉风险信息，那么风险沟通功能就将被大大弱化。

4. 面向社会公众的信息公开不充分

首先，新兴科技知识与公众学识认知能力存在差距。由于新兴科技的复杂性与不确定性，公众作为非专业人士难以基于常识对其作出准确认知，理解相关科学数据、结论。公民权利意识与主体意识的扩张使得社会公众通过各种途径关注与表达对新兴技术风险的关切，但是有限的信息难以支撑其了解技术本质，同时，缺少规范化、常效性的沟通渠道，其参与行政的合理空间受到一定程度的挤压，加剧了无所适从的紧张心理。

其次，政府主动公开科技信息的意愿不足。政府信息公开是民主与法治、公平与正义等多元价值的集中体现，在推进社会主义民主法治建设中发挥着重要作用。政府及时的信息公开既是保障公民的正当知情权，也是树立政府公信力和权威的关键，但个别行政部门主动公开相关信息的意愿和力度不足。当前，公众对重点、热点问题的信息获取渠道不断扩展，但权威的官方信息公开往往滞后于其他非权威渠道。例如，在贺建奎基因编辑婴儿案中，贺建奎等的项目背景、项目动机、项目技术关键指标等信息至今未进行较为完整的披露。当政府科技信息的主动公开机制不具有常规化与长效性，部门信息公开碎片化严重时，公民及社会组织难以获取有效信息。长此以往，社会各主体参与科技管理决策的积极性与主动性将难以被调动起来。

最后，科研工作者在信息公开过程中发挥的作用较小。这里的科研工

---

① 参见沈岿：《风险交流的软法构建》，载《清华法学》2015 年第 6 期。

作者是指没有参加涉嫌违反科技伦理的科研活动,但对该活动的情况和相关研究领域十分熟悉的专业研究人员。作为专业人士的科研工作者,他们对科技风险的敏感度远高于非专业人士,但是,其参与政府信息公开的路径并不畅通,加之我国目前对重大风险预警的“吹哨人”保护制度还不健全,科研工作者难以参与信息公开,甚至连“自发布”信息都会产生不确定的违法风险。

5. 私主体在科技伦理治理中的参与度不足

私主体是指基于非权威的权力与秩序,将掌握的知识、方法运用于行政机关规制权力以外或与其结合的领域内的治理之中,从而实现公共利益和个人利益双赢的“组织”。① 从具体的组织形式上看,私主体主要包括各类社会团体、研究学会、行业协会、民营机构、企业、医院、科研院所、公众等。在科技伦理治理领域,私主体并没有充分地参与其中,究其原因:一是科技类社团组织由于政府的支持力度不够,加之其筹资能力不足,信息化水平与自我发展能力不强,运作能力较弱,从而难以发挥预期的作用;②二是从事科技活动的各类机构由于涉及自身利益而惮于参与治理,公众难以全面掌握高度专业的科技知识,对其参与治理造成困难;三是科技伦理治理缺少信息公开、专家论证与公众参与等常态化参与机制,难以实现实质的多元参与和协商共治。

(四)《生物安全法》中生物技术伦理规制逻辑的风险

2019 年,中央全面深化改革委员会通过《国家科技伦理委员会组建方案》,并明确了“完善制度规范,健全治理机制,强化伦理监管,细化相关法律法规和伦理审查规则”③等一系列科技伦理制度建设的工作任务。但须知,立法的目的在于实施,而立法中所确立的价值取向、实施主体、实施策略与工具正是实施法律环节中的“规制逻辑”,“规制逻辑”必然因法而异,为此,选择恰当的法

① 参见杜辉:《环境私主体治理的运行逻辑及其法律规制》,载《中国地质大学学报(社会科学版)》2017 年第 1 期。

② 参见陈姗姗、张向前:《中国特色科技类社会组织发展战略研究》,载《中国科技论坛》2018 年第 7 期。

③ 《习近平主持召开中央全面深化改革委员会第九次会议》,载中华人民共和国中央人民政府网,http://www.gov.cn/xinwen/2019-07/24/content_5414669.htm。

律规制逻辑成为生物技术伦理法律规制的关键所在。我国现行生物技术伦理的规制体现为“命令—控制”的逻辑:行政机关在国家主义的法治发展道路背后,基于由上而下单向传达的立场行使其权力,①为实现生物技术伦理的规制目的,行政机关运用具体表现为管制权的国家公权力,借助由制定行政规则、进行行政决策等一系列规制方法构成的完整行政规制流程,通过其权威的协调机制对生物科技活动进行规制,调控生物技术伦理的宏观秩序。具体的规制手段体现在以下几个方面:一是通过行政标准制度,制定和完善国家生物安全领域的标准体系;二是加强生物技术的分类管理,对从事高风险、中风险技术的研发活动设置审批或备案程序;三是明确生物医学新技术的临床研究应当通过专门的伦理审查;四是建立国家生物安全协调机制并设立专家委员会,为政策决定及实施提供政策咨询;五是明确违反生物技术研究开发与应用活动的法律责任,包括责令改正、吊销执照、没收技术资料与设备、罚款,以及针对个人的行政处分和从业禁止。然而,行政管制规则的滞后性与自然科学规律的未知性决定了行政权力对科研活动干预的力度与限度始终是研究者难以回避也难以量化的问题。这一问题的存在,其实与“命令—控制”型规制逻辑的固有缺陷是有密切关联的。

首先,目前我国规制生物科技活动的逻辑体现为传统行政法创制的“行政主体—行政相对人”的解释框架。在这种秩序下,相对于掌握公权力的公主体而存在的私主体的“主体资格”往往难以得到认可。这里的私主体是指为了实现个人利益与社会公共利益双赢,将掌握的知识与方法基于非权威性的权力方式应用于秩序规制中的“组织”。② 生物技术伦理规制领域中的私主体包括各类社团、行业协会、研究会、医疗机构、科研院所、民办机构、企业与公众等。例如,在《生物安全法》中明确了该法的监管主体是各级人民政府及其有关部门,包括国家层面的国家生物安全工作协调机制,以及科学技术、卫生健康、农业农村、林业草原、生态环境等多个主管部门,而该法所设定的义务对象是医

① 参见杜辉:《面向共治格局的法治形态及其展开》,载《法学研究》2019 年第 4 期。

② 参见杜辉:《环境私主体治理的运行逻辑及其法律规制》,载《中国地质大学学报(社会科学版)》2017 年第 1 期。

疗机构、专业机构或其工作人员。所谓全社会力量共同参与的“协同配合原则”也不过是在总则第3条象征性地提出，由此可以看出，现行生物技术伦理的监管主体仅限定于行政机关，缺乏相关领域的行业协会、研究会、相关科研人员，以及社会公众等多元主体参与监督管理的规定。所以社会组织和社会力量长期处于决策管理的边缘带，①对于行政决策仅有执行的义务却无参与的权利。② 更须留意的是，由于科学理论猜测与反驳的性质，科学理论并非一成不变，③单一治理主体无法对客观存在的技术与社会风险进行有效预防。“命令—控制”型规制逻辑不仅无法控制风险的产生，在风险发生后亦难以及时作出准确的判断。例如，在《生物安全法》中由第二章专章规定了“生物安全风险防控体制”，其中仅在第12条第2款提出由国务院有关部门建立相关领域、行业的生物安全技术咨询专家委员会，为生物安全工作提供风险咨询、评估及论证的技术支撑。各研究机构及其科研人员的生物技术研发行为的伦理风险评价将由行政官僚体系决定，而更有专业性的科学专家评价不仅在组织上受制于行政部门，缺乏独立的第三方评价地位，在评价结果上也仅停留在技术支持层面，而非决策层面。在实践中，生物技术应用于临床实践的行为一般也要依托各医疗机构的伦理委员会进行伦理审查，然而在医疗机构的管理体制中，伦理委员会的形式意义已经超过了其实质作用。

其次，规制方法过度依赖法律命令与责任的作用。在“命令—控制”型规制逻辑下，行政机关以外的其他社会主体要严格地遵照法律制度、严格遵照作为社会管理唯一主体的“权威政府”作出的行政决策。例如，在《生物安全法》的88个条文中用于表达控制性含义的“应当”一词一共出现了72次，其中以政府机关各级人民政府及其有关部门为主体的“应当”所联结的是行政机关所掌握的对生物安全监管的具体权力，这些权力主要体现在生物安全风险防控体系中。在具体的生物安全技术领域，“应当”又联结了科研机构及其科研人

① 参见王敬波、李帅：《我国政府信息公开的问题、对策与前瞻》，载《行政法学研究》2017年第2期。

② 参见李研、李哲：《科技类社会组织发展思路与对策研究》，载《科研管理》2015年第11期。

③ 参见米丹：《科技风险的历史演变及其当代特征》，载《东北大学学报（社会科学版）》2011年第1期。

员与他们所应担负的大量行政义务,包括主动报告、主动报批或备案、主动评估、遵守标准、接受监督、采取安保措施等义务,同时以“禁止”的表达方式设定了5项严格不得从事的危害生物安全的行为。这种方法从规范条文所涉及的行为角度来看确实是有效的,但条文没有涉及的或解释存在模糊的情况一旦没有明文规定,其行为即将不受法律制约。

再次,“命令—控制”型规制逻辑下的“信息工具”被弱化与悬置。所谓信息工具,是指对信息和数据进行应用的技术。该工具的主要应用模式在于加强信息的自由流动、放宽信息的监督管理、将信息鉴别扩散的权利交由信息的接受者实行,具体表现为政府信息公开义务的设定、信息管制权力的弱化与信息发布的自由。但是这一工具与“命令—控制”型规制逻辑存在天然的不适应,其中既有主观因素,也有客观原因。一是行政机关对相关生物科技信息的态度在于控制求稳而非主动公开。二是一般公众的学识认知能力难以对新兴生物科技进行鉴别。三是同行科研人员公开讨论和评价科研活动的权利受到一定程度的限制。

最后,“命令—控制”型规制逻辑下的权责失衡。权力(利)义务与责任始终是法律关系中不可缺少的要素,在“命令—控制”型规制逻辑下,生物技术安全管理的权力被“一边倒”地赋予了行政机关,科研机构及其科研人员、社会组织和社会公众仅被赋予了原则性的权利,而且需要承担义务与责任以达到服从行政机关管理的制度目的。例如,《生物安全法》“法律责任”一章中规定了13条法律责任,除去兜底条款,剩余的11条中,仅有1条明确规定了履行生物安全管理职责的工作人员的法律责任,其余10条全部设置为从事相关研究的单位及个人所应承担的行政责任,而追究这些责任的执法主体皆是人民政府有关部门。行政机关所应承担的责任、科研机构及其工作人员监管政府部门和其他科研机构科研活动的权利均没有提及。

综上所述,“命令—控制”型规制逻辑的基础是非常苛刻的,它在需要强大的中央力量的同时还要求具备准确的信息渠道、强大的外部监督机制、有效的制裁途径及高效运转的行政体制。这样一个理想状态能否完全实现尚未有定论,即使实现,法律的规制作用也仅停留在责任的追究阶段,与生物技术伦理所设想的“自律”与“律他”的更高要求相去甚远。为此,有必要考虑如何实现规制逻辑的转换,那么考察生物技术相对发达的典型国家对于生物技术伦理的法律规制样态,对我国生物技术伦理的立法应当会有所启示。

二、环境行政行为效能检视:以环评各方权责分配为例

在具体的行政行为中,各方权责的分配会直接影响环境行政行为的效能,以环评为例,生态环境主管部门和环评机构等主体的权责分配会直接影响对环评的审查效果。因此,本书尝试以环评为例,分析具体行政行为中各方权责分配问题,检视环境利益有效衡平实现的现实困境。

《环境影响评价法》在2002年10月28日第九届全国人民代表大会常务委员会第三十次会议通过,于2016年、2018年进行了两次修正。随着生态文明建设的持续推进和环保工作力度的提升,对《环境影响评价法》新一轮的修改也提上了日程,如今的环评实践中显现出诸多权责分配不清的问题,所以需要通过梳理现有各主体的职责义务与法律责任的实施情况,检视制度实施中的不足与困难。

(一)项目环评中生态环境主管部门的职责义务和法律责任梳理与检视

1.生态环境主管部门的职责构成

生态环境主管部门的职责来源于其生态环境保护的行政赋能,即负责建立健全生态环境基本制度、负责生态环境准入的监督管理以及生态环境监督执法。具体到环评实践中,其职责主要体现在:第一,对建设项目环评文件及法律规定的建设项目进行审批并实行备案管理。例如,国务院生态环境主管部门负责核设施、绝密工程等特殊性质和跨省、自治区、直辖市行政区域以及由国务院审批的或者由国务院授权有关部门审批的建设项目。同时,对于建设项目可能造成跨行政区域的不良环境影响,有关生态环境主管部门对该项目的环评结论有争议的,其共同的上一级生态环境主管部门应对该项目的环评文件予以审批。审批后的环评文件依法进行备案管理。第二,对建设项目环评文件编制与实施工作开展监管,对不符合审批条件的环评文件进行监管。将环评文件的监管列入年度工作计划之中,对于不符合审批条件批准建设的文件,上级部门应要求下级部门进行重新审批。将环评文件编制单位、编制主

持人和主要编制人员的相关违法信息记入社会诚信档案，并纳入全国信用信息共享平台和国家企业信用信息公示系统并向社会公布。依法监督建设单位开展建设项目环评，责令未按规定进行环评及后评价的单位进行限期整改。第三，对违规的编制单位、建设单位依法处罚。对在环评工作中弄虚作假的建设项目环评工作单位进行处罚。对非法收取费用的技术单位进行处罚。对建设项目投入生产或者使用后所产生的环境影响进行跟踪检查，造成严重环境污染或者生态破坏的，应当查清原因、查明责任，对没有开展环境保护措施的建设单位要求限期整改并处罚。

2. 生态环境主管部门的义务分析

生态环境主管部门的义务贯穿环评审批工作的全过程，其应当推进环评工作的顺利进行并保障环评制度目的的实现。依环评工作的时间进程，可以分为：第一，审批前的环评基础标准规范设定义务。环评基础标准规范的设定工作包括：加强环评的基础数据库和评价指标体系建设，建立必要的环评信息共享制度，提高环评的科学性；制定并公布建设项目的环评分类管理名录；制定环境影响报告表和环境影响登记表的基础文本要求；制定建设项目环境影响报告书、环境影响报告表编制的能力建设指南和监管办法。第二，审批中的规范审批义务。生态环境主管部门需要审慎地、负责地审查环评文件。环评工作需要贯彻公众参与和科技参与原则，通过征求意见、问卷调查、组织召开座谈会等方式征求公民、法人和其他组织对环境保护相关事项或者活动的意见和建议，同时需要保障建设单位能够通过听证制度反映其想法，提升环评决策的科学性。工作人员应当秉公用权，严肃执业纪律，依法批准建设项目环评文件，不得收取审核审批备案环评文件的费用。第三，审批后的环评后评价义务。生态环境主管部门应当组织制定环境影响后评价技术规范，指导跨行政区域、跨流域和重大敏感项目的环境影响后评价工作。根据建设项目的环境影响和环境要素变化特征确定开展环境影响后评价的时限。依据环境影响后评价文件，对建设项目环境保护提出改进要求，并将其作为后续建设项目环评管理的依据。

3. 生态环境主管部门的法律责任

现有环评法律体系中对生态环境主管部门法律责任的规定主要集中在对审批工作过程与监管过程的追责上,其主要的法律责任形式包括党政责任、刑事责任与行政责任。具体法律责任可以整理为以下几点:一是违法收取审批费用的法律责任。《环境影响评价法》中明确规定,生态环境主管部门审核、审批建设项目环境影响报告书、报告表以及备案环境影响登记表,不得收取任何费用。如有上述情形,上级部门应当责令退还,严重者会被追究行政责任。二是滥用职权影响环评工作的法律责任。对利用职务影响限制、干扰、阻碍建设项目环评审批和监督管理的党政领导干部,生态环境主管部门应当依据《党政领导干部生态环境损害责任追究办法(试行)》,对相关党政领导干部应负责任和处理方式提出建议,由纪检监察机关和组织(人事)部门追究其责任。三是违规作出行政许可的法律责任。生态环境主管部门若违法,应对其直接负责的主管人员给予记过或者降级处分,严重者应当给予撤职处分,部门主要负责人应当引咎辞职。上级部门可以要求下级部门重新审批有问题的环评文件,并有权回收多次发生违规审批环评文件且严重的地区生态环境主管部门的环评审批权。四是审批后监管失职的法律责任。对于在建设项目事中、事后监督管理工作中滥用职权、玩忽职守、徇私舞弊的,应当依照《公务员法》和《行政机关公务员处分条例》等对有关人员给予行政处分或者辞退处理;涉嫌犯罪的,移交司法机关处理。上级部门亦应追究其生态环境损害责任。

4. 生态环境主管部门的职责义务和法律责任设定中的问题剖析

(1)环评基础标准规范准备工作仍需加强

环评工作基础标准规范的制定是环评实践开展的基础,环评文件的制定以及行政审查都依赖于环评制度标准与规范的设定。由于社会实际的快速变化与科技水平的提升,现在环评制度的一些基础可能已经不适合实际的要求,主要体现在以下几个方面:第一,覆盖的项目行业仍需扩展。《建设项目环境影响评价分类管理名录》在制定时参考了《国民经济行业分类》的大、中、小名称,经过拆分、分类、调序后形成了现有框架结构,《建设项目环境影响评价分类管理名录》中虽然设置了 50 个行业但仍显不足,这就导致部分生态环境主管部门在对未列入的建设项目进行环评审批工作时缺乏参考标准,只能依据较为抽象的规定(环境影响评价类别由省级环境保护行政主管部门根据建设项目的污染因子、生态影响因子特征及其所处环境的敏感性质和敏感程度提出建议,报原环境保护部认定)。

第二,环评文件类别划分标准无法贴近实际需求。虽然《建设项目环境影响评价分类管理名录》在2018年进行了修改,规范化和科学化有所加强,但是实践中仍然暴露出一些问题。目前环评过程中编制报告书的思路是:环境影响要素复杂;对生态环境影响重大;可能对环境和环境敏感区造成重大影响;可能存在重大环境风险的建设项目,需对环境影响进行较为全面、详细、深入的评价和预测。编制报告表的思路是其环境影响要素简单,环境影响程度和环境风险较小,按照国家规定的格式编制报告表,并有针对性地选择环境要素开展专项评价。许多项目实际无须采用报告书的形式,现有的划分不符合实际需要,一方面直接加大了编制的工作量、审核标准,另一方面间接影响了项目建设进程与经济效益。

第三,《建设项目环境影响评价技术导则》要求冗杂。实践中,不少生态环境主管部门和建设单位反映项目环评文件越编越厚、越编越多,而建设项目关涉的环评本不需要如此冗杂。比如,一些建设项目可能仅涉及大气污染,却还要根据该导则所要求的水污染、土壤污染等其他污染形式的影响进行专门却毫无意义的评价,增加了企业的环评成本和基层生态环境主管部门的审批工作量。

(2)环评审批制度与能力建设存在缺漏

第一,审批备案程序繁杂。实践中,由于审批程序设置不合理、各审批部门沟通不畅,建设单位往往需要多次提交同一份材料且文件流转缓慢。由于行政审批流程过于冗杂导致建设项目迟迟不能开工,出于对利益的考量,建设单位往往"未批先建"。

第二,行政审批压力过大。一方面,部分地区进行行政审批归口管理改革后,项目环评审查被统一由行政审批部门实施,但是行政审批部门仅能对环评文书实施形式审查,难以对其科学性进行审查;另一方面,随着简政放权的改革，审批时限被不断压缩，在编制经费不足的情况下，目前的基层环评审查部门也难以对项目实施实质审查。

(3)环评监管执法、追责困难

环评制度的有序落实需要强有力的监管与执法进行支撑。然而部分生态环境主管部门在监督执法过程中懒政怠政，且难以对其追责，导致环评的预防作用弱化。具体来讲，笔者认为监管执法工作不到位主要体现在以下三个方面。

第一，环评事后监管不到位。随着环评验收制度的改革，建设项目自主验收作为环评事中事后监管改革的内容，取得了一定的成绩，但是也存在一定的问题。从政府层面上看，生态环境主管部门监督检查力度不够、自主验收流于形式，起不到管理作用、自主验收质量下降、验收服务市场混乱，政府监管有待提升；从企业层面上看，建设单位施工期环境管理主体责任不强，施工单位环境管理意识薄弱。

第二，“未批先建”执法与处罚力度不够。环评文件尚未审批通过时建设单位擅自开工的，生态环境主管部门应责令其停止建设，并根据违法情节和危害后果，按照建设项目总投资额的一定比例进行罚款、责令恢复原状，对相关项目的直接负责人处以行政处罚。从实践来看，由于惩罚性规定太过宽泛以致建设单位的违法成本较低，加之监督执法过程中不同地区和不同执法主体的能力参差不齐，导致责令停止项目建设、罚款、恢复原状等措施均很难实现法定要求，且实际上的“未批先建”罚款仍以小额罚款为主。监管执法效果大打折扣。

第三，生态环境主管部门追责难度大。《环境影响评价法》《建设项目环境影响后评价管理办法(试行)》《环境保护公众参与办法》等法律法规规定了生态环境主管部门的法律责任，但是缺乏对其不履行义务的法律责任的设定。笔者经过统计发现，现行环评法规中，涉及生态环境主管部门义务的共有125条，但有配套法律责任规定的只有19条。义务与责任的不匹配可能导致部门义务虚化，出现发生问题无法追责的情况。

(二)项目环评中环评机构的义务责任构成与问题剖析

本部分聚焦于环评机构和技术人员，解构当前立法对其义务和责任的规定,分析环评实践中体现的诸多权责分配不当问题,进而在后文提出针对新一轮《环境影响评价法》修法工作的对策建议。

1.《环境影响评价法》中环评机构的义务责任构成现状

在现有的环评制度框架内,环评机构作为技术单位接受建设单位的委托编制环评文件,承担一定的法定义务。首先,在开展编制活动时,环评机构应当遵守国家有关环评标准、技术规范等规定,努力提升环评技术水平,提升环评文件的可参考性与技术价值。其次,从主体上看,环评机构应为有一定技术基础、能够独立承担法律后果的法律主体,且不应与环评审批部门存在任何利益关系。最后,环评机构应诚信履行环评职责,接受生态环境主管部门的监督,配合提交单位与工程师的基本情况信息以建立诚信档案。在承接建设项目环评后,环评机构还应及时向环评信用管理平台上传环评文件的基本信息,并对上传信息的真实性、准确性和完整性负责。综上,环评机构的义务主要有以下几类。

一是依规编制环评文件的义务。依规编制环评文件义务要求技术单位和编制人员在编制建设项目环境影响项目文件时要遵守国家有关环评标准、技术规范等规定,并对其编制的《建设项目环境影响报告书(表)》承担相应责任。编制人员有责任保证相应环评文件的真实性,反之应当承担相应责任。对于"遵守国家有关环境影响评价标准、技术规范等规定",生态环境部的部门规章作了细化规定,在《建设项目环境影响报告书(表)编制监督管理办法》中明确了"环境影响报告书(表)不符合有关环境影响评价法律法规、标准和技术规范等规定"的具体内涵。

二是排除利益关联的义务。环评制度具有社会性的特点,因此编制环评报告应当基于中立客观的基本立场,排除利益关联的义务是这一立场的制度映射。这一义务要求接受委托为建设单位编制《建设项目环境影响报告书(表)》的技术单位,不得与负责审批《建设项目环境影响报告书(表)》的生态环境主管部门或者其他有关审批部门存在任何利益关系。技术单位作为第三方技术辅助单位,应当从中立立场出发,客观地开展环评文件的编制活动,因而不能与审批部门存在可能干扰环评公正性的利益关系。实践操作中,这一义务具象为技术单位在参与环评招投标程序时,应当主动回避由与本单位存在利益关系的负责审批建设项目环境影响报告书(表)的生态环境主管部门或者其他有关审批部门进行审批的建设项目,不得向此类环评文件编制项目投标。

三是提升环评技术能力建设的义务。提升环评技术能力建设义务要求编制单位和编制人员加强环评技术能力建设,提高专业技术水平和业务能力。首先,编制者应当有基本的技术能力,环评报告书(表)的编制主持人应当具有环评工程师职业资格。环评文件编制工作具有较强的专业性,编制者的专业性是环评文件结论具有可靠性的保证。其次,技术单位和编制人员应当不断学习前沿专业知识,提高技术水平。最后,编制单位要加强环评管理能力建设。优质的环评报告书(表)的编制不仅依赖于专业的技术,也依赖于科学的编制过程管理制度,编制单位应当建立和实施覆盖环评全过程的质量控制制度,落实环评工作程序,形成可追溯的质量管理机制。

四是独立承担法律责任的义务。独立承担法律责任的义务旨在明确技术单位应是能够独立承担法律责任的法人。这一义务有两层内涵:一是技术单位不得挂靠于其他审批主体或者生态环境主管单位,应当独立存在;二是技术单位不得与委托单位或审批单位存在利益关联的关系。这样的规定不仅使责任追究主体更加清晰,还能从技术单位主体资格上排除与环境影响报告书(表)审批单位存在利益关系的可能,保证技术单位的第三方中立地位。

五是配合信息公开的义务。配合信息公开的义务,是指编制单位和编制人员应当及时通过信用平台提交需要向社会公示的信息,配合信息公开工作的开展。一方面,编制单位和编制人员应当提交本单位和本人的基本情况信息;编制单位和编制人员应当对提交信息的真实性、准确性和完整性负责;相关信息发生变化的,应当及时通知主管部门进行信息的变更。另一方面,编制单位和编制人员应当及时提交环境影响报告书(表)的基本情况信息,实现报告书(表)在网上的信息公开。同时,编制单位和编制人员对提交信息的真实性、准确性和完整性负责。

2. 环评机构的法律责任

(1)行政责任

《环境影响评价法》明文规定了编制单位的两种行政责任形式，一是罚款，二是从业限制责任，两者都是常见的责任承担形式，且往往被用于并罚。自《建设项目环境影响报告书(表)编制单位和编制人员失信行为记分办法(试行)》出台后，在环评市场也开始试行信用档案管理制度和从业限制制度。每当出现失范行为时，主管部门就会根据失范行为的严重程度计失信记分 2～20 分，并根据失分记数判定从业限制时间。生态环境部为了管理环评诚信积分工作还专门成立了环评信用平台，在平台上公示编制单位诚信档案、重点监督检查名单、限期整改名单和黑名单。主管部门通过公开失信信息等方式对环评行为失范的环评机构进行惩戒，对环评失序问题起到的震慑作用甚至超过了罚款处罚措施。

(2)刑事责任

在环评文件编制的过程中，环评机构或其人员故意提供虚假环评文件，情节严重的，或者严重不负责任，出具的环评文件存在重大失实，造成严重后果的，应当依照《刑法》和最高人民法院、最高人民检察院《关于办理环境污染刑事案件适用法律若干问题的解释》的规定，以提供虚假证明文件罪或者出具证明文件重大失实罪定罪处罚。同时，本罪将“情节严重”作为犯罪构成要件，体现了刑法发动的补充性，将环境失范情节的严重程度作为适用惩罚手段的区分标准，杜绝了刑罚手段的滥用，有利于构建一个具有层次性的环境法律责任追究体系。

3.《环境影响评价法》中环评机构的义务责任构成存在的问题

(1)排除利益关联义务规定有待完善

首先，排除利益关联义务无法律责任约束。从《环境影响评价法》第 19 条第 4 款的规定来看，立法为编制单位设置了主动审查利益关系并进行回避的义务，但是没有规定违反该义务的责任。而责任追究制度的缺失，导致环评机构没有履行义务的动力，这一义务实际上失去了约束力。其次，排除利益关联义务在立法配置中被归为技术单位的单方面义务，义务与权利配置错位。从招投标过程来看,建设单位招标和技术单位投标是双向选择的关系,因此双方都应负有排除利益关系的义务。立法将排除利益关联的义务全部配置给技术单位,并不符合实践中环评委托的筛选方法,无法有效遏制编制单位之外的其他单位尝试建立利益关系的动机。

(2)编制人员义务责任规定不明,责任追究缺位

《环境影响评价法》将追究编制机构的责任作为追究编制人员责任的前提,对编制人员的责任规定并不清晰,责任追究缺位。实践中确实存在许多编制人员不依法勤勉履行编制职责的情况,在社会层面也产生了严重的负面影响。例如,在"深圳湾"航道疏浚的环境影响评估报告涉嫌抄袭一案中,中国科学院南海海洋研究所的环评工程师徐某某作为负责人在制作《深圳湾航道疏浚工程(一期)环境影响报告书》时存在照搬本机构同类项目环评报告的渎职情况,引发社会关注。

(3)责任追究机制缺位可能导致"劣币驱逐良币"的现象

自环评脱钩改革以来,我国环评机构管理体制取消了资质管理制度,提倡将市场机制作为调整环评资源配置的主导性力量,转而以信用评价体系约束环评失范行为。笔者在调研中发现,目前信用评价体系存在落实不到位的情况,市场调节机制不能充分发挥作用。一方面,信用档案记录不够健全,未能全面、客观地反映环评机构及工程师的信用情况;另一方面,对建设单位的责任追究不够严厉,建设单位仍有委托环评机构进行虚假环评的动因。市场机制在环评市场容易陷入调节失灵的困境——提供严格合规的环评服务的编制单位并不是建设单位的首选委托人,不依法进行环评编制的编制单位反而会受到部分建设单位的青睐。

(4)编制人员存在从业焦虑

在生态环境主管部门组织的调研中,编制人员普遍表达了从业焦虑。首先,从业焦虑的制度原因主要是信用清单管理和从业限制责任制度的实施,一旦被查实参与了失范环评,编制人员就将面临从业限制的严厉惩罚,失去赖以生存的职业。其次,从业焦虑部分归因于信用评级和从业限制制度长期缺失制度惯性下的侥幸心理,编制人员无法适应日渐严格的管理与追责制度。对

此，本书认为，可以继续坚持信用管理并严格落实从业限制责任，让失范行为必将受到严厉惩罚成为行业共识，进而形成编制人员中立、勤勉编制环评文件的良性职业氛围。

（三）规划环评中相关主体的权责问题分析

规划环评指在规划编制阶段，对规划实施后可能造成的环境影响进行分析、预测和评价，提出预防或者减轻不良影响的对策和措施的过程。依据我国《环境影响评价法》和《规划环境影响评价条例》的有关规定，规划环评所需评价的规划限定于对一地，即土地；三域，即流域、海域、区域；十专项，即工业、旅游、资源开发、农业、畜牧等规划范围内，总称“一地三域十专项”规划。

2003 年《环境影响评价法》的实施正式确立了规划环评的法律地位。2003～2005 年陆续颁布了《规划环境影响评价技术导则（试行）》（已废止）、《专项规划环境影响报告书审查办法》等规章制度与技术导则文件，国务院于 2009 年 10 月 1 日正式施行《规划环境影响评价条例》，对《环境影响评价法》中未具体规定的审查部门等方面进行了细化补充。在 2014 年《环境保护法》的修订和《环境影响评价法》2016 年和 2018 年的两次修改以后，新一轮《环境影响评价法》的修法工作被提上日程，本部分在坚持中央确立的改革方针的基础上，梳理《环境影响评价法》实施过程中规划环评所涉及的各方职责义务和法律责任，深入剖析其中存在的各类问题。

1. 规划环评各方主体权责梳理

《环境影响评价法》规定，国务院有关部门、设区的市级以上地方人民政府及其有关部门，对其组织编制的土地利用的有关规划，区域、流域、海域的建设、开发利用规划，应当在规划编制过程中组织进行环评，编写该规划有关环境影响的篇章或者说明。

（1）规划编制机关的权责梳理

规划编制机关在规划环评工作中主要履行组织开展规划环评的职责。各级人民政府及相关规划领域、行业主管职能部门作为各类规划的编制主体，根据《环境影响评价法》及有关规定，应当编制或组织规划环评技术机构编制环境影响篇章或者说明、环境影响报告书。

规划编制机关的义务是:首先,规划编制机关编制环境影响报告文件时不能存在基础资料不足、质量低下、内容虚假或其他重大缺陷的问题。规划编制机关的工作人员在组织环评时,不得有弄虚作假和失职的行为。其次,规划编制机关通过举行论证会、听证会或者其他形式,征求社会、其他主体的意见是进行规划环评的必要过程。最后,规划编制机关应严格遵守行政程序要求,落实每一阶段的行政程序要求,规划编制机关不得跨越其中任一阶段径直进入下一阶段的行政程序。

(2)规划环评审查主体的权责梳理

《环境影响评价法》规定,设区的市级以上人民政府在审批专项规划草案、作出决策前,应当先由人民政府指定的生态环境主管部门或其他部门召集有关部门代表和专家组成审查小组。规划审批机关应当依照相应标准,从其组成人员中选出在不同领域里具有专业性的成员组成审查小组。

首先,规划环评审查小组负有审查"一地三域十专项"规划环评文件的职责。在这一阶段主要审查3个方面的内容:其一,审查规划编制草案与国家、地方环保政策是否相符;其二,环评审查小组应当依据环评文件所指出的规划对环境和生态产生的不利影响提出审查意见;其三,环评审查小组进行审查工作时,应当对生态环境中产生的影响进行预测。

其次,规划环评审查主体的义务是规划环评文件质量审查义务及守法合规义务。规划环评文件质量审查义务的具体要求是,环评审查机关在进行审查时,运用自身的专业性,对存在质量问题的报告提出切实可行的审查意见。环评审查机关守法合规义务包括两点内容:一是环评审查机关只能行使其权力范围内的职权,不得滥用权力;二是环评审查机关不能违反程序要求行使职权。

(3)规划审批机关的权责梳理

《环境影响评价法》规定,有关环境影响的篇章或者说明应当对规划实施后可能造成的环境影响作出分析、预测和评估,提出预防或者减轻不良环境影响的对策和措施,作为规划草案的组成部分一并报送规划审批机关。未编写有关环境影响的篇章或者说明的规划草案,审批机关不予审批。

第一,规划审批机关负有决定是否采纳审查意见的职责。根据《环境影响评价法》的规定,审批意见在规划审批过程中原则上应当考虑审查机关提出的审查意见,不采纳该意见的应当作出说明。可见,审批机关对审查意见是否被采纳具有决定性的作用。

第二,规划审批机关的义务有二,一是规划审批机关承担依法组建规划环评审查小组的义务。审批机关应当制定选择审查小组成员的标准,依照该标准组织选择审查小组成员,以保障审查意见的权威性。二是规划审批机关对环评规划审查小组的意见有审慎考量义务。规划审批机关应当依照《环境影响评价技术导则》以及相关标准、技术规范的要求审批审查意见。

2. 规划环评各方主体权责配置与实施中存在的问题

(1)规划编制机关的权责配置与实施中存在的问题

首先,存在"指导性规划"概念范围模糊的问题。尽管在《环境影响评价法》及《规划环境影响评价条例》中规定了指导性规划是指以发展战略为主要内容的专项规划,但在实践中编制专项规划及指导性规划的主体相同,即国务院有关部门或设区的市以上的人民政府有关部门。此种情况下,二者很难区分。

其次,存在规划编制阶段的环评程序走过场的问题。调研发现,存在某些部门未对规划进行审查就对规划进行上报审批的现象,以及规划中提出的一些减轻环境破坏问题的举措在实际操作过程中并没有被落实的现象。

再次,未明确区分规划法定编制机关和实际编写规划机关在规划环评制度中的责任。这会出现规划编写部门在规划中编入可能造成环境影响的内容,却由人民政府承担责任的情况,或者以人民政府的名义干预规划环评工作。

最后,规划编制人员与环评专业人员学科专业跨度过大,通俗来讲,即懂专业的不懂环评。现阶段,我国规划环评机构进行规划环评时往往涉及多个领域的内容,当下环评机关对交叉领域的环评存在环评文件质量不高、专业性不够等问题。

(2)规划环评审查主体的权责配置与实施中存在的问题

首先,在各规划单行法中未明确审查主体。在梳理各规划的单行法文本时发现并没有具体的成立规划环评审查小组的条文,仅依靠《环境影响评价法》和《规划环境影响评价条例》并不足以驱动各相关职能部门启动规划环评的审查工作。

其次,审查主体的权威性不足。根据我国《环境影响评价法》第13条的规定,环评审查小组是从审批机关的组成人员中产生的,二者在人员组成上很有可能具有隶属关系,这往往会影响审查意见的公正性和专业性。

再次,规划环评审查力量不足体现在两个方面:第一,行政管理力量不足。在调研中,笔者发现地方生态环境主管部门面临专职人员编制不足、任务量大、不能集中精力参与规划环评的问题。第二,社会公众力量未得到充分发挥。环评审查小组的组成人员主要由规划审批机关的工作人员组成,成员构成过于单一,特别是缺少环境专家和公众或利益相关群体代表参加。

最后,审查结论缺乏约束力。从《规划环境影响评价条例》第15条、第16条、第17条、第22条的规定得知,审查小组作为临时性的组织,规划审批机关可不采纳其审查意见,并作出说明即可。可见,若规划编制、审批机关不采纳审查意见,只有作出说明的义务,而此时环评审查小组已不再存在,则其制定的审查意见只能处于被动接受的状态,使得环评审查在实践中有时流于形式,难以发挥实效。

(3)规划审批机关的权责配置与实施中存在的问题

第一,审查与审批环节缺少衔接机制。尽管《环境影响评价法》规定,规划审批机关在审批专项规划草案时,应当将环境影响报告书结论,以及审查意见作为决策的重要依据,但这里存在以下几个问题:一是规划审查小组提交审查意见后是否立即解散,特别是不予采纳审查意见的审批意见是否需要向审查小组成员反馈;二是在对规划进行审批讨论时环评审查小组成员是否有参与或组织听证的权利;三是当审查小组意见不被审批机关采纳时,审查小组是否有进一步反映问题的权利。

第二,缺少规划审批后的环境影响跟踪评价机制。规划环评文件通过审批以后,往往存在三个方面的后续隐患亟须通过持续监管予以防范:一是规划制定之时,受限于经济社会的认知能力和规划的技术水平;二是在规划审批通过以后,规划是否能够得到很好的实施;三是一旦规划获得审批通过,原本就没有约束力的规划环评文件中所要求的环境风险防范措施还能否得到全面的执行。从目前的制度设计上看,还没有对这些问题进行具体规范。

(4)规划环评的环评技术水平尚待提升

在调研中,约20%的受访者认为规划环评质量不高、指导性不足,反映出实践中规划环评的可靠性缺陷。这一问题主要有两个方面的原因:一是相较于建设项目环评,规划环评的数量较少,编制单位在技术和经验上存在规划环评编制能力不足的问题;二是规划环评的客体具有抽象性的特点,与具体的建设项目相比,规划环评往往涉及更大的空间范围,需要评估的影响客体也相对抽象,有较大的评价难度。近年来,我国许多地区的区域一体化、新区规划等各类规划不断编制出台,规划环评的需求也相应增加,规划环评编制能力不足的问题亟待改善。

三、环境行政监督效能检视:以环境监管和督察实效为例

行政监督是行政行为的重要一环,以环境监管和督察实效为例,研究环境行政监督对环境行政行为的影响,有助于提高环境行政执法的综合效能。党的十八大以来,中国环境治理取得了巨大的成绩,①其中制度建设呈现多头并进的状态:先后建立起以环评改革、排污许可证制度、加强环境执法和按日连续处罚等为标志的地方主导治理机制;以中央环保督察、省以下环境机构垂直管理改革等为标志的中央主导治理之道;以社会组织管理改革、公众参与和环境公益诉讼等为标志的公众主导治理之道等。这一制度组合在现实运行中也不可避免地会产生一定的冲突,例如,多种制度并行或多个部门基于本单位利益齐抓共管、齐抓争管,或齐抓不管、推诿扯皮。

在理论研究领域,支持地方主导的观点立足于运用法解释学理论对既有

① 本书讨论的基础是多中心协商治理理论视域下的主导主体问题,下文所称地方主导环境治理、中央主导环境治理和公众主导环境治理三种模式都是在兼顾其他主体在环境治理活动中的正当地位的基础上展开的。

法律规范在地方实际执行中遇到的法律问题和执行困境进行解构，通过完善制度提高地方环境行政能力和执法水平，该观点支持地方政府在私人部门配合下主导环境治理，环境问题的最终解决依靠地方政府的事权及配套的财政支出。[①][②] 支持中央主导的观点认为，中国环境法治的发展和演化，特别是党的十八大以来的制度转型和创新，具有鲜明的高位推动特性。作为法治中国建设的一部分，中国环境法治离不开党中央大力推进生态文明建设的坚定意志和坚强决心。[③] 支持公众主导的观点认为，环境污染问题的核心是社会治理问题在环境议题上的投射，依靠“利维坦和经济治理之道”皆不足以确保环境这一公共资源能得到合理配置，而环境问题直接关系公众的生存利益，环境污染这一外部性问题在公众规制的逻辑下才能实现成本内部化后的帕累托改进。[④][⑤]

合作治理的核心是协商，协商的内容在于利益衡量。[⑥] 如何进行利益衡量，[⑦]即如何从地方政府服从和公众美好生活向往得以满足的角度确保中央政治安全的需要，如何从中央政策回馈和公众普遍认同的角度满足地方经济社会发展的需要，如何从中央与地方各级政府担当、回应和尊重的角度满足公众参与环境治理的需求，需要在法律制度设计中综合衡量。

---

① 参见竺效、丁霖：《论擅自损毁封条等环境违法行为的法律责任——兼论〈查封扣押办法〉第23条第2款与〈治安管理处罚法〉的衔接》，载《中国地质大学学报（社会科学版）》2017年第5期。

② 参见田亦尧：《建设项目环评否决权的制度本源与改革路径》，载《现代法学》2016年第2期。

③ 参见陈海嵩：《中国环境法治中的政党、国家与社会》，载《法学研究》2018年第3期。

④ 参见杜辉：《环境私主体治理的运行逻辑及其法律规制》，载《中国地质大学学报（社会科学版）》2017年第1期。

⑤ 参见秦鹏：《环境公民身份：形成逻辑、理论意蕴与法治价值》，载《法学评论》2012年第3期。

⑥ 参见柯坚：《共逐绿色发展之梦：环境合作治理及其法治展开》，载《南京工业大学学报（社会科学版）》2016年第1期。

⑦ 环境治理中的利益衡量首先是合法正当利益的衡量，利益冲突是自由选择权利的冲突。利益衡量不是以某个利益及其权利主张胜出或取得优先地位结束，而是通过利益平衡追求统筹和共赢。

(一)研究进路:运筹逻辑的预设与说明

自古以来中国学者的政治理念主张皆以“入世求证”为目标,特别是在当前生态文明建设的宏观政策利好的情形下,相关理念不断得以具象化和制度化。然而不可回避的是前述“制度组合拳”和理论体系内部都存在一定的逻辑冲突。本书运用法经济学的分析方法,将运筹学与新制度经济学相结合,以地方建设项目为分析对象,基于契约理论①将公私治理主体(地方、中央和公众)纳入各个博弈时序中进行分析,进而提出相应的制度选择建议。

经济、就业和保障等生存与发展问题有赖于地方政府通过招商引资获取经济效益。假设地方获得项目进驻的概率为 e,付出成本为 $e^2/2$。从环境治理角度来看,这些项目尚处于污染与不污染叠加的状态。因此,环境友好型项目(Green & Good,G)和环境污染型项目(Black & Bad,B)存在的概率各为 1/2。作为项目引进者的地方政府,存在通过该项目(Pass,P)以牺牲环境为代价换取经济增长或否决该项目(Veto,V)以保护地方环境两种利益的衡量。作为利益相关方的中央(政治利益和经济利益)和公众(环境利益和经济利益)亦在此决策环节中发挥作用,中央可以通过自我监察发现问题,也可以从公众的意见反馈中发现污染问题,加上地方政府的环境监督,这三种手段共同构成了常态下的合作治理。因监管盲区和利益俘获等情况的客观存在,假设常态化合作治理机制发现并制止该环境污染型项目的概率为 $q(0<q<1)$。作为制度设计的正负激励措施,假设各治理主体的不同选择都会引发相应的制度回馈为 R。不同情形下,地方政府实施项目会对环境造成不同的影响(T),由此也产生了环境污染——Q,如图 3.1 所示。

---

① 契约理论是在特定交易环境下分析不同主体之间的经济行为和结果,往往需要通过假定条件在一定程度上简化交易属性和建立模型来分析得出理论观点。本书结合契约理论中的激励理论、不完全契约理论和新制度交易成本理论,通过制度设计鼓励地方对于特定污染项目采取否决态度的契约体系,进而分析不同治理主体主导规制时经济效益与环境污染之间的关系。

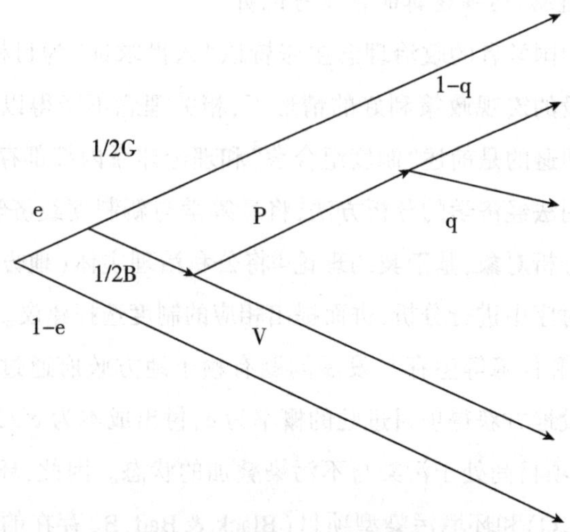

图 3.1　环境决策过程的运筹逻辑

需要特别说明的是，在理想状态下，因各项目所产生的经济利益存在不确定性，故各项目对于地方的回馈可设定为大致相等。下文将从地方主导环境治理、中央主导环境治理的角度进行比较分析，在本时序中强化或额外加入不同主体主导环境治理的治理程序，进而对比各类主体主导下的治理效用。

(二)地方主导环境治理的逻辑推导与效用分析

1. 地方主导环境治理的决策逻辑

地方主导环境治理，是指地方具有权威的公权力机构，如执政党集团、立法、执法、司法机关，通过对上级制度的执行、制度的设计和实施协调环境利益相关方共同参与环境治理的过程。

在地方主导环境治理模式（Local，L）下，地方政府依据《环境保护法》《环境影响评价法》《建设项目环境保护管理条例》等法律法规控制项目审批和行政执法。此种模式的运行分为四个阶段：(1)判断地方政府是否引进项目。若地方政府成功引进项目（概率为 e），则进入下一阶段；若未能成功引进项目（概率为 1 - e），则进入最后阶段。(2)判断项目是否被地方政府决策通过。若项目通过，则进入下一阶段；若未能通过，则进入最后阶段。(3)判断通过的项目是否会被常态化合作治理机制制止。被常态化合作治理机制制止的概率为 q，未被常态化合作治理机制制止的概率为 1 - q，两种情况都会进入最后阶段。(4)基于地方政府的不同表现，对其予以制度回馈收益分别为 R_1、R_2 和 R_3，如图 3.2 所示。

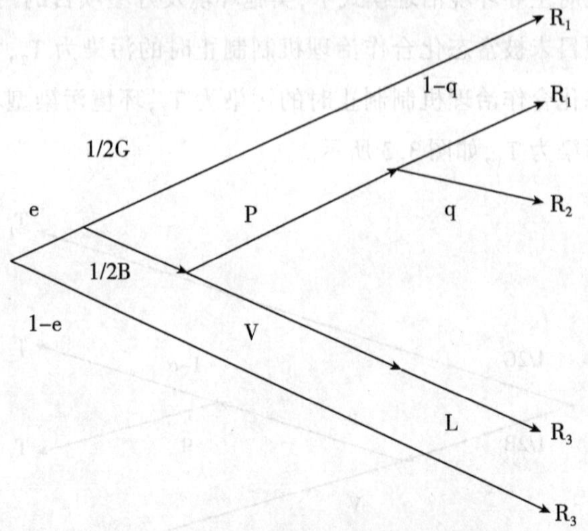

图 3.2　地方主导环境治理的决策逻辑

2. 地方主导环境治理的地方经济效益

为了最大限度地减弱地方政府冒险审批通过环境污染型项目的侥幸心理，来自制度的否定性评价必须达到最严厉的程度，即 R_2 最小（$R_2 = 0$）。同时，根据契约理论中的激励相容原理，为了调动地方否决环境污染型项目的积极性，相关制度设计必然要对地方政府否决环境污染型项目的行为予以激励，地方政府否决环境污染型项目所取得的回馈要大于地方政府通过环境污染型项目的回馈［$R_3 \geqslant (1-q)R_1$］。

在地方主导环境治理模式下，地方的效用函数为 $U_{LG}^{L} = e(R_1/2 + R_3/2) + (1-e)R_3 - e^2/2$。当地方政府的效用最大化时，得到 $e^L = (R_1 - R_3)/2$。中央的效用函数为 $U_{CG}^{L} = e[(1-R_1)/2 - R_3/2] - (1-e)R_3$，把 e^L 代入得到 $U_{CG}^{L} = [(R_1 - R_3)(1 - R_1 - R_3)]/4 - [1 - (R_1 - R_3)/2]R_3$。s. t. $R_3 \geqslant (1-q)R_1$，$e^L = (R_1 - R_3)/2 \leqslant 1$，$R_1 \geqslant 0$，$R_2 = 0$，$R_3 \geqslant 0$。激励约束为紧约束，即 $(1-q)R_1 = R_3$，若要使中央效用最大，则 $R_1 = (5q-4)/(2q^2)$，$R_3 = [(1-q)(5q-4)]/$

$(2q^2)(4/5<q<1)$。因此,地方效用为

$$U_{LG}^{L}=-55/32+13/(4q)-3/(2q^2)(4/5<q<1) \quad (3.1)$$

3. 地方主导环境治理的环境污染

在地方政府主导环境治理模式下,实施环境友好型项目的污染为 T_1,实施环境污染型项目未被常态化合作治理机制制止时的污染为 T_2,实施环境污染型项目被常态化合作治理机制制止时的污染为 T_3,环境污染型项目被地方政府否决时的污染为 T_4,如图 3.3 所示。

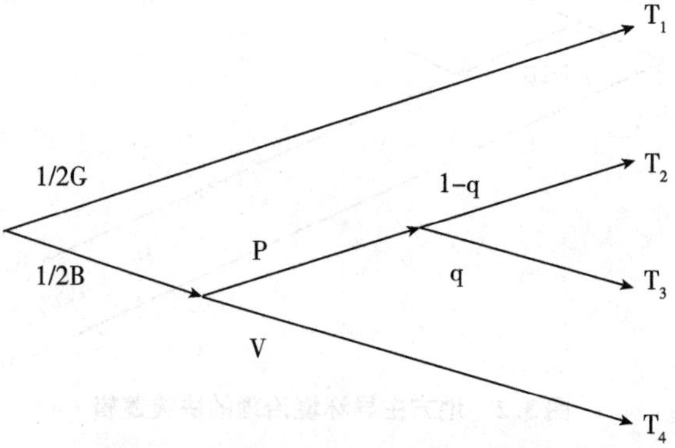

图 3.3 地方主导环境治理的环境污染

当实施环境友好型项目和环境污染型项目被否决时,没有污染产生,即 $T_1=T_4=0$。当实施环境污染型项目没有被常态化合作治理机制制止时所造成的污染要大于被制止时的污染,即 $T_2>T_3$。若令实施污染型项目被常态化合作治理机制制止时的污染量为计算的标准量,即 $T_3=1$,则 T_2 与 T_3 之间必然存在如下关系式:$T_2=kT_3$,其中 $k>1$。为了更加直观地认识环境污染以及环境污染与地方经济效益之间的关系,假设 $k=2$,即 $T_2=2$。此时,环境污染可以表示为

$$Q_L=T_1/2+[(1-q)T_2+qT_3+T_4]/2=(2-q)/2 \quad (3.2)$$

4. 地方主导环境治理的制度"瓶颈"

由式(3.1)和式(3.2)可得,环境污染与地方经济效益的函数关系为 $QL=f(U_{LG}^{L})$。

地方主导环境治理在经济社会发展初期取得了一定的效果。在经济建设

起步阶段，建议通过立法充分调动地方的发展积极性。将环境治理主导权交由地方的治理模式对经济高速发展所引发的重污染问题起到了一定的遏制作用，但制度"瓶颈"也随之而来。经济发展改善了人民群众的生活质量，人民群众对环境质量也有了更高的要求，地方环境规制力度开始加大。持续加压的环境规制手段令经济发展出现拐点。此时，地方主导的环境治理将面临"松则污染加重，紧则经济下行"的"瓶颈"。

（三）中央主导环境治理的逻辑推导与效用分析

1. 中央主导环境治理的决策逻辑

中央主导环境治理，是指一国最高权威集团通过使用环境政策工具（如法律、政策和会议精神等），建立特定工作机制，参与地方环境治理，以实现制约、协调、平衡各相关主体环境利益与其他利益的矛盾和冲突。

在中央主导环境治理模式（Center，C）下，省以下垂改、中央环保督察等中央监督工具的使用丰富了中央主导环境治理的手段。此时地方政府依然拥有自我决策、自我监管的权力，但这种权力的运用是在中央监督机制之下进行的。由于地方政府相对于中央监督机构有信息优势，中央监督机构并不能必然发现地方决策通过的环境污染型项目。从实际工作来看，中央监督机构的信息来源主要包括六大环保督察局的监督监察工作（自我监察），还包括公众媒体的举报和反映。所以中央主导下的环境治理决策机制包括地方决策、中央督察和公众参与等常态化监察要素，其效果可视为与常态化合作治理机制一致，并与其共同组成双重监督机制。这既降低了地方审批通过环境污染型项目的概率，又符合国家简政放权的要求，避免了不必要的行政审批流程。此种模式的运行分为四个阶段：(1)判断地方政府是否引进项目。若地方政府成功引进项目（概率为 e），则进入下一阶段；若未能成功引进项目（概率为 1 - e），则进入最后阶段。(2)判断项目是否在中央监督机构的监督下被地方政府决策通过。若项目被通过（概率为 1 - q），则进入下一阶段；若未能通过（概率为 q），则进入最后阶段。(3)判断被通过的项目是否会被常态化合作治理机制制止。无论是项目被制止（概率为 q），还是没有被制止（概率为 1 - q），都会进入最后阶段。(4)基于各主体的不同表现，分别对地方政府和中央监督机构予

以制度回馈 R_1 到 R_8,如图 3.4 所示。

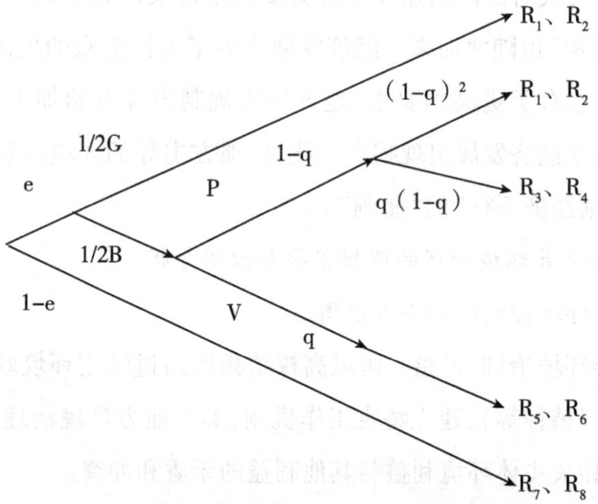

图 3.4 中央主导环境治理的决策逻辑

2. 中央主导环境治理的地方经济效益

对于地方政府来说,在目前中国环境污染严重的形势下,中央应制定严格的环保制度,对通过环境污染型项目所取得的成绩不予认可($R_3=0$),促使地方政府否决环境污染型项目。相对于地方主导环境治理模式,在中央主导环境治理模式下,中央已经向地方派出监督机构,协助地方工作,分担了地方政府的部分工作压力。此时,若地方政府没有引进项目,则中央对地方的回馈也会降到最低,即 $R_7=0$。根据契约理论中的激励相容原理,地方政府否决环境污染型项目所取得的回馈大于地方政府通过环境污染型项目的回馈,即 $qR_5\geqslant(1-q)^2R_1$。

对于中央监督机构来说,其存在的意义在于监管地方政府否决环境污染型项目。为了激励中央监督机构对地方政府的监管,要尽可能地减少没有查出地方建设环境污染型项目时对中央监督机构的制度回馈,故 $R_2=0$。若中央间接发现环境污染型项目没有在第二阶段被否决,则说明中央监督机构工作失职,故 $R_4=0$。若地方政府没有引进项目,则中央监督机构并未作出实际工作,不必对其进行制度回馈,故 $R_8=0$。同时,由于否决环境污染型项目的决定是地方在中央监督机构的监管下作出的,包含了中央监督机构和地方政府共同的努力，故 $R_6=R_5$。

在中央主导环境治理模式下，地方的效用函数为 $U_{LG}^{C}=e[R_1/2+(qR_5)/2]+(1-e)R_7-e^2/2$。当地方政府的效用最大化时，得 $e^C=(R_1+qR_5)/2$。中央的效用函数为 $U_{CG}^{C}=[e(1-R_1-R_2-qR_5-qR_6)]/2-(1-e)(R_7+R_8)$，把 e^C 代入得到 $U_{CG}^{C}=[(R_1+qR_5)(1-R_1-2qR_5)]/4$。s. t. $qR_5\geqslant(1-q)^2R_1$，$e^C=(R_1+qR_5)/2\leqslant1$，$R_1\geqslant0$，$R_5=R_6\geqslant0$，$R_2=R_3=R_4=R_7=R_8=0$。激励约束为紧约束，即 $qR_5=(1-q)^2R_1$，若要使中央的效用最大，则 $R_1=1/[2+4(1-q)^2]$，$R_5=(1-q)^2/[2q+4q(1-q)^2]$。地方效用为

$$U_{LG}^{C}=1/128\{1+1/[2(1-q)^2+1]\}^2 \tag{3.3}$$

3. 中央主导环境治理的环境污染

在中央主导环境治理模式下，实施环境友好型项目的污染为 T_1，实施环境污染型项目未被中央监督机构发现也未被常态化合作治理机制制止时的污染为 T_2，实施环境污染型项目未被中央监督机构发现但被常态化合作治理机制制止时的污染为 T_3，环境污染型项目在中央监督机构的监管下被地方否决时的污染为 T_4，如图 3.5 所示。

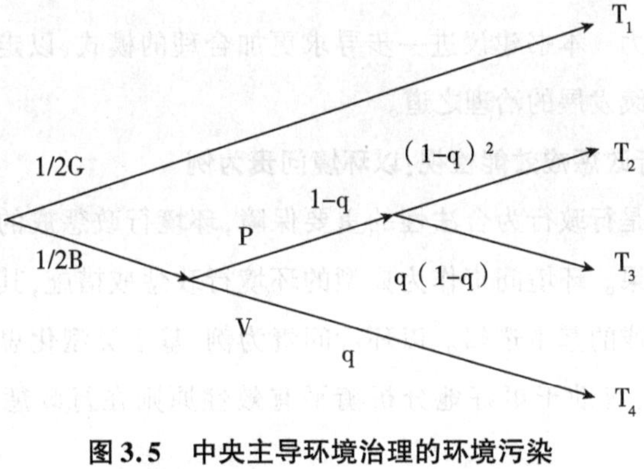

图 3.5　中央主导环境治理的环境污染

如上文所述，不同情况下的环境污染 T_1、T_2、T_3 和 T_4 之间存在的关系如下：$T_1=T_4=0$，$T_3=1$，$T_2=kT_3(k>1)$。为了更加直观地认识环境污染以及环境污染与地方经济效益之间的关系，此处假设 $k=2$，即 $T_2=2$。此时，环境污染量为

$$Q_C = T_1/2 + 1/2[(1-q)^2T_2 + q(1-q)T_3 + (1-q)T_4]$$
$$= (q^2 - 3q + 2)/2 \quad (3.4)$$

4. 中央主导环境治理的制度“瓶颈”

由式(3.3)和式(3.4)可得,环境污染与地方经济效益的函数关系为 $QC = f(U_{CG}^L)$。

拥有绝对权威的中央主导环境治理能够更好地配置地方资源,在较短时间内减少环境污染,优化地方经济结构,使其向着更加合理的方向发展,同时避免经济发展与环境治理之间的冲突,尽可能地实现减少经济发展与环境治理之间矛盾的效果。然而,中央主导环境治理模式的制度“瓶颈”也是客观存在的,如个别地区业已出现的经济发展放缓和下行压力大等现实情况,在环境污染状况好转的同时,中央主导的环境治理合力的力度是有限的。这一“瓶颈”是中央主导环境治理模式的固有缺陷造成的:一是中央环境政策工具受困于规模有限性;二是中央环境政策工具受困于宏观指导性;三是中央环境政策工具受困于自我权威性。

为此,在保持环境质量不断改善的前提下,中央的监管并不是地方经济可持续发展的主要影响因素,发挥地方自身建设经济的积极性才是地方经济增长的根本驱动力。本书建议进一步寻求更加合理的模式,以走向经济社会绿色发展和可持续发展的治理之道。

四、环境行政惩戒效能检视:以环境问责为例

行政惩戒是行政行为合法性的重要保障,环境行政惩戒的效能直接影响环境执法的效果。环境问责作为典型的环境行政惩戒措施,其运行模式代表了环境行政惩戒的基本逻辑。以环境问责为例,基于类型化思维检视环境行政惩戒的效能,有助于更好地分析衡平有效性原则在行政惩戒领域的适用困境。

(一)环境问责的逻辑结构

环境问责的出发点在于环境义务,落脚点在于环境责任。从这个层面来看,环境问责将环境义务与环境责任纳入了一个逻辑联系之中,是从环境义务到环境责任的顺承连接点。

首先,环境义务是环境问责的基础。《环境保护法》第6条第1款规定:“一切单位和个人都有保护环境的义务。”基于这个条文的表达,我们可以认为环境义务主要分为三个层次:第一个层次是宏观上环境保护的政府义务、社会义务和公民义务,在这个层次上,政府环境义务的内容应当是国家基于“公共信托”,作为全体国民的委托人应管理好环境,不得滥用委托权或未经委托人同意处置环境公共财产,如果违反该义务或由此造成侵害,则应承担责任。[①]第二个层次是中观上政府自身作为承担环境保护义务的主体,可以分为政府集体义务(组织义务)和个人义务(公职人员义务),具体到问责制度的设计上,组织和个人也已经成为问责的两大对象,例如,《中国共产党问责条例》第5条规定:“问责对象是党组织、党的领导干部,重点是党委(党组)、党的工作机关及其领导成员,纪委、纪委派驻(派出)机构及其领导成员”。第三个层次是微观上政府公职人员履职期间的环境保护义务。就本书所论述的环境问责的逻辑基础而言,政府环境义务的承担主体应指行使公权力的国家公职人员。由此出发,本书所研究的环境义务是以“保护和改善生活环境和生态环境,防治污染和其他公害”为目的,要求国家公职人员作为或不作为,并有效预防生态环境损害后果发生的狭义环境义务。

其次,环境责任是环境问责的目的。所谓环境责任,即未尽应尽的环境保护职责所应承担的后果,也有学者将其称为违反“第一性义务”(环境义务)导致的“第二性义务”。[②] 本书所指环境责任并不仅仅是在“环境立法中”[③]明确体现的纯粹法律责任,还应当包括政治责任、行政责任、道德责任、目标责任、制度执行责任[④]等多方面、多维度的责任设计。只有这样才能真正实现对公职

---

① 此为美国萨克斯教授根据环境保护需求提出的观点。参见蔡守秋:《从环境权到国家环境保护义务和环境公益诉讼》,载《现代法学》2013年第6期。

② 李艳芳、王春磊:《环境法视野中的环境义务研究述评》,载《中国人民大学学报》2015年第4期。

③ 张建伟:《完善政府环境责任的若干思考》,载《河北法学》2008年第3期。

④ 参见马志娟、韦小泉:《生态文明背景下政府环境责任审计与问责路径研究》,载《审计研究》2014年第6期。

人员环境行为的全方位控制，才能做到环境治理与环境公共服务相统一。①

最后，环境问责是环境义务与环境责任的纽带。② 在我国，环境问责的发展有赖于政府环境意识的觉醒，是中国特色社会主义生态文明建设与法治建设共同作用的结果。本书提出，环境问责是在现行制度框架内对环境公权力的监控，通过向公众解释并使其接受解释，以回应公众对美好环境的期许，保障环境治理的有序推进。③

(二)环境问责的问题检视

所谓环境问责，是指以公职人员行使公权力时所担负的环境义务为基础，将公职人员掌握的环境管理权力、地位或公职身份（核心是环境义务）与应承担的法律责任对接。不可否认，随着《中国共产党问责条例》《中国共产党纪律处分条例》《党政领导干部生态环境损害责任追究办法（试行）》的制定和大量环境立法的出台，环境问责制度的“四梁八柱”已经基本建立起来。从2015～2018年的第一轮中央环保督察和前两个批次的“环保督察回头看”的问责情况来看，共问责近2.4万人次，为环保“督政”所设计的“党政同责、一岗双责、终身追责、权责一致”的制度建构取得了实效。也不必讳言，在以结果为导向的情况下，对环境问责的质疑声确实客观存在，在第二轮生态环保督察即将全面展开之际，为确保这项制度法治化、科学化地可持续开展下去，有必要对既有的实践与理论问题进行深入研究与回应。

1. 客观存在的现实问题

首先，在公众眼中，“正职警告、副职处分、小兵顶罪”的现象常被舆情误解或诟病，为此，应当向民众解释干部受到不同程度处分的正当性原因。其次，在调研中，基层环保干部反映，自中央和各级环保督察开展以来，有些人已经被问责了两三次以致已不在乎再多来几次，有些干部几乎整天都在环保第一

---

① 参见阳东辰：《公共性控制：政府环境责任的省察与实现路径》，载《现代法学》2011年第2期。

② 参见范俊荣：《浅析我国的环境问责制》，载《环境科学与技术》2009年第6期。

③ 正如有学者所提出的“权力拥有者应当对公众具有解释和辩护其行动的责任，若其行动及解释没有达到公众的预期，那么权力拥有者则要受到相应的惩罚”。参见胡春艳：《公务员问责制度研究》，经济管理出版社2016年版，第27页。

线付出巨大努力,但也难逃被问责;地方主要领导主政一方,除环保外亦是诸事繁忙,稍有疏忽则"责从天降"。① 因此,有必要引导各级干部正确理解环境问责的依据和目的。最后,社会对整个环境问责过程的认知,虽然以行政过程为起点,但其关注点最终落在行政结果上。同时,制度设计本身还应当思考行政问责如何能够更有效率、更有效果地监督公共部门履行职责,并能够及时地纠正公共部门的错误,以提高其工作成效。为此,环保实务界传出了建立所谓"尽职免责"的呼声。事实上,国家生态环境主管部门多年前已经讨论过此问题,但最终并未具体实施。主要的现实原因在于对国家公职人员的环境问责在自2018年起才全面展开,其制度效果有目共睹,而"尽职免责"本身存在局限性和绝对性,此时建立所谓尽职免责制度既有回避政治责任的隐忧并造成社会舆情波动,又易造成个别怠于履行职责之人逃脱处罚。

2. 相关理论研究的梳理

从现有研究的基础来看,学界对环境问责展开过较为广泛的对策研究,如有单从问责本身的政纪党纪追责属性辨析展开研究;②有提出行政首长问责或环境保护党政同责等内容的问责对象范围扩大化的问题研究;③有论证完善环境保护地方问责主体和府际协同问责的研究;④⑤有主张环境保护公众参与和加强外部监督力量等异体监督问题的研究;⑥⑦有完善和加强环境绩效考核等

① "一些同志常年奋斗在一线执法岗位上,废寝忘食,夜以继日,为我国环保事业付出了无数的心血,到头来却被追究责任,胸中充满了无奈和委屈。于是有的地方没有人愿意担任环保局长,一些人想方设法调离环保系统。"河北马倍战律师事务所编著:《环保部门如何尽职免责》,中国环境出版社2014年版,第1页。

② 参见徐国利:《论行政问责的责任与归责原则》,载《上海行政学院学报》2017年第1期。

③ 参见常纪文:《党政同责、一岗双责、失职追责:环境保护的重大体制、制度和机制创新——〈党政领导干部生态环境损害责任追究办法(试行)〉之解读》,载《环境保护》2015年第21期。

④ 参见孙法柏、李亚楠:《地方政府环境行政问责:功能与制度》,载《唯实》2015年第9期。

⑤ 参见孟卫东、徐芳芳、司林波:《京津冀生态环境损害协同问责机制研究》,载《行政管理改革》2017年第2期。

⑥ 参见范海玉:《论我国政府环境信息公开问责制度——基于公众参与外部问责模式的视角》,载《法学杂志》2013年第10期。

⑦ 参见张建伟:《论政府环境责任问责机制的健全——加强社会公众问责》,载《河海大学学报(哲学社会科学版)》2008年第1期。

具体问责技术方面的研究;[①]也有建立健全环境问责程序机制和问责结果方面的研究。[②][③] 这些研究成果丰富和完善了环境问责的制度构架,也有许多成果已经在中央政策和国家立法中得到体现。

但关于环境问责"尽职免责"议题的学术研究成果乏善可陈。单纯研究"尽职免责"的成果一般集中于安全生产领域,且往往停留于表面制度设计和正当性论证,缺乏深入的理论基础研究。从逻辑上讲,在作为原因的事实表达之"尽职",与作为结果的法律责任表达之"免责"之间,难以建立起应然的因果联系。本书认为,对责任原因进行追问的最佳选择是对归责原则的准确界定。

3. 环境问责的研究接续与归责原则的提出

根据上文的分析,本书立足于解答环境问责中"凭什么担责"这一问题,提出引入归责原则这一制度解决方案:通过对不同问责对象的归责基础进行类型化界分,准确指出相对应的归责原则,以达到回应社会关切、缓释矛盾、完善制度设计之目的。

需要说明的是,本书提出的环境问责归责原则,其制度原型是民事法律规范中对侵害民事权益行为救济时的课责指引制度,其解决的核心正是"凭什么担责"这一"责任基础"问题。在归责原则原生的民事侵权制度和本书提出的环境问责所在的行政法之间,确实存在不同部门法的间隔,但本书并不认为其价值旨趣及法理基础没有共通之处。如果过于强调部门法的独立性而忽视法律制度的体系性,不仅很容易造成其封闭的部门法意识,而且往往会带来部门法的视角狭隘化、理论体系封闭化和方法程式化等不良后果。[④] 所以,我们应当摒弃部门法间的隔阂,充分借鉴并内化其他部门法中可供参考的制度设计。

---

① 参见蒋洪强、王金南、程曦:《建立完善生态环境绩效评价考核与问责制度》,载《环境保护科学》2015 年第 5 期。

② 参见叶彩虹、吴学兵:《生态文明制度视阈中的政府生态问责制探析》,载《长春理工大学学报(社会科学版)》2014 年第 10 期。

③ 参见林潇潇:《论生态环境损害治理的法律制度选择》,载《当代法学》2019 年第 3 期。

④ 参见柯坚:《当代环境问题的法律回应——从部门性反应、部门化应对到跨部门协同的演进》,载《中国地质大学学报(社会科学版)》2011 年第 5 期。

(三)类型化视角下的环境问责归责基础选择

1. 按身份进行归责及其缺憾

从规范角度来看,在当前设置的一系列环境问责规范性文件中,并未明确提出"身份归责"这一表述。然而在多部规范性文件中,却隐含了问责身份的存在。例如,《党政领导干部生态环境损害责任追究办法(试行)》第5~7条分别规定了追究相关地方党委和政府主要领导成员、有关领导成员和政府有关工作部门领导成员责任的情形。笔者进一步整理了《中国共产党问责条例》等多部环境问责核心规定中问责对象的关键词,发现现行问责规范性文件的确多以身份定责,而这种身份的表达方式亦是多种多样,见表3.1。

表3.1　问责对象在规范性文件中的文本表达

问责规范性文件	问责对象的文本表达
《中国共产党问责条例》	领导班子主要负责人,班子成员,参与决策和工作的班子成员;主要领导责任,重要领导责任
《关于实行党风廉政建设责任制的规定》	领导班子主要负责人,第一责任人,领导班子其他成员,主要领导责任
《关于实行党政领导干部问责的暂行规定》	党政领导干部
《推进领导干部能上能下规定》	党委(党组)书记,第一责任人
《党政领导干部生态环境损害责任追究办法(试行)》	党委和政府主要领导成员,其他有关领导成员,相关部门领导成员
《中国共产党纪律处分条例》	直接责任,主要领导责任,重要领导责任

从问责实践的角度来看,通过梳理众多环保督察实例,不难发现现实中环境问责类型确依身份而划分,当然在某种意义上也可以说是依此种身份带来的职责义务。此种划分实际上也是与《中国共产党问责条例》中所坚持的党的问责工作原则——"分级负责、层层落实"——相契合的,这可以有效地促进各层级责任的落实,尤其是针对领导进行问责,可以有效发挥示范引领作用,推动"以下效上"。但是,这也带来了一个弊端,就是依据身份定责实际上仍然是

坚持了身份社会固有的价值偏狭,仅认为处罚的官员越多越好、职务越大越好,至于为什么被问责,很难说清楚。从各省市反馈的督察信息来看,存在通过发布处理干部的级别与人数以彰显整改的“成绩”之情形。

2. 依事实进行归责及其困境

根据环境问责所依据事实的不同,可以将环境问责的归责基础分为“行为事实”与“结果事实”,或者“过程问责”①与“结果问责”。在此基础上,行为问责又可以细化为“法律明确规定的行为和官员享有自由裁量空间的行为”,结果问责可以分为“直接结果问责”与“间接结果问责”。该问责模式既强调了行为与结果的两分法,又提出了行为与结果之间的内在联系;既可以加强对不同身份公职人员行使权力的过程控制,又保障了既定行政目的的实现。例如,《党政领导干部生态环境损害责任追究办法(试行)》规定了应当问责的若干情形,见表3.2。

表3.2 《党政领导干部生态环境损害责任追究办法(试行)》问责情形

条文规范		归责事实	属性
第5条第1款	第1项	贯彻落实中央决策部署不力	行为+结果
		生态环境恶化	结果
	第2项	决策违法	行为
	第3项	盲目决策	行为+结果
	第4项	决策严重违反规划	行为
	第5项	主要领导成员不担当、不作为	行为+结果
	第6项	发生严重环境污染和生态破坏事件	结果
		对严重环境事件处置不力	行为
	第7项	裁决和督察整改执行不力	行为+结果

① 王晓萍、李景春:《政府部门责任的动态维度与过程问责制研究》,载《工会论坛(山东省工会管理干部学院学报)》2013年第5期。

续表

条文规范		归责事实	属性
第6条第1款	第1项	指使、授意或者放任管理部门	行为
	第2项	监管失察、制止不力、包庇纵容	行为
	第3项	未正确履行职责,导致污染企业应查未查或应关未关	行为/结果
	第4项	环境污染事件组织查处不力	行为
第7条第1款	第1项	制定的规定或者采取的措施违法	行为
	第2项	规划、项目审批违法	行为
	第3项	执行法律政策不力,不按规定执法检查或敷衍塞责	行为
	第4项	不按规定查处问题	行为
	第5项	不按规定报告、通报或公开信息	行为
	第6项	不按规定移送线索	行为
第8条第1款	第1项	限制、干扰、阻碍执法	行为
	第2项	干预、插手环境司法案件	行为
	第3项	干预、插手建设项目	行为/结果
	第4项	指使篡改、伪造生态监测数据	行为

表3.2中有以下要点值得关注:首先,从标准认定角度来看,何为结果?何为行为?从目前文本的表达来看确实是很难界定的。例如,"不力""失当""失职""疏于""不及时""未正确履行……""不按照……规定"①等文字表达,往往既可以认为是行为的表现,也可以认为是结果的构成,甚至可以认为是行为与结果的组合。其次,从解释现有制度角度来看,许多规定并非单纯的行为归责或结果归责,例如,在对"违反主体功能区定位或者突破资源环境生态红线、城镇开发边界,不顾资源环境承载能力盲目决策造成严重后果"进行条文设计时,就包括既对决策行为提出要求,也对严重后果提出要求。因此,单纯设计结果归责抑或行为归责并不能解释当下的制度安排。再次,从制度预期效果来看,在表达这些问责情形时,尽管直观地表达了"结果导向"或"行为导向"的

① 林鸿潮:《公共危机管理问责制中的归责原则》,载《中国法学》2014年第4期。

归责思路,但此种分类缺乏明确标准和范围,毕竟众多环境损害的行为和结果纵然穷尽书牍也无法一一具体列出,难免出现挂一漏万的情况。最后,从结果和行为归责的结果来看,并不能区分孰重孰轻。这是因为尽管结果问责往往不问主观过错处罚看似很重,但行为归责亦不问结果是否发生处罚同样不轻,这两种归责基础对于问责对象而言都是十分严苛的,依靠此二者确定相应的归责原则存在难度,直接将此二者作为归责原则更是难以区分责任轻重与大小。

五、环境行政区域协作治理效能检视:以京津冀散乱污企业联防联治为例

在区域环境治理的过程中,各个区域的联动协作有助于环境执法效能的提升,然而,由于环境这一公共物品所具有的外部效应,地方政府在协作处理环境污染问题时往往会陷入自身"私益"与区域"公益"之间的矛盾,导致"集体行动困境"与"公地悲剧"的出现。为了化解这一矛盾,本书运用法经济学和运筹学的方法,以京津冀地区为例,对该地区存在的 3 种不同需求类型城市在环境污染治理中的利益博弈过程进行模型化分析。同时,基于激励相容原理,通过对模型中不同需求的城市分别实施正向的经济激励或反向的政策约束,最终实现地方政府利益的平衡以及区域整体效益的最大化,并由此构建出一套用于解决当前京津冀散乱污企业治理问题的府际协作制度。

(一)京津冀散乱污企业联防联治的溯源

京津冀地区的府际协作制度建设最早可追溯至 20 世纪 80 年代提出的"首都经济圈"的概念;而后经过一系列变迁,京津冀协同发展战略在 2014 年上升到国家层面。加之自然、经济、文化等区位因素的共同作用,使得京津冀地区的地方政府之间存在资源共享和风险共担的必要性。①

京津冀地区散乱污企业主要涉及家具建材、塑料加工、橡胶制品、煤炭加工、有色金属熔炼、化工、涂料等数十个行业。由于历史原因,这些行业中的众多企业当前仍存在使用产能落后、排放不达标的工业炉窑的现象,导致其生产过程中排放出大量粉尘、二氧化硫、氮氧化物以及挥发性有机物(VOCs)等污染

---

① 参见崔晶:《生态治理中的地方政府协作:自京津冀都市圈观察》,载《改革》2013 年第 9 期。

物质。京津冀地区及周边的“2+26”城市所占国土面积不及3%，但$PM_{2.5}$、SO_2、NO_x和VOCs等的排放量分别占全国总量的15%、10%、10%和8%，排放强度是全国平均水平的2~5倍，空气污染问题突出。

由此，京津冀三地任何一方出现诸如环境污染、资源开发等公共问题，都会对区域内的其他各方产生影响，进而需要各方协商合作，共同解决。我国行政体系中长期存在纵向的“行政命令”传统，行政管理事务自上而下层层分包，中央政府、中间政府和基层政府分别充当着命令人、管理人、承包人的角色。[①]在这种纵向的行政体制下，地方政府更倾向于保护本地的经济利益，而非上一级行政区域整体的经济利益，导致非合作博弈局面的出现。最终走向公共设施投入上的“集体行动困境”与公共资源开发上的“公地悲剧”。[②]

为此，亟须将各地方政府之间的关系转变为合作博弈模式，建立健全信息共享、责任划分、分配与再分配等机制，将各地方政府统一于区域整体利益，形成一套完善的区域综合协作治理体系。同时，上级政府应转变过去大包大办的传统，转为引导者，促进下级政府间协作治理机制的形成，并强化信任机制，确保下级政府能够自觉地把上级政府的政策意图贯彻实施，形成协同合作的增效作用。综上所述，在一定区域内的各地方政府，基于经济发展、资源需求、环境保护等现实因素，可以通过共同讨论商议达成区域协定，形成完善的合作机制，以平衡各地方利益，实现区域整体利益最大化。本书将从法经济学的视角切入，采用运筹学的方法构建府际协作的博弈模型，研究在府际协作治理散乱污企业的过程中区域内各地政府间存在的协作问题。同时，借助激励相容理论，进行制度构建，以寻求问题的解决。

(二)京津冀协作治理散乱污企业的效用分析

在区域府际协作领域中，始终面临着区域的“公益”与区域内具体城市“私益”间的矛盾：在公共物品投入方面的“集体行动的困境”使得各地政府往往并

---

① 参见毛科、秦鹏：《环境管理大部制改革的难点、策略设计与路径选择》，载《中国行政管理》2017年第3期。

② 参见秦鹏、唐道鸿、田亦尧：《环境治理公众参与的主体困境与制度回应》，载《重庆大学学报(社会科学版)》2016年第4期。

不愿意扮演投入者的角色,而希望单方面地从区域增加的“公益”中获利;在公共物品消耗方面的“公地悲剧”,各地政府基于自身的“私益”考量而无节制地消耗公共资源,以防其他地区从“公益”中获得的利益超过自身,最终导致资源枯竭。正是这些矛盾的存在,使得区域协作过程中的政策实施因城市各自发展目标不同而被悬置。如何化解这些矛盾,避免其带来的负面后果,是环境治理方面的府际协作所面临的重要问题。

1. 激励相容理论下对府际协作博弈的法经济学分析框架

在府际协作中,区域内各政府间也存在相互博弈的关系,这种博弈既包括地方政府间各自“私益”的博弈,也包括区域“公益”同地方政府“私益”间的博弈。由于府际协作的内生逻辑,即实现区域整体利益的最大化,必须限制地方政府间的“私益”博弈,引导区域“公益”与地方政府“私益”间的博弈。为了实现这一目的,一方面需要结合“激励相容”的理论,形成完善的区域协作制度,平衡地区利益,规制不良的“私益”博弈,实现地区间的良性互动;①另一方面需要出台相应的政策措施,调整地方的经济发展方向,使其与区域整体利益相吻合,最终实现区域整体与地方利益的“帕累托最优”。②

在分析散乱污企业协作治理的效用之前,首先依托京津冀地区的实际经济数据构建一个理想化的分析模型,通过对具体数据的解读,明确模型中的分析对象、分析路径以及制度运行逻辑,为下一步工作奠定基础。

(1)效用分析的对象

京津冀三地相比,北京无论是在经济体量、经济结构上还是在人均收入上,都占据绝对优势;天津虽然在产业结构上与河北类似,不够合理,但人均收入在全国已经达到了一个较高的水平;相比之下,河北处于最为落后的位置,尽管庞大的人口基数使其拥有较高的经济总量,但人均 GDP 与全国平均水平相比不足 70%,产业结构也不够合理,第二产业占比最高。

---

① 参见田亦尧、郑溯源:《环境合作治理中主导组织的制度建构及经济分析》,载《财经问题研究》2019 年第 5 期。

② 参见郭渐强、杨露:《ICA 框架下跨域环境政策执行的合作困境与消解——以长江流域生态补偿政策为例》,载《青海社会科学》2019 年第 4 期。

三地各异的经济状况导致其在治理散乱污企业之时存在不同的利益取舍。北京由于自身产业结构的优势，散乱污企业较少，又有雄厚的财力作为支持，有能力对环境提出更高的要求。而河北无论是在经济实力上还是在产业结构上，都与北京有较大差距，当前经济与环境间矛盾的根源在于其低水平的发展，因此只有其经济得到长久的发展才能从根本上解决散乱污问题。天津的状况介于北京与河北之间。相较于河北，天津已经处于较高的经济水平，对美好环境的需求日益迫切；相较于北京，天津的产业结构还未发生根本性的变化，存在经济"转型升级"的压力，属于从河北到北京的发展过渡形态。

综上所述，将京津冀不同城市按其发展需求分为 3 个类型，即环境需求型、经济需求型以及综合需求型。此处需求类型并非特指某一固定的城市，而是根据不同城市的经济发展和生态文明建设所处的不同阶段及其不同的需求作出的划分；换言之，同一城市也会因时空有异而需求不同。

(2)效用分析的路径

①正向经济激励型制度下的府际协作路径

在同一区域内，欠发达地区出现散乱污企业时，由于其经济地位的劣势，该政府往往会将发展经济作为其决策的导向，放任散乱污企业的存在以求得本地的发展。但在环境污染的溢出效应下，处于同一区域的较发达地区不得不面对欠发达地区所带来的共同污染后果。较发达地区的政府，往往也不会主动治理这一污染，最终导致散乱污问题不断恶化。然而，若使欠发达地区与较发达地区承担相同的环境治理责任，则意味着其要付出巨大的经济代价，这不利于区域经济的可持续发展。为了解决这一问题，我们需要对欠发达地区进行适当的经济激励，通过转移支付(transfer payment)的手段使其所承担的部分损失得到补偿。对于较发达地区而言，其也是从欠发达地区的矛盾现状走过来的，两地之间不过是一者污染在先另一者污染在后的关系。较发达地区对区域的环境污染问题也存在历史责任，因此，较发达地区的政府应成为该转移支付的发出者。

在京津冀中，经济需求型的城市便扮演着上述不发达地区的角色，为了保障其能够坚定地进行散乱污企业治理，必须对其予以正向的经济激励措施，由经济发达地区对其进行横向转移支付。

②反向政策约束型制度下的府际协作路径

同样,由于经济发达的乙地已经跨越了发展的转型期,对它而言经济与环境的矛盾发生了变化,其对环境的需求居于首位,经济发展次之。但这并不意味着乙地应一切以环境保护为准,而是应基于过往的发展阶段中所累积的经济优势,愿意并且能够为了提升生态环境质量而适当地付出一定的经济发展代价。这一代价,一方面表现为乙地向甲地作出的横向转移支付,另一方面表现为乙地所应承担的约束性政策。乙地应在上级政府的牵头下,与其他地区共同商议,制定相关产业政策措施,引导本地区产业发展,同时积极推动本地区实施更高的行业准则与审核流程,进而从源头筛除一批需要淘汰的重污染企业。

在京津冀中,环境需求型的城市,即上述的经济发达地区,对其应实施反向的政策约束措施,在其他城市的共同参与下,制定更为严格的产业政策,引导地区产业向着更好的方向发展。

(3)区域散乱污企业协作治理的制度运行逻辑

①散乱污企业协作治理制度中存在的共同逻辑

假设在同一区域内,存在相邻的 A、B 两地共同面临散乱污企业的治理问题。A 地为经济需求型城市,B 地为环境需求型城市,两地企业的经济效益分别为 E_A、E_B($E_A \geqslant 0, E_B \geqslant 0$),且满足 $E_B = 2E_A$ 的关系。因环境问题外部效应的存在,任何一地散乱污企业所产生的污染都会对两地生态环境造成共同的损害。在府际协作下,两地为了整体的环境利益,共同对散乱污企业进行排查,发现散乱污企业的概率为 $e(0 \leqslant e \leqslant 1)$,为此所付出的成本为 $e^2/2$。在处理散乱污企业时,根据具体情况存在两种方案:关停(Shut Down,S)或整改(Rectify or Reform,R),即对处于淘汰产业且设备老旧、整改困难的重污染企业予以取缔关停,对符合产业发展、污染不严重的“散”“乱”企业要求限期整改。这两类企业在散乱污企业中存在的自然比值为 1:1。

就被关停的散乱污企业而言,其本质上是建立在环境污染基础上的黑色经济,在扣除相应的环境治理成本之后,实际收益微乎其微,部分产业甚至为负。因此,在散乱污企业被关停后,其原本的经济收益虽已经不复存在,但就区域整体而言,为治理散乱污企业造成的环境污染所支出的费用也相对减少,隐性地增加了区域整体的经济效益,增加值与散乱污企业的原本经济效益相同。对于被整改的散乱污企业来说,其污染往往是可防、可控的,经过整改后的散乱污企业由于采用了更为环保的技术手段,其产品或服务中所包含的“生态附加值”得到提升,进而能够实现其经济效益的增长。

散乱污企业府际协作治理制度逻辑如图3.6所示。

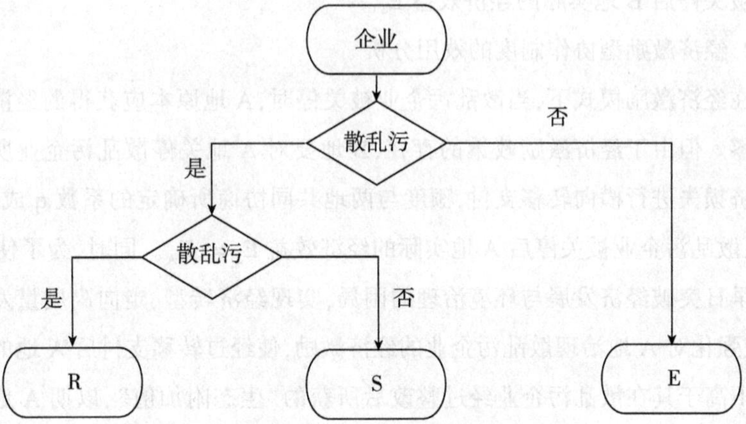

图3.6　散乱污企业府际协作治理制度逻辑

第一,随机对A地企业进行抽查,判断其是否属于散乱污企业。若为散乱污企业(概率为e),则进入下一阶段;反之(概率为1 - e),输出结果E。

第二,判断被查出的散乱污企业是否能够进行整改。若该企业能够进行整改,则输出结果R;反之,输出结果S。

②两种路径下散乱污企业协作治理制度各自的运行逻辑

对于采用经济激励型协作制度的A地而言,其输出的E为A地原本的经济效益E_A。由于两类企业在散乱污企业中存在的自然比值为1∶1,在查出散乱污企业后,该企业需要关停或整改的概率均为1/2,即输出R与S的概率均为1/2,其中R为散乱污企业被整改后A地实际的经济效益E_1,且存在关系$E_1 > E_A$,S为散乱污企业被关停后A地实际的经济效益E_2。同时,由于转移支付的存在,B地要对A地关停散乱污企业所遭受的损失予以一定比例的补偿,记这一比例为转移支付系数 $q(0<q<1)$。

对于采用政策约束型协作制度的 B 地而言，其输出的 E 为 B 地原本的经济效益 E_B。由于约束措施的存在，使 B 地散乱污企业中应关停企业与应整改企业的自然比例受到影响，散乱污企业中应整改的企业所占比例增大，记该比例系数为 $p(1/2<p<1)$，则在查出散乱污企业后，该企业应整改的概率为 p，应关停的概率为 $1-p$，即输出 R 的概率为 p，输出 S 的概率为 $1-p$，其中，R 为散乱污企业被整改后 B 地实际的经济效益 E_3，且存在关系 $E_3>E_B$；S 为散乱污企业被关停后 B 地实际的经济效益 E_4。

2. 经济激励型协作制度的效用分析

在经济激励模式下，当散乱污企业被关停时，A 地原本应获得的经济效益变为零。但由于经济激励政策的存在，B 地要对 A 地关停散乱污企业所承担的经济损失进行横向转移支付，额度与两地共同协商所确定的系数 q 成正比。因此，散乱污企业被关停后 A 地实际的经济效益 $E_2=qE_A$。同时，为了使 A 地能够早日突破经济发展与环境治理的困局，实现经济转型，走向高质量发展道路，应强化对 A 地治理散乱污企业的经济激励，使经过转移支付后 A 地的经济损失不高于其在散乱污企业经过整改后所获的“生态附加值”，以期 A 地能更严格地查处散乱污企业，即存在 $E_A-qE_A\leqslant E_1-E_A$。

在经济导向型府际协作模式下，A、B 两地整体的经济效用函数为

$$U_{AB}^1=(1-e)E_A+eqE_A/2+eE_1/2-e^2/2+E_B-eqE_A/2+eE_A/2 \quad (3.5)$$

其中，A 地的经济效用为 $U_{A1}=(1-e)E_A+eqE_A/2+eE_1/2-e^2/2$；B 地的经济效用为 $U_{B1}=E_B-eqE_A/2$；关停散乱污企业后，因环境治理成本降低而取得的区域共同生态效益为 $eE_A/2$。

在府际协作下，A、B 两地的共同目标是追求区域整体的利益最大化，即 U_{AB}^1 取得最大值，此时 $e=(E_1-E_A)/2$。把 $e=(E_1-E_A)/2$ 代入 A 地经济效用函数得到

$$U_A^1=[1-(E_1-E_A)/2]E_A+qE_A(E_1-E_A)/4+ E_1(E_1-E_A)/4-(E_1-E_A)^2/8 \quad (3.6)$$

同时，由于存在 A 地受补偿后的经济损失不高于其“生态补偿值”的激励

措施，即 $E_A - qE_A \leqslant E_1 - E_A$。为了平衡A、B两地利益，避免A地以此获得不当的经济补偿，应将这一激励措施限制为紧约束，使存在A地受补偿后的经济损失等于其“生态补偿值”，即 $E_A - qE_A = E_1 - E_A$，得到 $E_1 = (2-q)E_A$。把 $E_1 = (2-q)E_A$ 代入式(3.6)得到

$$U_A^1 = -(1-q)^2 E_A{}^2/8 + E_A \tag{3.7}$$

在区域整体的利益最大化的前提下，为了根本地解决环境污染问题，就应该加快A地的发展，使A地的经济效益实现最大化，即式(3.7)取得最大值，得到 $E_A = 4/(1-q)^2$，$E_1 = 4(2-q)/(1-q)^2$。此时，把e、E_A、E_1 代入式(3.5)得到A、B两地整体的经济效用函数为

$$U_{AB}^1 = 8/(1-q)^2 \quad (0 < q < 1) \tag{3.8}$$

对于京津冀地区协作治理散乱污企业而言，在府际协作建立之初，由于制度不完善、信息不通畅、补偿不充分，政府间往往处于较低水平的协作状态，各地区依然各自为政，不能有效地互联互通、共建共治，使得散乱污企业所造成的负外部效应无法得到有效减少，京津冀地区整体的经济效益不能得到明显提升，这是由事物发展的客观条件决定的，短时间内无法改变。在府际协作建立后，各地政府需要为框架的有效运行进行长时间磨合。在这一“困境期”，政府在治理散乱污企业的过程中将面临巨大的经济压力，进而迫使其进行经济的转型与协作方式的变革，以求拐点的早日到达。在渡过“困境期”到达拐点之后，京津冀地区的整体经济效益将进入“跨越式”发展的时期。此时，京津冀地区将进入高质量发展阶段。

3. 政策约束型协作制度的效用分析

在政策约束模式下，当散乱污企业被关停时，B地原本的经济效益 E_B 无法获得，最终实际获得的经济效益为零，即 $E_4 = 0$。但这一措施使区域整体的环境得到了改善，这是B地期望的结果。相较之下，部分的经济损失是可以接受的。同时，由于B地关停了散乱污企业，相应的区域整体的环境治理成本支出减少，经济效益获得隐形增加，增加值为 $(1-p)E_B$。此外，为了使B地能够贯彻产业转型的方针政策，加快B地淘汰低产能老旧企业的步伐，早日实现高质量发展，应加大对B地的政策约束力度，使得B地在散乱污企业经过整改后所

获的“生态附加值”不低于其关停散乱污企业后所获得的区域生态效益，即存在 $p(E_3 - E_B) \geq (1-p)E_B$。

在经济导向型府际协作模式下，A、B 两地整体的经济效用函数为

$$U_{AB}^2 = (1-e)E_B + epE_3 + e(1-p)E_4 - e^2/2 + E_A + e(1-p)E_B \quad (3.9)$$

其中，B 地的经济效用为 $U_B^2 = (1-e)E_B + epE_3 + e(1-p)E_4 - e^2/2$；A 地的经济效用为 E_A；关停散乱污企业后，因环境治理成本降低而取得的区域共同生态效益为 $e(1-p)E_B$。

在府际协作下，A、B 两地的共同目标是追求区域整体的利益最大化，即 U_{AB}^2 取得最大值，此时 $e = p(E_3 - E_B)$。把 $e = p(E_3 - E_B)$ 代入 B 地经济效用函数得

$$U_B^2 = [1 - p(E_3 - E_B)]E_B + (E_3 - E_B)p^2E_3 - p^2(E_3 - E_B)^2/2 \quad (3.10)$$

同时，由于存在 B 地在散乱污企业经过整改后所获得的“生态附加值”不低于其关停散乱污企业后所获得的区域生态效益的约束政策，即 $p(E_3 - E_B) \geq (1-p)E_B$。为了减小 B 地承担的政策压力，避免 B 地过于严格的环境政策导致地方经济增速放缓，应将这一约束措施限制为紧约束，使存在 B 地所获得的“生态附加值”等于关停散乱污企业后所获得的区域生态效益，即使 $p(E_3 - E_B) = (1-p)E_B$，得到 $E_3 = E_B/p$。把 $E_3 = E_B/p$ 代入式(3.10)得

$$U_B^2 = -(1-p)^2 {E_B}^2/2 + E_B \quad (3.11)$$

在区域整体的利益最大化的前提下，为了使 B 地早日走上高质量发展道路，应该追求 B 地的经济效用最大化，为其更好地执行产业转型政策提供基本的经济保障，即使式(3.11)取得最大值，得到 $E_B = 2/(1-p)^2$，$E_3 = 2/p(1-p)^2$。此时，把 e、E_B、E_3 代入式(3.9)得到 A、B 两地整体的经济效用函数为

$$U_{AB}^2 = 8/(1-p)^2 \quad (1/2 < p < 1) \quad (3.12)$$

在京津冀地区治理散乱污企业初期，由于缺乏政策的引导，地方产业结构不够合理，散乱污企业中的应予以关停的重污染企业比例较高，环境污染问题突出，导致区域整体经济效益处于低水平状态。随后，地方政府开始出台相关产业政策，通过制定更为严格的行政规章、行业规范和资质审查流程，迫使地方产业转型升级。这一转变过程由于政策实施的滞后性，往往需要市场经过

一定时间的消化才能取得实际效果,区域整体的经济效益依然得不到明显提升。地方经济发展跨过"转型期"拐点后,低污染、高收益的企业数量会明显增加,产业转型基本完成,区域整体的经济会实现长足发展,散乱污企业的污染问题会得到有效解决。

六、环境多元治理效能检视

启蒙运动以来,人民主权与社会契约重构了国家政治的权力来源,为现代民主政治提供了充足的理论基础,同样为环境资源归属提供了借鉴的依据,如公共信托理论、公共财产理论等。环境资源自此有了"共有物品"的"竞争又非排他"属性。① 即使如此,环境资源的共有物品属性仍然面临着历史和前瞻两个向度的风险:重演历史上因个别人的独占而损害多数人的利益,以及在将来面对公共物品时,因个人基于各自面临的"囚徒困境"而采取"理性自利"行动导致的"公地悲剧"。如何有效地避免诸如环境事务处置中的"搭便车"现象、应对潜在的理性风险值得深入研究。综上所述,本书建议从治理主体的角度重新审视环境治理中公众参与面临的困境,以期通过衡平有效性原则提高多元治理的效能。

(一)何为公众:环境治理参与主体的演进逻辑

1. 从一元到多元的参与者来源

国家一元论。早在古希腊的民主实践中,哲学家就对参与到公共事务中的平民及其所在"领域"进行了探讨和界定。亚里士多德认为,城邦作为公民共同体,一直是政治生活的单位,因而从人是城邦成员的意义上说,人是"政治动物",城邦与人构成了统一的政治共同体。正如西塞罗所指出的那样,在自由社会里所谓的公民应当是在政治国家中扮演特定政治角色的政治人,在这一时期,人们意识到国家中的所有元素都不能脱离政治国家而独立存在。这是因为人类摆脱了自然集群,开始走向国家制度与权力分割的初期,阶段这一

① 共有物品是与公共物品(如国防)、私有物品、付费物品(如知识产权)相区别的一个类型。这四者的区别有赖于对各自物品属性中竞争性和排他性的界分。"竞争性"是某种物品的消费属性,如果个体 X 对某物品的消费会减少其他个体 Y、Z 等消费的机会,那么对此种物品的消费就是竞争性的。"排他性"则可以理解为与物权排他性相类似的一种属性,即 X 的使用将会排斥 Y、Z 对该物的使用。

过程也是从依附自然到依附国家的必然过渡。

公私二分法。随着商品经济的发展,人与人之间的交易越来越普遍,人们不再需要国家在此时过多干预,而是需要对自己私权利的神圣保障。黑格尔将个人生活、家庭与一般经济活动独立于政治国家有关活动。哈贝马斯提出,个人生活中也存在绝对的私领域和相对的公共领域。公共领域是各种民间、非官方的组织或机构所构成的私人有机体,介于政府与私领域之间,属于社会文化领域。

三分法。二分法的出现虽然解放并保护了私权利,却仍然要面对绝对封闭的私领域和契约发生所必要的交往行为间的矛盾。为此,柯亨与阿拉托将经济领域分离出来,提出国家—经济—公众个人生活的三分法。随后帕森斯又在《经济与社会》(1956 年)等著作中就现代社会划分问题提出社会共同体概念(social community)。他认为社会共同体由经济、政治、文化等子系统构成。在社会共同体的最外层,还包含了两个重要的领域:一是公众参与实现社会管理的公共领域,二是保有私权并拒绝侵害的私领域。

由此,我们可以清晰地划分出当代人类社会的活动分层:由获得普遍认可的公权力组合体构成的政治国家;由让渡公权力回到"生活世界"守护并享受私权利而形成的公众个人生活;由市场主体参加并按照一定规则进行交易活动的经济市场。当然,三者之间并不能完全割裂,互相之间既存在理念的边界,又有着彼此需求性的联结。

2. 基于三分法的参与者界分与转换

人生而平等,人与人之间的权利并无差别,为了更好地管理公共事务,人们需要有强大的公共力量来保护自己的权利不受他人侵犯,为此,人民经过协商合意,共同让渡出一部分管理公共事务的权利组成公权力,并委托自己信任的人代为管理,同时保留让自己能够维持独立人格和追求幸福生活的权利,我们称为"基本人权"。为了监督并确保受托人能够审慎且认真地履行职责,人民在让渡公权力之前有必要制定相应的程序。通过这些程序,人民可以在之后根据实际情况更换受托人,从而间接管理国家事务。需要注意的是,受托人仅在委托权限内行使职权。然而,作为人民的一部分,受托人同样有权委托自己所信赖的人,无论是自己还是他人。

当然,国家事务并不需要人民事事参与决策,否则契约与委托便显得毫无意义。当人离开政治进入自己的领域,可以回到自己的社团从事各类公益性质的活动,如宣传控制烟草、宣讲环保理念等;也可以回到自己的家中决定各种家庭事务,如赡养父母、教育子女、管理私产等。

人当然也有资格参加市场活动,反之,市场也因人的存在而活动。如果作为商品的供应方,那么他就是生产者或者销售者,如果作为商品的购买方,那么他就是消费者。市场的良好运行需要依靠自身的良好法则,否则交易的安全就得不到保障,所以生产者、销售者与消费者都拥有参加自由市场的各项权利,同时也应遵守各项义务,此时享受权利并承担义务的人就是市场主体。当然,市场经济条件下,一方面,消费者相较于其他主体属于相对弱势的一方;另一方面,消费需求决定着市场供应,所以消费者的权利义务配置会更大地影响市场的发展,让消费者作为环境治理的参与主体有利于推动市场经济条件下的环境保护。

值得注意的是,在相当长的一段时间内,环境问题的产生更多地来自企业不负责任地排放污染物。特别是当企业已然对话语权有了较多的掌控,那么在治理环境时,其更多的是应当承担履行环境决策、配合环境管理、服从环境监督的义务,而不是被赋予更多参与权。①

3. 厘定作为参与主体的公众

环境资源是共有物品,是所有人都有权利使用并有责任保护的,因此环境治理涉及人类的所有组成团体。参与式治理需要解决的核心问题是"参与"的定位。参与不同于决策,否则代议制度将失去其意义;参与也不同于旁观,否则将形同虚设。可以这样认为,"参与"类似于机器中的一个重要齿轮,虽然它不是发动机,但缺失它必然会导致整个系统失灵。

---

① 从相反的一面来看,笔者所参加的重庆市环境保护局"制度廉洁性评估"课题中,企业作为访谈代表的环境行政相对人,谈到最多的仍然是希望环境执法更宽松一些,对污染的容忍程度更高一些。出于企业的理性选择,这种表态是符合企业宗旨的,但同时与社会普通公众及国家环境政策有较大出入,这里需要的并不是妥协,而是应当坚决地反对"先污染、后治理"的发展模式,将污染控制在最低限度内,不能以牺牲环境为代价来发展地方经济。

在此基础上,我们认为,参与的主体并不是环境治理的决策者(公权组织),而是因参加不同公共活动而具有不同身份的个人。这些个人有权利享受良好环境和持续利用资源,并通过不同层面向决策层表达自身的诉求。由此,如图3.7所示,公众包括在政治国家中,享有环境权利、民主权利的环境公民;在社会中,自愿结社、监督政府行为和宣扬环保理念的环境市民及其组成的社会团体;在经济市场中,享有环保产品选择权并承担环保义务的环境消费者。

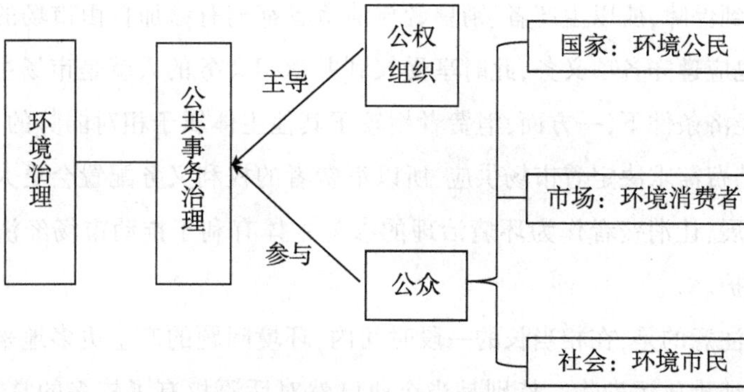

图3.7　以主体为线索的参与公众的逻辑框架

(二)公众何为:公众参与环境治理的生成逻辑

1. 治理理论的产生与演变

在历史上,为了避免更多的人基于共同利益而选择采取一致行动,使共有的开放性资源陷入不可逆转的摧折,人们将控制的希望寄托在来自外部的由强大中央政府保证实施的权威型统治策略。该策略的核心理念是,一个理性的拥有公信力的政府会不断地、有计划地依据环境容量和资源存量规定环境资源的利用程度,并严格地惩罚"背叛者"。可是,所有对强大公权力的信赖往往都基于一个共识:政府具备准确的信息渠道、强大的外部监督机制、有效的制裁途径以及极低的行政运行费用。对这个理想状态能否实现,学者们却又往往持消极态度。奥斯特罗姆用博弈论说明了权威型统治有极大的概率将资源利用人推向(背叛,背叛)的方向而不是(合作,合作)。

20世纪70年代以来,新公共管理理论为解决传统制度中难以突破的政府管理困境提供了理论支撑。这种意义上的政府的实质是以市场为主导。这意味着政府不再直接管理环境资源的调配和供给,而是将其交由市场进行配置与供应,通过市场机制实现资源利用与环境保护的优化,政府的主要任务则转移到市场规则的制定和实施上。但在随后的二三十年中,新公共管理理论不断遭到诘难与批判。首先,新公共管理将政府定位与私人利益结合,丧失了政府应有的公共性。其次,市场化的前提来自权利的私有化,否则设立于物上之权利就只是空中楼阁,得不到尊重和保护。环境资源是人类文明的共有物品,在没有特定程序施控的条件下,并不能成为真正意义上的私有物品。再次,片面追求企业管理的模式,必然造成现代政治中公平与民主信念式微,而其将公众比为顾客的失当塑形忽视了公众与政府的关系——公众是国家财富的真正所有人而非政府经营国家的相对人。最后,过高估计企业的自治能力与企业家精神,当企业与政府的距离与边界不再明晰时,企业逐利的本性也就自然显现,最终不可避免地出现政府公共责任的丧失,以及市场主体再度陷入理性逐利的困境中。

面对政府风险以及企业逐利必然存在的公共事务管理困境,治理作为处理公共事务的重要理论被提出,"治理是各种公共的或私人的个人和机构管理其共同事务的诸多方式的总和。它是使相互冲突的或不同的利益得以调和并且采用联合行动的持续过程"。① 毋庸置疑,无论是政府还是企业,甚至是公众都不足以凭单一向度妥善处理公共事务,来自公共领域的公共活动事项与私人领域的参与共同构成公共事务的治理之道;换言之,治理就是架设在公共领域与私人领域之间妥善处理公共事务的桥梁。正如俞可平教授所支持的,"治理是一种公共管理活动和公共管理过程,它包括必要的公共权威、管理规则、治理机制和治理方式"。② 综合分析各种模式差异,如表3.3所示。

① The Commission on Global Governance, *Our Global Neighborhood*, Oxford University Press, 1995, p. 13.

② 俞可平:《全球治理引论》,载《马克思主义与现实》2002年第1期。

表3.3　公共事务治理模式比较

	权威型统治选择	新公共管理选择	治理选择
治理理念	强调权威调节	强调市场调节	公民参与治理
政府角色	划桨	掌舵	创造条件协助治理
公民角色	被代理人	消费者	直接参与治理的公民
价值取向	效率	经济、效率	经济、效率、公平、合作

2. 环境治理理论的意蕴分析

"环境治理"一词有着多种解释,第一种是针对已经或可能产生的环境污染问题,由政府或其他利益相关人采取的预防及解决措施,这其实是指以环境污染为对象的整治手段,即"治理环境"或者"环境整治"。第二种则是本书所研究的对象,即以治理理论为基础并以环境保护为客体的具体规制模式。这种模式是对传统传送带式的环境行政规制的创新与改革,不再仅以议题的传送为主轴,而是以公众的参与为中心。这种新中心要求与环境相关的公私主体基于协商一致的程序共同商定、执行、监督环境资源保护事务。

3. 环境治理中的公众参与

公众参与是环境治理区别于其他选择的重要标志,没有公众参与也就无所谓治理的存在,但如何参与,参与的深度与广度都决定了环境治理的好坏。

在政治国家的发展过程中,公众参与形式依据公民参与国家事务决策的程度被划分为直接参与和间接参与。直接参与就如古希腊城邦制度下,公民直接参与国家事务决策、官员选拔等国家政治活动;而间接参与则如启蒙运动以来,在社会契约论的不断发展下,代议制度不断成熟,公众不再以自己的身份参与国家政治,而是共同委托信赖之人管理国家。前者所谓之直接民主随着时间的推移往往将走向"寡头统治",更因其极大的行政成本而不适合在当代政治国家中采用;而后者,自20世纪后半叶起,在现代政治国家中普遍面临着各国代议制机构权力收缩而行政分支过度发展所产生的集权问题,这就造成公众与国家的裂痕,公众并不能清晰地辨别自己所保有的身份,以至于单纯的代议制无法对公众的诉求给予充分的回应。所以给予代议制信任滥觞的后果就是使精英治国走向极端,最终加深了政治话语权的不平等分配;对公众的参与主动性也是一种无形的消解：比起私人生活，公众对于公共事务将不再那么关心，政府决策活动中公众的参与度进一步降低，已经被法律赋予的参与权便被悬置了。

既要修正代议制国家治理结构的不足，又要防范直接民主带来的负面效应，看起来是一个非左即右却又左右不得的悖论。不过，这二者其实只是民主的两种手段，是解决公众与国家公共事务关系的理念和方案，而且，环境治理的逻辑起点仍然在于政府的定位与作用之重塑，抛开政府谈治理与抛弃民众谈治理一样荒谬。同时，仍然可以拓展诸如听证、信息公开等其他的公众参与渠道。可以这样认为，在当前公共事务普遍执行的间接治理活动中，公众直接治理是在保持政府主导下直接以自己的参与活动影响政府决策。

（三）为何公众：传统的合法性危机及公众参与必要性分析

为何在传统管制与治理危机来临时选择公众作为治理主体的补充？其逻辑起点就在于传统主体所面临的合法性危机。合法性问题是政治和社会理论长期研讨的一项重要命题，在经济社会不断发展的条件下，政府所秉承的合法性基础随着执政行为的具体化，以及社会大众物质与精神需求的增加而不断受到挑战，民众开始质疑早前所达成的合意与统治力量的行为主旨是否仍然一致，由此合法性危机便产生了。具体而言，就是作为决策来源的权威失位，进而其所作出的所有决策与应然的环境决策者的意愿相悖，同时，作为负有矫正功能的公众参与身份虚化，进而出现公众参与到决策中的制度设计遇到阻滞，公众意见得不到畅通表达。

现代社会需要一个国家具有全面管理和控制社会的能力与权力。但是，在传统政府主导治理框架下，其自上而下做垂直权力安排、资源和信息单向地向上流动与聚集、社会发展策略通过组合和纠偏机制获得合法性的模式样态，使得公众在很大程度上被公权力裹挟，自由、平等、博爱的公民意识逐步被淡化。值得注意的是，就环境治理问题而论，政府权力通过直接或间接、经意或不经意的方式，将公众排除在环境治理之外。一是环境治理问题的内部化倾向。在依赖行政权力干预的环境治理框架内，政府控制了相关信息的输出，公众获知环境实情不多，参与决策过程的机会偏少，渠道不宽，导致政府在某种程度上依赖垄断性的决策权将环境治理变成了内部事务,决策者容易失位。二是环境治理参与程序刻意虚化参与者的身份,提高了参与成本。当前,我国业已出台的公众参与环境保护的规定过于笼统,偏向于一种制度宣示,公众参与环境保护的具体程序、方式及渠道不能有效地与立法利益表达机制、政府管理体制、环境司法制度充分衔接。这就造成处于弱势一方的公众无力通过法律强制力的保障抗衡掌握经济主动权的企业和具有政治主控权的政府。三是传统环境事务行政管理外部诉求表达受限。总体来看,目前公众反映环境诉求的渠道仍然不多,在各级地方政府对经济发展的关注度高于环境保护的意识指引下,相关部门对环境诉求响应不力从某种程度上也加剧了环境信访。四是公众参与不足,减少了社会大众提出建议和维护自身利益的渠道,减损了环境治理中的各种信息量,增加了与公权力、企业之间的矛盾和冲突,加剧了公众对政府和社会的疑虑感。

在传统治理主体面临合法性危机时,选择公众作为参与主体是有其必要性的,“人应受到尊重,必须享有较大程度的自治和对政治生活的广泛参与”,这一观念是现代民主政治的道德宣示,它的制度生成和运行构成了“现代法治的政治基石”①。在当前的环境治理模式下,政府与企业主导着治理方向与强度。然而这一模式与日益增进、觉醒的公众环境意识不相匹配,公众对于公共事务的参与要求正在不断提高。一是因应化解政府管制失灵之需。这是因为传统命令管制型政府治理思路不仅存在信息因集权管理而低效传递的弊端,而且缺少对企业的激励机制以及对公众的偏好回应。二是因应政府职能转变之需。密尔指出,“政府整个说来只是一个手段,手段的适当性必须依赖于它的合目的性”②。为保证政府施政的有效性,必须扩展其广获民意的渠道,不断为其合法性与执政正当性提供支撑。公众参与的基础在于公共利益的维护,而公共利益的持续增进本身就是政府施政的目标。在环境保护视野下,公众通过有效的制度参与对环境公共利益的维护以及防止“邻避运动”的反复出现有着积极作用。三是因应依法行政之需。依法行政是依法治国的具体要求,

---

① 程燎原:《中国法治政体问题初探》,重庆大学出版社2012年版,第119页。

② 参见[英]密尔:《代议制政府》,汪瑄译,商务印书馆1982年版,第17页。

其目的在于提升公共决策的公信力和执行力，而在法治国家的理解框架内公众参与能够有效促进依法行政。

第三节　环境行政执法中的衡平有效性原则的实现

衡平有效性原则在环境行政执法中的实现，本书建议遵循从抽象到具体、从理念到行为的实现路径。在其实现过程中，可以以善治理念为基础，以合理配置各方的权利义务与责任为路径，以完善环境监督与环境问责的机制为保障，最后通过府际协作治理与多元治理为环境执法效能增幅，实现衡平有效性原则的全方位、全流程落实。

一、确立善治理念

善治理论的出现源于治理的失效，即使在政府以灵活方式控制和引导集体行动之处，治理仍然可能失败。① 为培育适应治理能力现代化要求的公众参与制度，本书建议着眼于公众与政府的合作网络，实现公众与政府对公共生活的合作管理。在生物技术伦理规制领域，本书建议基于善治理论，构建可上下互动的规制路径，强调管理对象参与规制过程。决策事项经过民主协商，成员的意见得到了充分表达，各方利益诉求都得到了关切，这样才能更好地实现决策的公平、公正和公开。

（一）传统制度逻辑转换与科技伦理共治模式

正是由于传统行政规制模式存在诸多缺憾与不足，故亟须在坚持法治这一制度保障的前提下进行新的思路构建与转换。作为现代国家治理价值取向的善治正是这一转换的目标，协商共治、信息交互与风险沟通都应当成为科技伦理善治制度化过程中不可回避的核心议题。

---

①　参见［英］格里·斯托克、华夏风：《作为理论的治理：五个论点》，载《国际社会科学杂志（中文版）》1999 年第 1 期。

1. 以善治为目标的科技伦理治理原则

（1）作为现代国家治理的一种目标追求和理想状态，善治已经被确立为法治中国建设的战略方针而得到推进实施。[①] 善治是政府与公众对公共生活的合作管理，包括合法性、透明性、责任、回应、参与、公正等核心管理要素。[②] 善治是实现国家治理现代化过程中涉及的公共利益最大化的最优模式。

（2）善治作为科技伦理的治理原则，是科学技术管理的最佳状态。伦理是特定场域内所有主体普遍认可的价值观的总和，其调整方法在于内化其价值旨趣，进而外化为行为约束。相反地，管制是对所有对象实施某种强制力，将外在压力渗透进管理对象内部。科技伦理与科技管理之间面临这样的矛盾，而善治以伦理为先导调动管理对象的主动性，并将管理对象转换为管理者，实现从“被动管理”到“主动遵守”的转变。具体而言，善治原则将科研人员视为科研活动管理者，充分发挥其主体作用，使他们在遵从科技伦理进行科研活动的同时，担负起评价、监督其他科研活动的责任。

（3）善治作为科技伦理的“治理”原则，能够弥补现有行政规制模式的缺陷。科技工作者的优势在于传播运用于科学技术活动的生产与使用过程的科技信息，预测科技活动可能产生的风险。公众更充分、更准确地知悉相关信息，在科技伦理治理中更加平等、充分地讨论和参与，知情权和参与权得到更好的实现。在此基础上，行政机关对社会上不同主体的意见进行广泛吸收，为决策提供有益参考，将科技伦理外化为多元主体共同建构并共同遵守的准则。

2. 科技伦理治理的多元主体参与

传统的命令控制型科技伦理治理体制已经不再适用于当今实践中产生的科技伦理问题，需要引入多元主体共同参与机制。

（1）构建科技伦理治理机制需要政府、科研机构与社群的共同参与。其中，政府主导的必要性不必言说，有必要明确的是，科研机构作为科学技术发明与应用的主体，其参与治理是对其自由与发展权利的保障，能在更好地保障

---

① 参见王建国、刘小萌：《善治视域下公民参与的实践逻辑》，载《河南师范大学学报（哲学社会科学版）》2019年第2期。

② 参见俞可平：《善治与幸福》，载《马克思主义与现实》2011年第2期。

伦理安全的基础上推动科学技术升级进步。同时，由于一项科学技术在推行之前首先会受到科学界包括各类科技社会团体组织以及其他科研人员的关注，成果也需要经过同行评审才能在期刊上发表，而科研机构及其科研人员最了解科学技术特征与危害可能性等信息，要求科研机构参与治理、互相监督，能够对科技伦理进行更加有效的治理。以公众和社区为主要代表的社群作为科技活动的最终受益者或受害者，自然拥有知情权与参与权，也有权利在自己的知识范围内发表意见并参与科技伦理治理的全过程，提出自己的期待与要求，维护自身权益。

(2)政府、科研机构和社群的共同参与是对传统行政法规制模式的突破。共同参与使科技伦理治理模式从二元对立的“行政主体—行政相对人”模式转向“政府—科研机构—社群”多元主体共同参与进行合作和协商的模式，多主体基于自身利益诉求能够更好地发挥积极的主观能动作用，共同参与科技伦理治理。当然，各主体的共同参与监督不仅保障了某个群体权益的实现，还将通过协商沟通程序就不同主体间的利益矛盾进行磋商，达成最大一致意见，实现社会公共利益最大化，从而弥补传统规制模式的固有缺陷。

(3)政府、科研机构和社群共同参与的制度建构，能够吸纳民事法律制度与刑事法律制度的价值旨趣和规制思路。通过建立实质性参与伦理监督的常态机制，私领域和公共领域的权益都能得以实现，各主体均能自觉避免作出严重违反社会秩序的不法行为。

3.多元共同参与科技伦理治理的制度逻辑

(1)风险预防原则的制度建构。科技伦理应遵守“风险预防原则”，即在没有明确的科学证据证明科技活动造成损害时就对它实行严格的监管举措。[①]为此，应当设立相对严格的风险评价标准，不宜以经济利益作为抵销风险的砝码。一是在所有涉及科技伦理的规范性文件中明确提出风险预防原则；二是明确坚持三个“不受损害”原则的风险评估标准，即坚持个人(受试者)生命安全不受损害、社会公共利益不受损害、国家安全不受损害相结合的原则；三是

① 参见陈景辉：《面对转基因问题的法律态度——法律人应当如何思考科学问题》，载《法学》2015年第9期。

建立有效的风险沟通制度。在风险识别、评估与预防的全过程,加强不同主体间基于自身知识的意见表达与商谈,从而实现对科技风险的精准预判和科学处置。

(2)建立面向公众的信息公开制度。为了增强制度的可行性与可接受性,行政机关应在制定相关规章或规范性文件时确立信息公开制度,遵守"准确、快速、及时和直接"的原则对科技信息进行"主动公开"或充分地"依申请公开",以增强相对人的预知能力与公众接受性。同时,建立科技解释专家辅助人制度,负责向公众解释科技风险,缩小公众认知与科技知识之间的差距,令其理性认知科技风险,提高公众安全与防范意识,同时形成科学良好的科技风险管理环境,更好地参与科技伦理治理活动。

(3)建立最广泛的多元参与共治机制。一是在有关项目立项审批前,设立涉及科技伦理项目审批环节的听证制度,突破相对人限制,允许公众和媒体参与。二是在有关项目进行过程中,设立独立于行政系统的科技伦理审查专家委员会,并健全和完善监督机制。三是在项目成果发布后,对于可能存在的科技伦理风险,充分调动各方主体的监督审查力量,并建立相应的反馈机制和权利救济制度。其实,"基因编辑婴儿案"的治理顺序已为今后建立常态、有效的后期治理机制提供了有益的经验逻辑:由同行科学家审查项目成果是否符合科技伦理要求,进而向社会发布,引起广泛的社会舆论关注;政府部门获悉舆情后随即迅速回应,采取必要措施;对有关科研人员及其科研活动依法处理并公开有关信息。在未来的制度和机制设计中,可以将此次非常态化的"专家警告—社会关注—政府回应"模式予以常态化和制度化。作为权利的救济手段,还应当允许权利受到损害或有损害之虞的相关公众提起行政复议、行政诉讼,甚至尝试探索公益诉讼。

(二)生物技术伦理法律规制的善治逻辑及其实现

为突破"命令—控制"型规制逻辑存在的固有缺陷,结合国际治理经验,有必要选择一个能够满足生物技术伦理要求的法律规制逻辑:它需要能够同时满足多元主体参与、多元手段并举、合理配置责任等要求,进而建构一种新的公共管理活动和公共管理过程,包括必要的公共权威、管理规则、治理机制和治理方式。[①] 在这种新的规制逻辑下,各种公共的或私人的个人和机构管理共同事务,并使相互冲突的或不同的利益得以调和并且采用联合行动。这种规制逻辑的样态正是善治(good governance),"善治是使公共利益最大化的公共管理过程。善治的本质特征就在于它是政府与公众对公共生活的合作管理,是政治国家与公众的一种新颖关系,是两者的最佳状态"。[②] 基于以上特点,在生物技术伦理的法律规制逻辑转换的过程中,善治能够以其对多元主体的建构和有效的规制工具实现生物技术伦理的价值目标。

首先,生物技术伦理中的善治逻辑意味着其法律规制主体的扩张。所谓规制主体的扩张,是指生物技术伦理不再是政府命令与机构、人员服从的单向度关系,而是将科研人员的身份从命令的服从者转换为共同治理者。构建生物技术伦理规制需要政府、科研机构及公众的共同参与。除政府发挥主导作用外,科研机构作为生物技术研究、开发及应用的主体地位也应被明确,科研机构参与生物技术伦理规制能保障其自由与发展权利的实现,从而在保障伦理秩序的基础上更好地推动技术进步。一项新技术一旦提出就会受到同领域学界的关注,技术研究成果也需要借助同行评价与期刊发表,因此科研机构对一项技术的特征和风险等信息最为了解,其对生物技术伦理规制的参与能更好地实现伦理规制。此外,作为一项技术研究活动最终直接受益者或受害者的公众知情权与参与权应得到充分的实现,公众根据自身的认知发表意见或提出诉求,参与伦理规制的全过程,维护自身权益。可以说,在善治逻辑之下,科技行政管理部门、科学技术设计者、技术工人、科学技术产品消费者等多方主体共同构成了生物技术伦理职业共同体,将共同以主体身份行使管理权限,对科学技术研究、科学技术设计及试验、科学技术产品生产,以及科学技术使用的全过程进行监督和管理。

其次,生物技术伦理中的善治逻辑意味着其法律规制工具的扩容。规制,作为一种由公共机构遵循一定的程序实施的、运用恰当的工具对某种失范行

---

① 参见俞可平:《全球治理引论》,载《马克思主义与现实》2002 年第 1 期。

② 俞可平主编:《善治与治理》,社会科学文献出版社 2000 年版,第 8 页。

为进行干预的活动，①规制工具的选择显得尤为重要。其中，信息工具是相较于限权、审批、收费等传统的规制工具之外的新型规制工具。从类型上看，其主要包含自上而下的由政府实施的信息公开披露机制，以及自下而上的由公众、媒体和有关专业人员参与的信息获取行为。在《生物安全法》中明确的生物安全信息共享制度和生物安全信息发布制度正是典型的自上而下的对信息工具的使用。实际上，在生物技术伦理的法律规制当中对自下而上的信息工具的使用确实还需要进一步讨论。从国家安全角度来看，任何个人和单位不得发布有关敏感信息，或者对某些信息应当承担保密或诚实义务，这是十分必要的。为此，在不能确定安全性的情况下，选择将信息工具全面纳入生物技术伦理的法律规制工具体系中十分必要。具体来说，应当尝试建立专业领域专家发布、披露有关信息的渠道和制度，并且宽容和包容在紧急状态下科学专家基于科学知识和良知所发布的科学预警，同时应当明确夸大事实或造谣的媒体、自媒体和个人的法律责任。

最后，生物技术伦理中的善治逻辑意味着其法律规制功能的扩展。多元主体的共同实质参与，有助于推动技术伦理监督常态机制的实现，各主体在此机制下通过自觉避免作出违反伦理秩序的行为并监督其他主体的行为，从而实现其在私领域及公共领域的正当权益。可以说，政府、科研机构及公众的共同参与是实现从“行政主体—行政相对人”的二元对立逻辑到“政府—科研机构—公众”多主体共同参与规制制度逻辑的转变的重要力量。在共同参与、合作协商的基础上，“命令—控制”型规制逻辑的缺陷能得到充分弥补，各主体的主动性与积极性能得到充分发挥，各主体共同参与生物技术伦理规制能够解决过度依赖法律命令与责任的问题。多元主体的共同参与在保障自身权益的同时，能更好地对技术风险进行预判、评估与防范，也能使社会公共利益得到充分的保障。正如哈贝马斯所言，健全和稳定的现代民主不仅依赖于“基本结构”的正义，还依赖于公民的品性与态度。② 在善治逻辑下，法律对生物技术伦

---

① 参见应飞虎、涂永前：《公共规制中的信息工具》，载《中国社会科学》2010年第4期。

② 参见[加拿大]威尔·吉姆利卡、[加拿大]威尼·诺曼：《公民的回归》，载许纪霖主编：《共和、社群与公民》，江苏人民出版社2004年版，第236页。

理的规制并不停留于责任的追究,而在于对生物技术伦理共同体身份的唤醒,将生物技术伦理所蕴含的价值判断内化于科研人员之心、外化于科学研究之行。

综上所述,在善治逻辑下,生物技术伦理法律规制的多主体共治模式可以考虑从以下几个层面展开:一是应当建构尊重各方权益的风险预防原则。生物技术的伦理规制应当遵循风险预防原则,即对一项技术研发活动进行严格监管不以有明确、科学的证据证明其造成了损害为前提。① 二是构建广泛的多主体共同参与制度,实现从有效的法律规制到有效的伦理规制的转变,通过设立独立于行政系统的伦理审查专家委员会,并调动各主体的监督力量,建立从项目立项、研发到成果应用全过程的监督机制。三是行政机关应当将信息工具的使用作为国家治理能力现代化建设的重要内容,保障多主体共治的真正实现。

二、合理配置环境行政许可程序中各方的权力(利)义务与责任

在具体行政行为中,各方的权责分配会影响行政行为效能。在环评的审批过程中,生态环境主管部门应该以"放管服"改革为方向,构建审批前的准备制度与审批后的评价制度;环评机构则应当主动承担信用监管的责任,提高环评文件的质量;规划环评的各主体也应当根据上述原则完善权责配置。

(一)合理配置项目环评中生态环境主管部门的权力(利)义务

1. 做好审批前的标准和指导规范的制度准备工作

首先,重新审查《建设项目环境影响评价分类管理名录》中的分类标准及不同环评文本的使用标准,提高环评文件的科学性和有效性。其次,统筹考察行业建设情况,系统规划各层次行业的审批流程。一方面,明确重点行业并严格审批;另一方面,对于环境影响程度和影响范围相对较小的建设项目,应适当降级和简化。具体修改事宜由生态环境主管部门通过开展调研,甄别吸纳各方反馈意见推动落实。

2. 全面落实建设项目环评的"放管服"改革

(1)完善审批流程

应着力简化审批文件及审批程序,提升企业的自主验收能力。精简报批

① 参见金自宁:《风险规制与行政法治》,载《法制与社会发展》2012 年第 4 期。

要件、统筹环评与排污许可的审核批发层级,凡能在部门之间或者部门内部流转获取的材料,不要求建设单位二次提供。同时,压减前置材料,进一步优化审批流程,将简单项目的线下审批逐步转移到互联网进行线上审批。各地生态环境主管部门可以依据相关法律法规,形成产业环保准入负面清单,由企业照单自检。建设项目的自主验收工作需建立在有良好的监管环境的基础上,各级生态环境主管部门需规范验收服务市场,对加强验收质量的监管,从而提升建设单位的环评意识。

(2)推动审批实质化改革

推动环评审批走向实质化。一方面,环评审批应该积极结合公众参与制度,让公众、专家、社会组织参与环评审批的决策,引入高水平人才,提高环评审批队伍的能力;另一方面,简政放权不应当以牺牲环评效果为代价,应当给予环评审批部门充足的经费,并结合项目的具体情况进行审批时间的安排,减轻基层环评压力。

(3)优化权力配置

应当明确"谁决策,谁负责"的责任划分原则,结合《建设项目环境影响评价分类管理名录》中建设项目可能的污染程度将环评否决权进行合理的划分,无污染或者污染轻微的建设项目环评否决权由生态环境主管部门享有,有重大污染可能的建设项目环评否决权由最终决策机关享有,以使拥有否决权的机关的权利与义务责任相均衡。

3. 探索项目环评审批后评价制度及其运行机制

(1)将监管的具体事项与责任义务落实到具体的监管部门

明确项目审批监管对象,如验收前监管对象、项目完工后监管对象等。将监管责任按照时间顺序进行划分,精准分责。施工期与运营期的监管主要由生态环境主管部门进行,生态环境主管部门应当加强对环评文件中施工期环境管理要求的针对性和可操作性的审查,避免环评文件只是一纸空文而无法实施的情况。同时,针对项目实施差异化监管,引导建设单位参与到环境管理活动中,增强企业的自治能力。

(2)各级生态环境主管部门应当全面加强环境监管队伍建设

上级部门发挥引导作用,基层生态环境主管部门应当积极响应,积极参加专项业务培训,提高环境监察执法人员的素质与水平。建立跨部门联动体系。首先,参与环评事中、事后监督工作的各行政部门需明确本部门的监管权力与义务,避免在监管过程中出现"权力打架""踢皮球"的现象。其次,需要加强与公安、城管、市场监督等部门的联动执法。发现违规情况时,其他联动部门应当及时通报违规的具体情况,监管与执法机关能在第一时间及时介入,对相关监管事项进行连续监管、网格控制、集中处置,加大执法力度、提高执法能力,让执法"不打折扣"。

(3)使法律责任与职责义务相匹配

下一步进行立法修改时应当考虑职责义务与法律责任承担的均衡性,让职责义务实质化。通过合理设置党政责任、行政责任、刑事责任督促生态环境主管部门在环评审批的全过程依法履职。

(二)完善环评机构义务责任的建议

1. 合理配置排除利益关联义务,明确法律责任

首先,应当重新分配排除利益关联义务。作为环评招标方的行政机关在招投标过程中享有主动权,应当明确招标单位在招标时有义务进行利益关联审查,在开标时排除存在利益关联的环评机构。其次,要明确未能履行利益排除义务的责任。招标单位未履行利益关联审查义务的,应当追究招标单位主要负责人的行政责任。编制单位未回避利益关联招标的,应当视环评文件编制工作成效确定责任程度。

2. 明确编制人员的义务与责任

首先,应当在立法中明确编制人员的义务。立法应当明确编制人员的4项义务:一是编制人员应当善意履行编制环评文件的义务;二是编制人员应当主动回避与自己有利益关系的环评文件编制工作;三是编制人员应当主动配合环评信用公示工作,及时上传本人的基本情况信息;四是编制人员应当积极提升环评技术水平。其次,应当在从业限制责任和刑事责任之外规定经济处罚,对于环评失范的编制人员,可以在扣除信用积分之外视情况处以经济处罚。

经济处罚相较于从业限制和刑事责任较轻,在处罚时更加灵活。

3. 坚持信用档案管理制度和从业限制责任追究,建立尽职免责制度

要解决环评工程师存在的从业焦虑问题,应该从两个角度入手。首先,要坚持信用档案管理和从业限制责任追究制度。虽然目前从业限制和责任追究制度已经初步建立,但是实践中广泛存在失范行为未被披露的情况。应当通过完善信用档案管理制度,客观、全面地反映环评机构及工程师的信用情况,进而依据信用档案落实从业限制责任追究。其次,应当建立尽职免责制度,保护编制单位和编制人员的合法权益。尽职免责制度,是指编制者只要能够证明已经依规、勤勉地履行了编制职责,就不应承担环评失范对应的法律后果。尽职免责制度有利于厘清环评机构与工程师的责任边界。

4. 加强对环评文件的质量监管

调研表明,加强对环境影响的监督成为各方共识,应当采取多样化的环评监管手段以提升环评质量。一是提高抽查比例,以使更多潜在的环评失范行为被发现,进而追究失信环评编制者的法律责任。二是网上公开曝光,将失信行为向社会公开,使失信者接受群众监督,有利于促使其改正失信行为。三是分行业、分审批主体进行监管,以便根据不同项目类型的具体特征重点监督相关领域的关键点。四是完善信息公开制度和公众参与,将环评的全过程信息公开,为公众意见的表达提供畅通的渠道。

(三)合理配置规划环评各方权力(利)义务与责任

1. 完善规划编制机关的权责配置

首先,应当明确界定"指导性规划"的概念。指导性规划在各专项规划中起到了方向性、结构性的指导作用,为此建议由各规划编制机关自行确定其专项领域规划中的指导性规划,并在规划的名称中予以明确。

其次,明确生态环境主管部门在规划编制阶段的环评职责。具体措施包括两个方面:一是明确由生态环境主管部门负责综合性规划和指导性规划的环评工作。无论是规划编制资料的收集,还是对环境问题的敏感度,生态环境主管部门较其他部门而言更加有优势。二是赋予生态环境主管部门对规划环评程序的监督权力。在规划环评的不同阶段,一旦出现跨环节操作的情况,人

民政府有关生态环境主管部门就有权追究所有环评失职行为的责任。

再次,明确规划编制机关规划环评的法律责任。这包含两个方面:一是行政责任。若规划编制机关工作人员因故意或疏忽大意未能如实编制或造成环评报告内容不正确、质量低下,应当给予规划编制机关工作人员经济处罚或行政处分。二是刑事责任。规划编制机关工作人员的工作行为触犯刑法的,应依法承担刑事责任,同时应当禁止其在一定期限内参与环评工作。

最后,培养和引进具备跨领域交叉学科专业能力的规划编制人员。应当多选择跨领域的专业人员,编制人员不仅需要业务专业能力达标,还应当符合多个专业领域的能力要求。此外,应当增加培训内容,多涉及不同领域的专业知识,加强对规划编制人员多领域专业能力的培训。

2. 完善规划环评审查小组的权责配置

第一,通过立法增强审查意见的约束力。环评审查小组制定的审查意见应当具有公正性和客观性。为保证这一点,可以由生态环境主管部门负责环评审查,保证其在环评审查过程中中立、专业,独立审查规划草案的科学性及合理性。同时我国应当作出相关规定,赋予审查意见一定的约束力。

第二,规范审查程序,建立多主体参与的规划环评审查机制。一方面,规范审查程序最有效的途径就是接受民众的公开审查,公众可以通过听证会、座谈会及官方网站等途径了解规划编制、审查及审批等各个环节;另一方面,规范审查程序要求规划环评文件审查结论作出的程序必须完善。这可以通过以下两个方面予以完善:一是增加审查意见的公开程序,借助程序公开及公众参与的力量可对以行政机关发挥一定程度的履职监督作用;二是应为相应部门设置针对规划环评审查意见的回应程序。

3. 完善规划审批机关的权责配置

第一,加强环评审查小组与规划审批机关的工作联动。这体现在以下三个方面:一是明确环评审查小组在环评审批过程中的权利与义务,特别是要保障环评审查小组在规划审批研究讨论过程中充分发表意见的权利。二是建立规划审批意见向审查小组反馈机制,尤其对于不予采纳的审查小组意见,应当详细说明理由并由审查小组再次组织讨论后提出相应的意见,同不予采纳审查意见的审批决定一并存档备查。三是探索环评审查意见不被采纳时审查小组的复议救济程序。

第二,建立审批后的规划项目环境影响跟踪评价机制。虽然一部高质量的环评文件应当满足长远性的要求,但这一特性往往受限于当代的社会发展水平,故建立环境影响跟踪评价机制尤为重要。对规划投入实施过程中对当地土地、生态、动物多样性等多方面环境因素产生的影响进行追踪和评测,一旦出现负面影响,需要及时报告当地有关管理部门,避免发生严重的生态破坏、环境损害问题。

4. 提高规划环评能力和专业技术水平

规划项目环评质量瑕疵的原因主要是环评机构编制人员对规划环评工作的生疏。因此,提高规划环评文件的编制水平可以从两个方面入手:一是增加编制人员参与实践的机会,加强规划环评实践能力的培训,使得环评从业人员的经验在实践中真正得到提升;二是创造交流技术经验的平台,让编制人员通过技术交流学习先进的规划环评技术知识,了解规划环评技术的发展动态,从而使环评技术水平在交流中得到提升。

三、赋予公众参与环境治理的权能

善治理念强调国家与社会的合作,为公共领域与私领域模糊地带提供了可行的解决方案,并且更加强调国家与社会的依赖关系。在善治理念的指导下,可以赋予公众参与环境治理的权能,构建有效稳定的环境监督模型,提高地方的经济效益。

(一)公众主导环境治理的决策逻辑

公众主导环境治理模式主要表现为自主标准设定、开放式协调机制、专家委员会、独立规制机构、三方决策、私人纠纷解决机制、基于信息的政策和志愿主义的公众在环境治理中的参与活动。[①②] 一般意义上的公众参与仅为公众主导环境治理的表现形式之一。

---

① 参见杜辉:《论制度逻辑框架下环境治理模式之转换》,载《法商研究》2013 年第 1 期。

② 参见杜辉:《论环境私主体治理的法治进路与制度建构》,载《华东政法大学学报》2016 年第 2 期。

在公众主导环境治理模式(private subject,S)下,公众参与到项目的审批过程中,公众和地方政府对环境污染型项目均具有否决权,即公众和地方政府任何一方对环境污染型项目作出否决的决定,环境污染型项目都将无法实施。但公众也像地方政府一样,具有自利性,会为了地方经济发展向地方政府妥协,两者达成合谋审批通过环境污染型项目。此种模式的运行分为4个阶段:(1)判断地方政府是否引进项目。若地方政府成功引进项目(概率为e),则进入下一阶段;若未能成功引进项目(概率为1-e),则进入最后阶段。(2)判断项目是否通过[包括地方政府决策通过(L)和公众同意(S)]。若项目通过,则进入下一阶段;若未通过(包括被地方政府否决和被公众否决),则进入最后阶段。(3)判断通过的项目是否会被常态化合作治理机制制止。无论是项目被制止(概率为q),还是没有被制止(概率为1-q),都会进入最后阶段。(4)基于各主体的不同表现,对其予以制度回馈 R_1 到 R_{10},如图3.8所示。

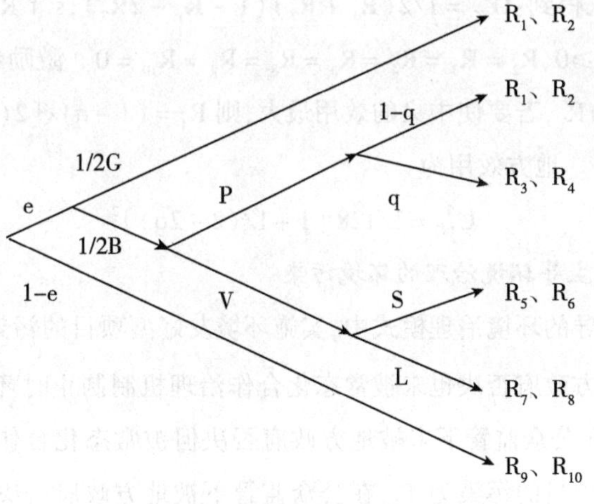

图3.8　公众主导环境治理的决策逻辑

(二)公众主导环境治理的地方经济效益

对于地方政府来说,环境污染型项目即使最后被公众否决而没有影响环境,其也必须为失职承担责任,$R_3 = R_5 = 0$。在公众主导环境治理模式中,公众参与项目审批减轻了地方政府的工作压力。此时,若地方政府没有引进项目,则其制度回馈也会降到最低,即 $R_9 = 0$。根据契约理论中的激励相容原理,地方政府否决环境污染型项目所取得的制度回馈大于其通过环境污染型项目所取得的制度回馈，即 $R_7 \geqslant (1-q)R_1$。

对于公众来说，其存在的意义在于否决地方政府通过的环境污染型项目。当地方政府决策通过环境友好型项目时，公众发挥的作用有限，即 $R_2=0$。若公众与地方政府达成合谋，导致环境污染型项目没有在第二阶段被否决，那么公众也将得不到相应的制度回馈，即 $R_4=0$。若环境污染型项目被地方政府否决或地方政府没有引入该项目，则制度亦不需要对其进行回馈，即 $R_8=R_9=0$。同时，由于否决环境污染型项目的决定是地方政府在公众的监管下作出的，包含了公众和地方政府共同的努力，即 $R_8=R_{10}$。

在公众主导环境治理模式中，地方的效用函数为 $U_{LG}^{S}=e[R_1/2+(R_5+R_7)/2]+(1-e)R_9$。当地方政府的效用最大化时，得到 $e=(R_1+R_7)/2$。中央的效用函数：$U_{CG}^{S}=e/2(1-R_1-R_2-R_5-R_6-R_7-R_8)-(1-e)(R_9-R_{10})$，把 e^L 代入得到：$U_{CG}^{S}=1/2(R_1+R_7)(1-R_1-2R_7)$，s.t $R_7 \geqslant (1-q)R_1$，$R_1 \geqslant 0$，$R_6=R_7 \geqslant 0$，$R_2=R_3=R_4=R_5=R_8=R_9=R_{10}=0$。激励约束为紧约束，即 $R_7 \geqslant (1-q)R_1$，若要使中央的效用最大，则 $R_1=(1-q)/[2(3-2q)]$，$R_7=1/[2(3-2q)]$。地方效用为

$$U_{LG}^{S}=1/128\,[1+1/(2-2q)]^2 \tag{3.13}$$

(三)公众主导环境治理的环境污染

在公众主导的环境治理模式中，实施环境友好型项目的污染为 T_1，在公众监管下未被地方政府否决也未被常态化合作治理机制制止时环境污染型项目的污染为 T_2，在公众监管下未被地方政府否决但被常态化合作治理机制制止时环境污染型项目的污染为 T_3，在公众监管下被地方政府否决时环境污染型项目的污染为 T_4，如图 3.9 所示。

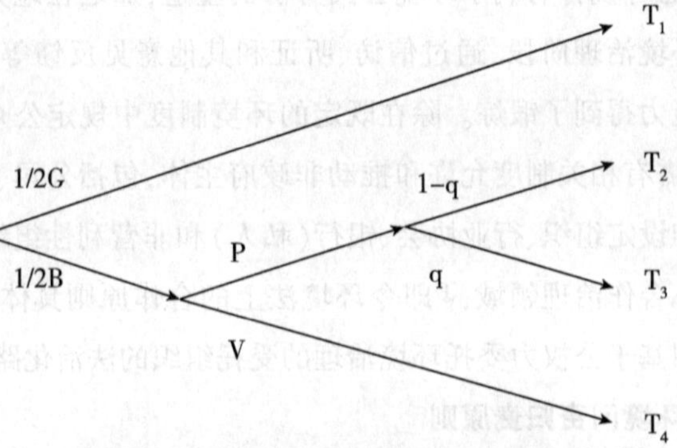

图 3.9　公众主导环境治理的环境污染

如上文所述，T_1、T_2、T_3和T_4之间存在如下关系：$T_1=T_4=0$，$T_3=1$，$T_2=kT_3$（其中$k>1$）。为了更加直观地认识环境污染总量以及环境污染与地方经济效益之间的关系，此处假设$k=2$，即$T_2=2$。此时，环境污染总量为

$$Q_S=T_1/2+1/2[(1-q)T_2+qT_3+T_4]=(2-q)/2 \qquad (3.14)$$

（四）公众主导环境治理的制度前提与展望

由式（3.13）和式（3.14）可知，环境污染与地方经济效益的函数关系为$QS=f(U_{SG}^{L})$。

相较于地方主导环境治理模式和中央主导环境治理模式，本书认为公众主导环境治理模式具有更强的自发性和主动性，地方经济发展更有活力，不会出现经济增速放缓和经济增长停滞的情形。同时，由于产业优化，地方防污治污能力得到了极大的提高，大部分污染在生产过程中就已得到处理，更有利于环境保护。

不可忽视的是，公众主导环境治理的成功是有前提的。尽管公众主导环境治理和中央主导环境治理皆可以在一定时期内快速减少环境污染，但公众的经济理性终不及中央政治责任所具有的治理决心，在取得一定的治污效果后，环境污染必将转而呈现出缓慢减少的态势。因此，公众主导环境治理阶段必须在中央主导环境治理阶段完成淘汰落后和高污染产业之后进行，才能实现经济效益的低消耗、低污染和可持续发展。

综上所述，经济基础决定上层建筑，经济社会发展前期所储备的经济资

本、良好的生态环境皆有利于环境公民身份的塑造，加之在地方主导环境治理和中央主导环境治理阶段，通过信访、听证和其他意见反馈等渠道，公众参与行政决策的能力得到了锻炼。除在既定的环境制度中规定公众参与环境治理的措施外，也需有相关制度允许和推动非政府主体，包括公司、公共利益组织、私人环境标准设定组织、行业协会、银行（私人）和非营利性组织以协商等多种方式进入公私合作治理领域，①即令环境法上的合作原则具体化，并可进一步衍生出一系列基于公权力委托环境治理的受托组织的法治化路径。

四、建构环境问责归责原则

环境行政惩戒效能的提升取决于环境问责归责原则的科学化构建，责任的类型化界分是构建环境问责归责原则的基础。具体而言，根据政治义务与行政义务的区分，分别确立无过错责任原则与过错责任原则，有利于实现环境问责的精准化和有效化。

（一）环境问责归责原则的框架阐释

归责原则所要解决的并不是直接的责任归属问题，而是责任归属的核心——法律的价值判断标准究竟是什么。环境问责归责原则的精神实质应当是与环境问责的目标和功能相契合的。在环境问责过程中，依据权责一致原则，从主要领导干部到管理领导干部再到直接行政人员，为达到惩戒失职、公正处分之目的，应当依惩戒追责力度不同而合理建构归责原则体系。以此为基点，本书认为该体系应当建构在基于问责对象所负之环境注意义务的强度上，并依据比例原则②分别设立无过错责任原则、特殊过错推定责任原则及过错责任原则，见图3.10。

---

① 参见[美]朱迪·弗里曼：《合作治理与新行政法》，毕洪海、陈标冲译，商务印书馆2010年版，第138页。

② 比例原则是行政法的基本原则之一，其可以扩展解释为对具体行动与效果的合比例性。比例原则是一个通过对“适当性”、“必要性”和“均衡性”进行理性分析进而对“成本效益”进行最优化分析的过程。就环境问责归责原则的选择而言，适当性是指选择的归责原则必须与问责人员所负注意义务适当；必要性是指采取该归责原则是恰如其分的，而不是“扩张”或“限缩”其责任基础；均衡性是指在环境问责中问责人员的注意义务与归责原则严格程度相对应。参见纪海龙：《比例原则在私法中的普适性及其例证》，载《政法论坛》2016年第3期。

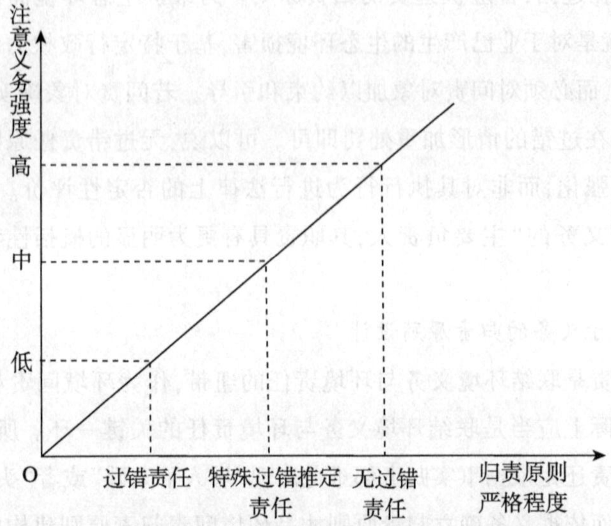

图 3.10　归责原则的追责严格程度与注意义务强度的关系

首先，过错责任原则是指在党政领导干部环境问责中，以环境决策失误、突发环境事件处置失当或环境执法错误为前提归责，其主观过错既有故意也有过失，其行为既有积极的作为也有消极的不作为。同时需要说明的是，环境问责的因果关系可以不是直接的因果关系，只需完成“损害事实的环境属性——当事人具有环境职权”即可判定执行行为与损害结果之间存在因果关系。这是应用最广泛的归责原则，基本适用于最基层或直接参与环境行政管理的党政干部。

其次，特殊过错推定责任原则是指行为人是否有过错必须通过“推定”的方法认定，并在推定行为人有过错后才能要求其承担相应责任。本书提出适用于环境问责的特殊过错推定责任原则，是指只要出现了规范性文件中明确规定的造成生态环境损害的事实，即应推定行为人在生态环境损害过程中存在过错。此处的事实既包括行为人损害生态环境的行为，也包括生态环境损害的结果。

最后，无过错责任原则在民事侵权法律制度中的原意是指无论侵权人是否存在过错，皆应承担相应的侵权责任，行为人是否存在过错并不影响责任的追究。环境问责中的无过错责任原则，是指无论问责对象在生态环境损害过程中是否存在过错,皆应被追责的归责原则。为维护生态环境而设置这个原则的核心,就是对于业已产生的生态环境损害,基于特定行政权力所可能负有的政治义务,而必须对问责对象加以约束和引导。若问责对象确实存在过错,则比照不存在过错的情形加重处罚即可。可以说,无过错责任原则是对注意义务的高度强化,而非对其执行行为进行法律上的否定性评价。例如,应负有较高政治义务的"主要负责人,其职责具有更为明显的概括性和不定量性特征"。①

(二)基于义务的归责原则设计

环境问责是联结环境义务与环境责任的纽带,作为环境问责程序核心的归责原则实际上应当是联结环境义务与环境责任的关键一环。所以,无论是依据身份归责还是依据事实归责都难免出现"看人下菜碟"或者"头痛医头"等制度困境。而依据义务确立归责原则才是环境问责归责原则建构的基础。因为唯有依据义务归责才可既体现政治身份的义务差异性,又使同类义务兼容结果问责与过程问责。在具体的义务类型化界定上,学界有"法律(义务)问责、政治(义务)问责、管理(义务)问责、职业道德(义务)问责"②,或者"政治义务、行政义务、业务部门义务、法律义务、道义上的义务"③,又或者"官僚型、法律型、专业型和政治型"④等多种分类,这些分类所依据的正是问责对象所肩负的相关政治、行政、法律或道德义务。

基于本书所研究的环境问责的对象是处在政府义务第三层次的公职人员环境义务,为此,依据政治行政二分法理论,⑤从问责机制的归责基础出发,环境义务可以分为政治义务与行政义务,其中,依行政主体的职责不同,行政义

① 杨小军:《行政不作为问责的性质与构成要件》,载《国家行政学院学报》2009年第2期。

② 卢智增:《现代行政问责制研究述评》,载《中共山西省委党校学报》2016年第5期。

③ 毛寿龙:《责任政府的理论及其政策意义》,载《行政论坛》2007年第2期。

④ 胡润忠:《探寻适合国情的公共行政问责制》,载《学习月刊》2006年第1期。

⑤ 尽管后期随着政治学理论的发展,政治行政二分法被打破,但此种划分可能更有利于对中国当下现实的环境问责情况进行梳理,并在此基础上对归责原则进行合理区分。参见[美]古德诺:《政治与行政》,华夏出版社1987年版,第12~13页。

务又可分为管理义务与执行义务。[①] 其中，政治义务是指党政等领导干部虽无过错，但基于其“公共权力的被委托者对委托者所承担的职责”，[②]在生态环境破坏结果出现或风险增加时应承担的义务。政治义务之所以更多地强调政治使命所带来的义务，是因为这个政治使命是由国家和执政党的正当性与合法性赋予的，所以政治义务[③]的来源实质上是正当与合法的国家政治身份带来的与人民的契约，该契约也反过来赋予了政治的正当性与合法性。行政义务是指公职人员拥有相应的行政职责而承担的义务，若乱作为或不作为而导致国家意志执行有瑕疵或未执行则应担责。行政义务强调的是职责所带来的义务，而该职责应该是“规范性法律文件明确规定的”或“单位内部规范性文件明确规定的”。[④] 根据不同公职人员的职责，行政义务又可以分为管理义务和执行义务。其中，管理义务是指对某项行政职责具有主管职责的公职人员，对所管理人员的作为或不作为的义务。执行义务则是指对某项行政职能具体执行的公职人员在履职过程中作为或不作为的义务。管理义务下党政工作人员对某项管理行政职责具有主管责任，执行义务下党政工作人员是具体执行者。

需要说明的是，上述义务之间并不存在互斥关系，即公职人员可以同时肩负不同的义务，并可基于不同的义务适用不同的归责原则而承担不同性质、不同程度的责任，最终责任结果既可能是单独责任，也可能是“数罪并罚”。只有科学区分不同义务及其归责原则，才有可能得出相对应的追责结果，使问责对象“明明白白”地接受惩戒。

---

① 有学者认为，中国环境问责的实质是政治问责。本书认为，无论是法律问责还是政治问责，都必须是法治问责，即应当在法治理念引导下，制定专门的规范和程序来实施，避免出现“运动问责”“人治问责”等情况。

② 张贤明：《政治责任的逻辑与实现》，载《政治学研究》2003 年第 4 期。

③ 参见毛兴贵：《政治合法性、政治正当性与政治义务》，载《马克思主义与现实》2010 年第 4 期。毛兴贵博士在这里强调了政治正当性与政治义务的逻辑关联。

④ 侯艳芳：《环境监管过失的注意义务与司法认定》，载《政治与法律》2016 年第 12 期。

(三)环境问责归责原则的具体化

1.政治义务:无过错责任原则的联结正当性分析

从理论层面分析,人民主权理论是政治义务的重要理论来源,业已在我国的政治实践中得以贯彻发展,国家权力必须对人民负责(承担政治义务)。我国《宪法》规定:“中国各族人民将继续在中国共产党领导下……推动物质文明、政治文明、精神文明、社会文明、生态文明协调发展。”“国家保护和改善生活环境和生态环境,防止污染和其他公害。”因此,各级党政领导在环境保护方面的权力必须受到制约和监督,其有义务为人民服务,构建良好的宜居环境,在此方面,无论其是否存在过错,只要违反人民的环保意志,造成生态破坏和环境污染,就要承担相应的政治责任。因此,党政领导干部拥有双重身份——环境保护职务的履行者与环境保护政治权力的所有者,其应当正确行使权力建设美丽中国,如果违反政治义务,未履行党员干部的政治承诺,就要承担相应的责任。

从实然层面分析,我国党政“一把手”负责制决定了为政治义务设置无过错责任原则的必要性。在我国长期的政治实践中,党政“一把手”负责制贯穿整个政治体制并发挥着重要作用。中国共产党作为执政党,各级党委书记或党组书记是相关地区或领域全方位的“一把手”,而行政上的“一把手”往往兼任党委副书记,一些分管重要领域的政府副职领导兼任党委常委。在这样的安排下,往往是“一把手”对某地区或领域进行统筹领导。在我国,“一把手”往往能够调配本部门或领域的所有资源,但是存在责任规定不明确的问题。故有必要通过环境政治义务的赋予,提高党政“一把手”环境保护履职中的注意义务。

2.行政义务:过错责任原则的联结正当性分析

从理论层面来看,我们需要注意两点:首先,责任政府理论视角下特殊过错推定责任原则与管理义务存在契合关系。责任政府理论是管理义务的重要理论来源,也是特殊过错推定责任原则与管理责任在理论意义上的契合点。一方面,责任政府强调责任的指向,对契约理论下政府与人民的关系有了重新的思考和定位,将管理责任从现实意义上纳入一个规范性的管理体制中,要求管理领导干部必须对赋予其该领域权力的人民负责；另一方面，它在政府作用方面更强调“功能主义政府”导向，[①]如果政府在其管理领域内存在功能瑕疵，且不能证明自己的管理没有过错，人民对其评价就会降低。其次，委托—代理理论视角下的过错责任原则与执行义务存在契合关系。在委托—代理理论中，委托人（人民）与被委托人（政府）的行为目标是实现自身效用的最大化，[②]故两者在价值的选择上是不同的，委托人是结果导向的选择者，而被委托人是过程导向的选择者。由此，委托—代理理论更多地强调一个动态的过程，强调被代理过程中“代理人拥有相对于委托人的信息优势”，[③]所以如果有过错即应承担责任，如果并未利用信息优势发生“道德风险”，[④]产生相应过错便不需要承担责任。由此，我们可以清晰地看出执行义务与特殊过错推定责任在该点的契合，并由此推导出执行问责适用特殊过错推定责任原则的逻辑脉络。

从实然层面来看，环境行政科层体制决定了行政义务分别设置特殊过错推定责任原则和过错责任原则的必要性。从我国行政制度框架构建的实践来看，科层制的确对社会的发展产生了重要影响。马克斯·韦伯认为，基于社会管理的必要性，社会主义不得不选择高度理性的管理组织体制，[⑤]而科层制也保障了整个社会的正常运行。[⑥] 为此，科层制下的问责必须趋向于条块化，而这种条块化的问责正是构建在科层制组织模式的基础上的。从“块”的地方政府与生态环境主管部门内部来看，既有担负管理职责的各级领导干部，又有一线工作的普通执法人员。为此，应当区别对待职责职权不同的公职人员。从“条”的各级生态环境主管部门之间来看，各级机关的管理与执行的关系是相对存在的，“上级”与“基层”的关系亦是相对的。因此，在对行政义务问责时，

---

① 参见陈国权、徐露辉：《责任政府：思想渊源与政制发展》，载《政法论坛》2008 年第 2 期。

② 参见刘有贵、蒋年云：《委托代理理论述评》，载《学术界》2006 年第 1 期。

③ 林鸿潮：《公共危机管理问责制中的归责原则》，载《中国法学》2014 年第 4 期。

④ 胡春艳：《公务员问责制度研究》，经济管理出版社 2016 年版，第 27 页。

⑤ 参见唐爱军：《探析韦伯的官僚制思想——兼与马克思官僚制思想比较》，载《天津行政学院学报》2011 年第 6 期。

⑥ 参见[德]马克斯·韦伯：《支配社会学》，康乐、简惠美译，广西师范大学出版社 2004 年版，第 66 页。

应当坚持同级系统内管理与执行义务问责和上下级系统间管理与执行义务问责相区别、相结合的原则。如同级系统内问责中的管理义务人也有可能成为上下级系统内问责的执行义务人,此时应当根据其具体担负的行政义务确定相应的归责原则,以避免单纯以行政身份或级别定责的问题。

从当前环境问责的效果来看,归责原则的设计是平衡责任成本的规范性路径。所谓责任成本,是指问责对象因问责而承受责难的主观感知和问责成效的客观表现。责任成本公正性则要求在同一环境损害问责程序中,保证不同主体付出责任成本与其责任基础和惩戒力度相当。而此公正性的失衡就是导致“委托人质疑”与“受托人委屈”矛盾的内在逻辑。归责原则是当事人承担责任的基础和门槛,若“门槛低”,则当事人更容易受到问责,反之亦然。故当事人的易受责难程度与归责原则的严格程度直接关联。为保证责任成本的公正性,必须使归责原则的严格程度与惩戒力度具有相关性。例如,对同一环境损害事件问责时,主要领导人承担政治责任时,因为适用无过错责任原则,受责难的门槛较低,则其处罚惩戒的力度也应相应降低;基层干部承担执行责任时,适用过错责任原则,承受责难的门槛较高,则其承受的惩戒力度也应相应提高。基于此,本书提出,在同一环境损害问责程序中,在保持责任成本(C)的公正性(定量)情况下,可以依据不同问责对象所负之特定义务而选取相应归责原则(x),进而提出合乎公正比例的惩戒措施。所以本书提出如图3.11所示的理论模型。[①]

在此模型下,本书认为在同一环境问责中,惩戒力度与归责原则的严格程度应当是成反比的,只有这样才能保证问责对象与惩罚接受程度相对一致。

① 此公式的含义为在对被问责对象的制裁定量的基础上,惩戒手段的严厉与归责原则的严格是成反比的,此公式并不表达具体的数量,只表达一种趋势。

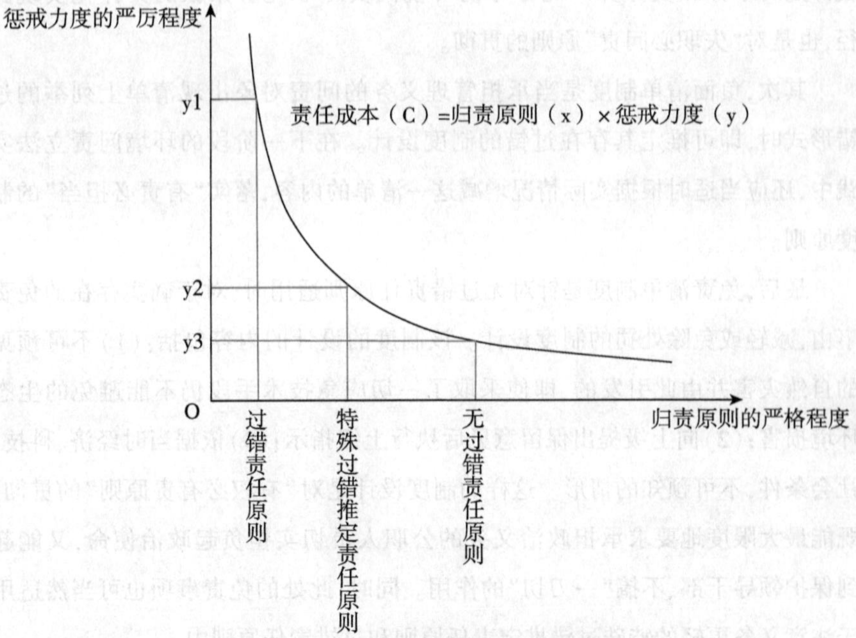

图 3.11　环境问责的责任成本模型

(四)环境问责归责原则的清单制度设计

清单制度是规范相关主体为或不为某种行为或者对某类事项采取何种态度的制度设计。从类型上看,既有激励的正面清单也有否定的负面清单。如前文所述,在环境问责的归责原则中,若坚持只有出现过错才应追责的过错责任原则,可以建立以职责权限为基础的正面(尽职)清单;若坚持只要出现了特定事实即应追责的特殊过错推定责任原则,可以建立列举特定事实的负面(失职)清单;若坚持无论是否存在过错皆需问责的无过错责任原则,虽体现了十分严格的追责态度,但也不能排除免责事由的适用,为此,可以建立相应的免责清单。

首先,正面清单制度要求担负执行义务的问责对象严格遵守清单列举的职责事项,只要遵守履行清单规定的职责内容,就可以免除或减轻问责对象的责任。正面清单的设计可以不具体罗列相关事项,而是依照生态环境主管部门的职责进行具体化,进而出台专门环境行政规范性文件。正面清单的制度设计是对学界和实务界广泛呼吁的环境问责尽职免责条款的具体化实现路径,也是对"失职必问责"原则的贯彻。

其次,负面清单制度是当承担管理义务的问责对象出现清单上列举的过错形式时,即可推定其存在过错的制度设计。在下一阶段的环境问责立法实践中,还应当适时根据实际情况增减这一清单的内容,落实"有责必担当"的制度原则。

最后,免责清单制度是针对无过错责任原则适用时,对于确实存在的免责事由,减轻或免除处罚的制度设计。该制度的设计的内容包括:(1)不可预见的自然灾害并由此引发的、即使采取了一切应急技术手段仍不能避免的生态环境损害;(2)向上级提出保留意见后执行上级指示;(3)依据当时经济、科技、社会条件,不可预知的情形。这样的制度设计是对"有权必有责原则"的贯彻,既能最大限度地要求承担政治义务的公职人员切实担负起政治使命,又能起到保护领导干部、不搞"一刀切"的作用。同时,此处的免责事项也可当然适用于注意义务更轻的特殊过错推定责任原则和过错责任原则中。

五、建构区域环境污染府际协作治理制度

20世纪90年代以来,发达国家府际关系理论研究最大的拓展是出现了相对于传统的层级制府际关系与竞争式府际关系的府际治理理论。府际治理是指一种政府间、公私部门与公民共同构建的政策网络,强调通过多元行为主体间的互动与合作实现和增进公共利益,其主要包括政府间协作、跨部门伙伴关系以及公众参与。环境行政区域协作治理效能的提升要求构建区域间的协作治理制度,从主体制度、执法制度和保障制度这3个角度建构环境跨区域治理的制度基础。

(一)府际协作主体制度——府际联席制度

府际联席制度的出现源于制度性集体行动(institutional collective action, ICA)的困境。曼瑟·奥尔森在其"集体行动困境"理论中分析了由个体层面的理性所导致的集体行为结果的不理性,而ICA理论则在此基础上,借助奥斯特罗姆的制度发展框架理论,对研究范围进行了延伸,研究的对象从完全理性下的个体行为扩展至制度框架约束下有限理性的复合行为。尽管有限理性下的

复合行为主体避免了个体理性与集体理性之间的矛盾,但由于信息的不对称和行为的不协调,复合行为主体在追求自身利益的过程中产生了另一种不利后果——集体的无效率,即 ICA 困境。

府际联席制度的引入为解决府际协作的 ICA 困境提供了制度基础。[①] 中央可以通过诸如派遣督导小组、出台政策措施、制订地区规划等方式嵌入地方,加强与地方间的信息交流,使央地实现“串联”,上下行动协调一致,行政高效化。[②] 相比之下,地方间的横向协作机制就显得不够完善。

在京津冀协作治理散乱污企业时,无论是正向的经济激励措施,还是反向的政策约束措施,都是以三地政府的充分协商与对话为前提的。在引入府际联席制度后,京津冀各地政府间可以此为媒介,针对不同的需求设置常态化府际联席会、专项府际联席会以及紧急性府际联席会等机制,针对散乱污治理问题进行深入的交流对话、合作协商、信息共享,制定并签署相应的府际合作协议,以保障府际协作中的各类政策措施能够得到有效落实,使三地“并联”,携手共同应对散乱污企业的治理问题。

(二)府际协作执法制度——跨区域联合执法制度

跨区域联合执法制度的出现存在两种现实需求,即环境问题的空间外延性、行政区划的各自为政。这就导致被割裂的局部区域治理行为无法有效解决整体性的环境治理问题。[③] 要化解这一矛盾,需要在区域内建立起环境治理的跨区域联合执法制度,将区域内各地方政府的环境治理行动纳入统一的框架之中,共同担负起环境治理的责任。

建立跨区域联合执法制度,首先,应统一区域内的环境执法规范,以协同规范促进各地方政府执法上的协同。在制定区域统一执法规范时,由国务院及其下属各部委作为牵头者,组织涉及的各地方政府参与协商,最终达成区域

① See Kwon Sung-Wook & Feiock C. R., *Overcoming the barriers to cooperation: intergovernmental service agreements*, Public Administration Review, Vol. 11, p. 876 – 879(2010).

② 参见锁利铭、廖臻:《京津冀协同发展中的府际联席会机制研究》,载《行政论坛》2019 年第 3 期。

③ 参见邓小兵:《跨部门与跨区域环境资源行政执法机制的整合与协调》,载《甘肃社会科学》2018 年第 2 期。

内的统一环境标准。但统一立法并不意味着各地环境法规的绝对一致性，而是在统一底线基础上的范围标准，各地可以根据自身的实际情况在各自范围内制定符合本地的实施细则。其次，应依托府际联席制度建立起中央主导下的区域环境协调机制。由于地方保护主义的掣肘以及对等的行政级别，各地方政府在联合执法的过程中往往会存在巨大的现实阻力，这就需要中央出面进行协调干预。中央可以设置专门的区域协同发展领导小组，予以实际的领导、协调与问责权力，推动地方协同执法。最后，各地方政府应共同制定联合执法的框架协议，明确跨区域联合执法所涉及的机构、范围、标准，同时应建立公开透明的信息共享机制，保障跨区域联合执法制度的正常运行。此外，还应完善违反跨区域联合执法制度规定或消极执法时的责任追究机制，以及受损方的救济途径。

（三）府际协作保障制度——生态环境补偿制度

生态环境补偿的概念存在广义与狭义之分。广义的生态环境补偿包括对生态功能和环境污染的补偿、恢复、综合治理等内部化的外部经济性和外部不经济性的行为，而狭义的生态环境补偿则是对因环保而丧失的发展机会或作出保护性投入的正外部性的“保护”补偿。本书所涉及的生态环境补偿均为狭义概念。

生态环境补偿制度本质上是一种用于激励生态环境保护行为的转移支付，用于调整因提供生态服务而产生的环境与经济的利益分配失衡。由于环境问题的外部效应，区域内的其他主体可以不支付任何费用而享受生态服务所带来的利益，而提供生态服务的主体无法从劳动中获得实质性的经济回报，进而造成区域内利益分配失衡的后果。而解决外部效应问题的最主要途径便是使外部效应内部化，具体而言就是通过生态环境补偿制度，从生态服务的享受者所获得的经济效益中拿出一部分，作为报酬支付给生态服务的提供者，使区域利益平衡化。

生态环境补偿制度也是生态环境治理过程中实现卡尔多—希克斯改进的必然选择。卡尔多—希克斯改进，是指在社会的资源配置过程中，如果获益者所增加的利益足以补偿受损者的利益，那么通过获益者对受损者的补偿，便可以使整体的效益得到增加。① 以环境需求型城市与经济需求型城市为例，在两地经济总量（记为 T）不变的情况下，通过生态环境补偿制度由前者向后者进行经济补偿（损耗不计）。由于边际效应的存在，两地的经济效用函数 U_1、U_2（如图 3.12 所示）会随着财政收入的增加而逐渐减少。

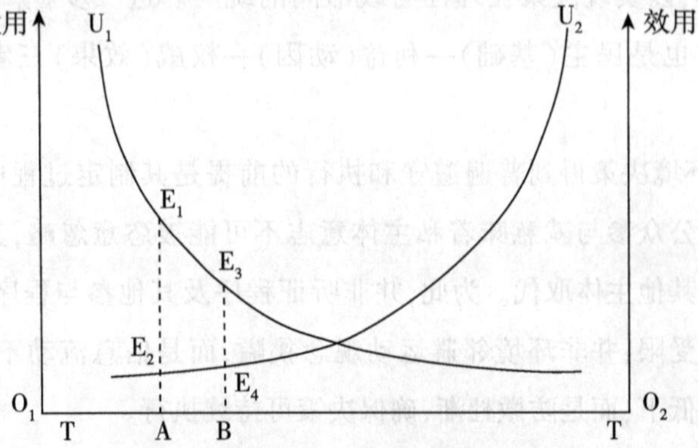

图 3.12　区域生态补偿效用示意图

在生态环境补偿制度的作用下，两地的经济差距会缩减，反映在图 3.12 中为由线段 O_1A、O_2A 变为线段 O_1B、O_2B。此时，环境需求型城市的经济效用开始减少，而经济需求型城市的经济效用开始增加，反映在图中，前者的减少值为 ABE_2E_4，后者的增加值为 ABE_1E_3。整体而言，两地的经济效用实现增加，增加值为 $E_1E_2E_3E_4$。由此可见，京津冀在散乱污治理的过程中，通过建立生态环境补偿制度，可以有效解决各地利益分配失衡的问题，减少地方利益冲突，实现治理过程中资源的高效利用，保障府际协作制度运行的稳定。

六、环境多元共治的实现路径

环境多元共治强调政府、私主体和公众对环境事务的共同管理，既包括前期参与决策，也包括事后进行监督。这种多元共治强调决策者与受决策影响的利益相关人进行双向沟通与对话，其过程不仅要求贯彻“民主、公开、互动、包容”等原则，更要求通过各方参与的形式实现各主体利益的衡平。

---

① 参见秦鹏、郭楠：《油污损害防治的法经济学解释——基于财产规则、责任规则和不可让渡规则三个维度的分析》，载《重庆大学学报（社会科学版）》2016 年第 6 期。

(一)前期环境决策阶段的公共事务共治

公众参与是分配现代国家资源与社会利益的一种结果。无可争辩的是,现有的利益格局决定了政治决策的属性,而政治决策反过来又影响了社会利益的分配。所以在决策环节赋予公众更多的参与权就等同于加入了一个新的利益群体,以实现决策在理性与政治间的统一。进一步看,环境决策环节的公众参与也是民主(基础)—利益(动因)—权威(效果)三者统一的有效方案。

首先,环境决策得到普遍遵守和执行的前提是其制定过程中广泛的民意支持。提倡公众参与就意味着私主体意志不可能被恣意忽略,其参与决策的权利不能被其他主体取代。为此,并非听证程序及其他参与程序效率不高,而是参与程度受限;并非环境邻避运动观念狭隘,而是信息流动不畅;并非参与式决策效率低下,而是防微杜渐,确保决策可持续执行。

其次,公众参与治理是决策活动利益衡量的必要条件。环境利益的分配不均是导致环境冲突的重要因素之一,尽管更多主体的参与会增加决策过程中的协商交易成本,但这也是避免决策后利益冲突的必要条件。况且决策中增加的交易成本远低于决策后化解冲突的成本。这种成本既包含可以估算的经济成本,又包含了不可估算的政治成本与环境成本。因此,我们要在不同主体间实现充分的利益识别、利益排序与利益整合,并以利益衡量式的参与决策取代单一国家意志或经济利益驱动。

最后,决策效果的实现依赖于公众认可并信赖的权威。在决策环节,公众与企业、政府同样存在自身视野的局限,而三者不同主体的优势与局限间的互补性恰是多方参与治理的重要依据。为此,在优势互补背景下,多方主体经过有效沟通而达成一致才会使决策获得各方的认可,进而在下一阶段的管理乃至监督程序中不需要再反复回溯决策过程中的弊病,甚至是程序回转重新决策。否则,任何一方自我标榜而设置的权威,都难以得到普遍的尊重,那么决策的效果也就无从保障。

(二)后期环境治理阶段的执行监督

环境管理是参与式环境治理的第二阶段,指环境管理人在决策执行过程中,明确决策执行中的相关因素,将环境管理部门、自然生态与环境受众等角色分别纳入管理的过程,进而实现决策—管理的承转变换。

首先,环境管理的依据来源于决策环节。前述环节作出的环境决策将通过一定的程序传达给管理者并加以贯彻。此后,决策团体便不再针对具体的环境管理行为加以指挥,而作为管理者,一方面应当坚决地贯彻决策部署,另一方面可以根据具体的外部条件和整体环境的不同而区别对待,否则,在没有实现条件的前提下盲目地执行将显得毫无意义,并且最终根本无法实现决策者的意图。这就要求管理者应将情况及时反馈给决策者,以便于原决策者根据实际情况对之前的决策作出针对性变动。

其次,环境管理者在执行决策的过程中往往会因为相对封闭的权力运行环境而导致在决策落实与社会回应间存在矛盾或间隔。这是因为,传统管理者与管理目标通常不会进行直接的接触,此时管理行为所产生的环境效果就成为联系二者的纽带。权力与权利间的紧张决定了二者间必须存在明显的边界,这一边界既是对前者的限制又是对后者的保护。因此,我们会发现,一般的社会回应或者公众舆情只能在积聚甚至爆发后才得以展示。

最后,唯有在实践中引入多主体治理的方法才能实现环境善治。多主体治理不是一般的政府管理,而是根据治理履行情况对其实施控制。一是看管理行为是否偏离决策意图,一旦偏离,则及时纠正。二是将决策执行或遇到的实际难题在执行的同时随时掌握、随时上报。

(三)环境公共治理的法治实现路径

环境监督环节的参与是不同于公众在决策环节和管理环节中的参与的,前述的参与乃是作为决策主体和执行主体的一元而非体外因素,因此,其所扮演的"监督角色"更类似某一整体系统内的免疫机能,是实现风险防范的重要内容。此处的环境监督指的是来源于系统外部的监督,即由社会公众所承担的监督,以环境社会非政府(环境 NGOs)为主导,在观察决策和管理过程中发挥重要作用,同时是防范环境污染者避开监管、破坏环境的有生力量。

1. 改善行政制度环境

我国环境 NGOs 在登记管理体制上存在过于严格的情况,因此,需要着手让环境NGOs获得良好的制度环境和发展环境。要从法律法规制度入手,修改相关法规,完善法律立法,对《社会团体登记管理条例》《民办非企业单位登记管理暂行条例》等国务院行政法规中关于双重登记、双重负责的制度予以修订,降低准入门槛,改管制为引导,避免环境NGOs的建立带有原生的准官方性质,而应还其民间组织的本来样貌。完善法律就是要在法律层面创制实现公民结社自由权利的法律制度,提高制度位阶,从政府之制变为民意之治。

2. 树立协调合作理念

理顺环境NGOs与地方各级政府的关系,对环境NGOs的健康发展和作用的有效发挥具有重要意义。政府与环境NGOs之间应当建立互信、互助、共同协作的合作关系,共同应对国家所面临的严峻环境问题。特别需要政府拿出改革的决心,优化政府结构,转变政府职能,把“错装在政府身上的职能还原到社会上面”,从而实现创新社会管理的社会改革目标。环境NGOs之所以被称为环境非政府组织,就是因为它是为公众能够享有美好而舒适的环境而不断争取的良性公益性组织。政府主动寻求与环境NGOs合作,依靠后者填补己所不能或无力施政的治理空白,并建立联合的环境治理机制,使环境NGOs在环境治理中发挥更加重要的作用。

3. 丰富合作方式

政府治理过程中所需要解决的经济发展、社会稳定与公民诉求的三大问题间存在彼此长期利益一致同短期利益冲突的矛盾。在革新制度与重塑理念之后,最需要解决的就是如何在保证不影响经济发展的同时,通过正当的渠道,建立健全公民妥善表达诉求的路径。同理,环境NGOs作为公民诉求理性化表达的有效集合,也面临着如何反映诉求的问题。本书认为可以从以下几点着手思考相关配套机制的建设问题:一是允许环境NGOs依法向政府反映地方出现的重大环境破坏或可能出现重大生态环境隐患的项目,为决策部门提供信息参考;二是通过现有的人大制度和政治协商制度,由人大代表或政协委员收集相关信息形成议案提案,推动地方政府处理相关问题;三是加强和生态环境主管部门的合作,双方形成由环境NGOs收集信息、发现问题,政府部门出面解决问题的良性合作伙伴关系。

第四章　环境司法中的衡平适度性原则

第一节　环境司法中衡平适度性原则的概述

衡平适度性原则,是指在通过环境司法活动实现权利救济的过程中,应当在既定利益次序下,以法权限度为框架,明确相应的实体与程序规则,以实现权力不越界、权利有保障、责任有担当的救济目标。

一、司法专业性与社会舆论监督的衡平

司法效果的本质内涵是指由司法过程和最终审判结果形成的法律效力对社会产生的能动性的效果和影响。此处的司法具体是指我国法院所进行的审判活动。[①] 司法价值的体现是通过合理和公正的判决,以此引导人民群众的社会行为,并在广大的社会范围内弘扬符合主流社会价值观的社会美德,维护整个社会的运作秩序。社会效果往往通过"舆论"彰显出来。

---

① 参见蒙柳、万勇:《论我国的司法解释》,载《行政与法》2003 年第 4 期。

事实上,司法的专业裁判与社会的监督是互相扶持、互相保障的。当司法专业审判面临危机的时候,社会舆论监督就应当把“阳光照向权力运行的轨迹”;当社会监督面临破坏的时候,专业的司法裁判就应当给予破坏行为以负面的评价。这两条法治精神得以保证的前提,是当且仅当在国家层面进行的确认。解铃还须系铃人,被新闻媒体贴上“标签”的司法审判,将随着司法与新闻和谐共存关系的确立而不再令人感到忧虑,判决的公正也会得到保证。在一个时期内,随着一些社会事件与司法案件的出现,关于当事人身份的热议,尤其以各类“×二代”为表征的身份传承所带来的“身份差异”备受关注,在此时的舆论浪潮中,公共舆论的导向自然也就紧随“身份”所带来的引力进行不断地修正与冲击,意图强化这一概念。在某一类人看来,既然自己无法获得这种传承优势,便要通过自身的奋发而使自己的下一代获得;在另一类人眼中,这种差异是自己无法逾越的高墙,唯有和与自己有着同样境遇的人形成合力,以较多数人的力量提升自己话语权,缩小差距,才能推翻这堵高墙。由此,社会舆论与司法效果之间的冲突出现。

首先,这种冲突来自司法制度的旨趣与其现实偏差。司法自创设以来便是公民救济自我权利、国家基于公意维护社会生活安全的途径。需要明确的是,这种渠道是自下而上的共同意志确立的,是人民为了保证自己“让渡权力”后不受公权力肆意干涉的保护所,并不是国家建立后为了巩固统治而制造的国家机器。只有保证纯洁的人民性,司法的公正与中立裁判才会得以存续。

人们把对公平理念的诉求寄托于现阶段的司法工作人员身上,当判决稍不如己意,口诛笔伐便随之而来。要想解决这个问题似乎并不在于看法官判了什么,更重要的是应当找寻是什么原因让法官这样判,并做到让人民在每一个司法案件中感受到公平和正义。

其次,冲突发轫于新闻媒体的本职履行不当与错讹。新闻是为“新”事得以为公众所“闻”而产生,新闻媒体便是以追逐新闻事件为目标的社会组织。随着网络的普及,新闻媒体有了更大的展示自己的舞台,网民也从互联网上找到了自己发声的渠道。由此,便出现了对于舆论干预审判、网络暴力的思考,人们担心这些现象会形成巨大的舆论压力迫使法官不能够独立思考,进而导致判决对舆论的呼声有所倾斜。

最后,冲突的结果就是由新闻报道与司法审判的误会而招致的司法公信力丧失的实在表现。从个别公共案件的判决结果来看,即使法官作出了正确的判决,为什么仍然让社会感到不信任呢?有人便抬出之前提出的“法官是受到舆论左右后作出的裁判”,导致公民对司法机关独立性的质疑——尽管这种观点无疑是荒谬的。

事实上,人民群众对个别案件的高度关注,也是大众基于朴素正义观的客观表达。在排除自媒体营销号带节奏、扰乱视听等虚假新闻情形后,对于能够客观展示出来事实原貌的案件,能折射出人民群众不仅对个案本身,而且对社会公平正义有着强烈的渴望。例如,昆山龙哥反杀案、劝阻电梯吸烟者案等案件。面对舆论的高度关注,司法者应当从更宏观的视角去看待人民群众基于朴素正义观对公平正义的渴望。法律作为代表人民意志的社会规范的总和,如果机械僵化地适用个别法条而使法律的裁判脱离立法者(人民)的本意,那受损的将是人们对法律的普遍尊重。那么,舆论究竟有没有干涉司法?答案是肯定的,然而这股力量真正干涉的是来自公权力对司法审判干预的企图。舆论的干预往往会迫使那些意图透过公权力干涉司法的力量望而却步。

为此,对于司法机关,在这里需要厘清一个逻辑。从理论上讲,首先,法律是由权力机关制定的,权力机关的组成又来自人民的选举,那么法律便是代表不同阶层、不同利益集团的公民协商一致后的产物,自然也就符合公民对法律权利保护的诉求。其次,法官司法审判的依据是法律,枉法裁判必受严惩。所以只要法官不偏不倚地依照法律审判案件,用守护法律的良心使用自己的自由裁量权,那么这个判决必然会受到社会认可。最后,使政治效果、法律效果与社会效果三者有机统一的司法裁判逻辑是,根据案件的客观事实,结合社会公众对公平正义的期盼,从现行法律中找到足以满足当下社会舆论最期待的裁判结果的法律依据。确保司法审判既有法可依又让人民群众切实感受到法律对公平正义的切实维护。

故言之,对于新闻媒体,我们既不需要以所谓的“第四种力量”“无冕之王”等头衔去标榜它,也不需要以所谓的“只为博人眼球”“唯恐天下不乱”等罪名去诋毁它——它与普通的公司一样，只是一个简单的社会元素。媒体应该褪去背后的“行政色彩”，真正进入市场之中，以追求最客观公正的事实为目标展开相互竞争。总有人认为新闻监督意味着“虚假新闻的泛滥”，其实不然。在市场经济条件下，独立的竞争促使媒体对真相不断进行挖掘，任何歪曲事实，打听小道消息、夸大负面影响的媒体都无异于自毁饭碗。因为即使在不信任政府“辟谣”、坊间传闻满天飞的状况下，新闻的受众需要的仍然是真相，而不是故事。而鉴别真相的途径就在于“同行”对你所称的真相的考察以及对事件的进一步挖掘。由此可以看出，新闻媒体的乱象不在于媒体良心的缺失（即使缺失了），而在于对媒体挖掘真相时所给予的体制保护是否足够——当媒体找不到真相时，猜想也就不可避免。所以新闻监督带来的只是事实的公开，而不是社会思想的混乱，更不是对司法的横加干涉。

环境司法是我国司法部门针对不断恶化的生态环境，从司法体制的层面入手，系统性地探究和分析促进环境保护司法理性化的全新机制。环境司法发挥切实的作用不仅可以让社会民众所拥有的环境权益免受不法侵害，而且可以在一定程度上提升行政部门的环保效力，进而达成环保目标。在环境案件的司法审判过程中，司法者如果只是简单地根据环境法的内容进行分析和判决，而没有将判决结果的社会期待进行考量，则审判结果将在很大程度上不能达成立法的社会目的，法律的价值目标也无法得到有效体现。环境司法的目的是完成司法效果与社会效果的互相衔接和彼此统一，以此促进社会公众环境的稳定发展。从本质上讲，司法将社会作为基础，那么维护公众利益就是至高无上的司法目标。

二、司法能动与司法中立的衡平

衡平原则要求司法者应按照司法诉讼的客观规律在各类价值冲突中把公平和正义放在首位，并进行整体的考量，实现各方的衡平，以有效解决此类冲突，使众多价值目标完成整体统一。但是也要避免司法者通过自身所拥有的审判权，以衡平原则为盾牌，作出以公谋私的行为。因此，有部分学者提出，“符合情理”将演变为我们国家历史发展过程中对程序法制负面影响最为突出的一个要素。由于程序的本质是审判的非人情化，所有程序的设计是为了制约主观性的裁量。[①] 因此,怎样在司法程序中协调司法能动和司法中立的关系已演变为衡平原则进行良好适用的关键。

由此,为达到司法能动与司法中立的衡平就需要从当代中国社会精神的发展脉络中去梳理。20 世纪末 21 世纪初,从身份到契约的转变思潮开始在中国大规模流行。随着《合同法》(已失效)的颁布,契约精神的倡导者们把它推向了社会各个角落——人与人是契约关系,人与组织是契约关系,人与国家仍是契约关系。对于有着几千年身份传统的中国社会,这种思潮对于形塑全民的平等思维有着巨大的进步意义。然而,目前客观存在的现象是,一些占有大量财富与占有公共资源的群体开始结合为社会的强势群体,而农民及城市中低收入者则渐以弱势群体自居,对身份甚至身份的延续性的讨论与争议便不可避免地发生。

今谓之"身份",一直为社会所争议,尤其对于尚未完成法治启蒙的社会而言,"身份"的地位便更显尴尬。形塑某项思维,首要是固化其身份,而这种身份又不得使其获得与他人所不同的社会资源;这种身份可以传承,而这种传承又不得使其继承人不经劳动而获益的现象存在。

为此,本书认为,环境能动司法与环境司法中立的衡平的实质是对社会契约精神的回归与遵守。契约精神肇始于私行为中罗马法对交易的规范,并在启蒙思想家们的改造下被应用于对社会、国家的解读,完成了对社会的"启蒙"。当梅因把社会的进步描述为"从身份到契约的过程"时,人们也正在从"身份的不平等走向平等"。当个人面对个人时,彼此互惠互利的契约精神是妥善履行契约的最佳选择。互惠的前提是要求彼此承认对方的劳动价值,而不是相互攻讦。要做到时刻将对方视为自己社会生存的伙伴,利用自己的资源排斥对手只会使自己更加孤立。当群体面对群体时,彼此互视平等的契约精神是保证契约不被破坏的重要前提。不因自己处于优势而无视他人,因为优势总是相对的;不因自己处于劣势而自怨自艾,因为劣势总是可以改变的;双方更不能因地位的不平等就倚势凌人抑或无产而无畏。当个人与社会相联

---

① 参见杜辉:《环境法上按日计罚制度的规范分析——以行为和义务的类型化为中心》,载《法商研究》2015 年第 5 期。

结时,平等互惠的契约精神必须得到广泛的昭示。公共政策也要对分配制度的不公正及时作出调整,加强社会保障机制,通过收入的转移支付实现财富的衡平分布,为人们提供较为稳定的生活保障,增强公众对社会生活的信心与安全感。

从某个角度来讲,司法权是一类判断权,因此其不可避免地体现出一定的中立性、权威性等特征。中立性被视为我国司法体系的首要特性,其涵盖的实质内容是要求司法者对诉讼中的双方不能予以区别对待,法官应扮演一种具有超然性的角色。① 在社会民众维权意识显著提升的当下,社会民众所具有的环境权益假如没有获得应有的认可,就有可能出现缺乏理性的集体性行为,进而产生社会矛盾。从客观情况来讲,司法救济体制的缺失在我国环境保护司法化进程中发挥了负面作用。环境冲突的持续激增和立法缺失之间的矛盾需要借助"环境司法能动"进行消除,以此消除环境立法过程中存在的诸多弊端,真正地实现司法正义的内涵。②

三、司法效果与公众期待的衡平

当下在面对诸多国内外政治焦点时,民众情绪一直是被民族主义掌控着。民族主义这一术语可以说是现代文化不断融合时产生的特殊现象。正如勒庞在《乌合之众》里对群体的论述所言,个人一旦进入群体中,他就会意识到人多势众的力量。充足的狂热情绪从人类那里产生,因此当愿景不能实现时,群体累积而成的只剩下这种亢奋的状态……即便它有各种各样的热切愿景,但不具备任何深谋远虑的能力。那么这时民族主义起源时的集体意识也就转变为了集体无意识,盲目地遵从着一些理论教化而失去自我的主见。

为此,在社会主义核心价值观引导下的公众参与制度才是社会主义法治建设的社会基础。首先需要指出的是,公众法治观念的本质不在于"身份"而在于"平等",因为公众法治观念的核心是平等地赋予所有人相同的身份,而

---

① 参见李梅、田化:《司法能动与司法中立之衡平》,载《内江师范学院学报》2013 年第 3 期。

② 参见曾睿:《中国环境司法能动的现实障碍与实现路径》,载《河南财经政法大学学报》2014 年第 3 期。

所有人都拥有相同的身份就意味着所有人都没有身份或者特权身份。若继续从改变个人天性的角度着眼是困难的,因为“人类天性如此,他们追求私人的目标而非公共的目标才是自然的”。那么只有从个人角度出发,令社会个体都意识到社会的问题也是自己的问题,只有每一个人的诉求都得到表达,社会的问题才会得到解决。

法治教育,是为一个国家培育“社会—政治共同体”中形成公民意识具备公民资格的成员的教育模式。而公民的法治观念是对一个属性亦即法律身份的认知。首先,公民教育实现的前提是教育平等,要保证社会群体中每一个人平等地享受到国民教育。所有公民都享有平等的受教育权,这是政府和教育系统必须保障的公民权利。其次,公民教育的目的是形塑公民法治观念,强调个人表达见解权利是现代公民教育价值偏向的必然选择。最后,公民教育的成败在于思维自由性,要重视培养公民的批判与怀疑精神。我们需要通过对公民批判与怀疑精神的培养与保护,培育有批判能力、有主动精神理性的公民,进而换来敢于面对现实、接受挑战、勇于负责的政府。

如今,经济社会丰富了社会的物质财富,人们获取信息的渠道不断增加,面对复杂多样、瞬息万变的社会环境,人们并不是简单地接受和内化外部影响,而是具有了一定的分析辨别能力,能够对各种教育信息进行判断、选择、吸收和改造。

第二节　环境司法中衡平适度性原则的适用困境

衡平适度性原则追求权力不越界、权利有保障、责任有担当之救济目标,力图在司法框架内实现权利与权力、法治与民意的衡平。环境司法以诉讼为核心,衡平适度性原则正是围绕着环境诉讼展开的。衡平适度性原则主要解决环境诉讼过程中的现实问题,包括诉讼案由的规范问题、诉讼请求的拟定问题、证明责任的分配问题和损害赔偿的认定问题,力图实现环境司法中的利益平衡。

一、诉讼案由的规范问题：以环境资源类案件案由为例

案由是诉讼的起点，诉讼案由的规范性不足会导致受案范围的不周延，不利于实际问题的解决。以生态环境资源类案件为例，该类案件案由的概念、类型和范围都有待明确。生态环境资源案件案由是一个复合概念，由“生态环境资源案件＋案由”构成。其中，所谓案由，按照分词法的解释方法，“案”即事件，特指涉及法律的事件，古语有云，“凡官府兴除成例及狱讼论定者皆曰案”；“由”即根本之来历、原因。故“案由”可以解释为“法律事件的来历和原因”。这与日常生活中所理解的案由的含义差不多，只是法律层面的解释要更为严苛和精准。在法律领域，“案由”可以表明某一案件的具体法律关系，是对案件性质和内容的概括。

在环境司法专门化的实践探索中，一个突出的问题就是缺乏统一规范的生态环境资源案件案由体系。当前，生态环境资源案件案由并没有单独的案由体系，而是按照传统的刑事、民事、行政案件的分类方式，分别散落在各个部门法体系中。此种做法割裂了生态环境资源保护的协同性，致使已有的归口审理机制改革仍然无法消除案件类别混乱、审理衔接不畅、审判组织相互推诿等现象。因此，建立一套独立完整的生态环境资源案件案由体系是实践的现实需要。在理论研究层面，虽然人们对生态环境资源案件案由规范研究的关注度不断提高，但不可否认的是，理论研究的重点仍然是审判机构专门化、审判机制专门化、人员专门化等问题，即使研究案由制度也是停留在三大诉讼法的层面单独进行，关于案由规范问题的研究还有待进一步全面精深细化。

案由是确定案件性质、划分案件类型的“大前端”，案由的规范化研究是环境司法专门化走向精深的重要环节，因而首先应当把规范生态环境资源案件案由的问题纳入环境司法专门化的研究范围。理论研究的忽视和司法实践的现实需求形成强烈反差，当下生态环境资源案件案由制度已经无法满足理论研究和司法实践的双重需要，建立统一规范的生态环境资源案件案由体系实为必要。此举不仅可以为生态环境资源案件审判打下良好基础，同时关于生态环境资源案件案由规范问题的研究也可为推动案件归口管理机制改革、实

现环境司法专业化提供坚实基础。

目前,我国生态环境资源案件案由主要以三大诉讼模式为基础,分为生态环境资源民事案件案由、生态环境资源刑事案件案由及生态环境资源行政案件案由,这种分类方式人为割裂了环境资源案件的整体性,并不利于生态环境资源案件的统一管理,也与现在推行的环境司法专门化内在要求不符,无法将同时涉及两大或三大诉讼程序的案件一并受理处理,司法实务部门尽管已经采取了归口管理机制,但是受限于三大诉讼分类模式的禁锢,往往既要为了满足"二合一"或"三合一"的模式搞形式,又要顾及多种诉讼模式衔接问题,造成人力、物力、财力的浪费。此外,现在的相关案由规定缺乏开放度,无法实现新形势下新的案件类型的顺利归类。

为此建立一套独立完整的生态环境资源案件案由体系,同一类型案件下将可同时包容民事、刑事、行政多种案件程序,且可以理顺与环境司法专门化的关系,从而跳出桎梏,也可以解决司法实务的当务之急。探究建立满足现实司法实务需要、适应时代发展的独立、完整、包容的生态环境资源案件案由体系意义重大。

(一)生态环境资源案件案由的现行分类

1. 生态环境资源民事案件案由

生态环境资源民事案件的法律关系一般较为复杂,多涉及物权、合同、知识产权、海事海商、侵权等多个方面。根据现行的《民事案件案由规定》,根据环境资源案件涉及的法律关系的不同,环境资源案件案由主要分布在以下几个部分:第三部分的物权纠纷,第四部分的合同、准合同纠纷,第五部分的知识产权与竞争纠纷,第七部分的海事海商纠纷,第九部分的侵权责任纠纷。详见图4.1。

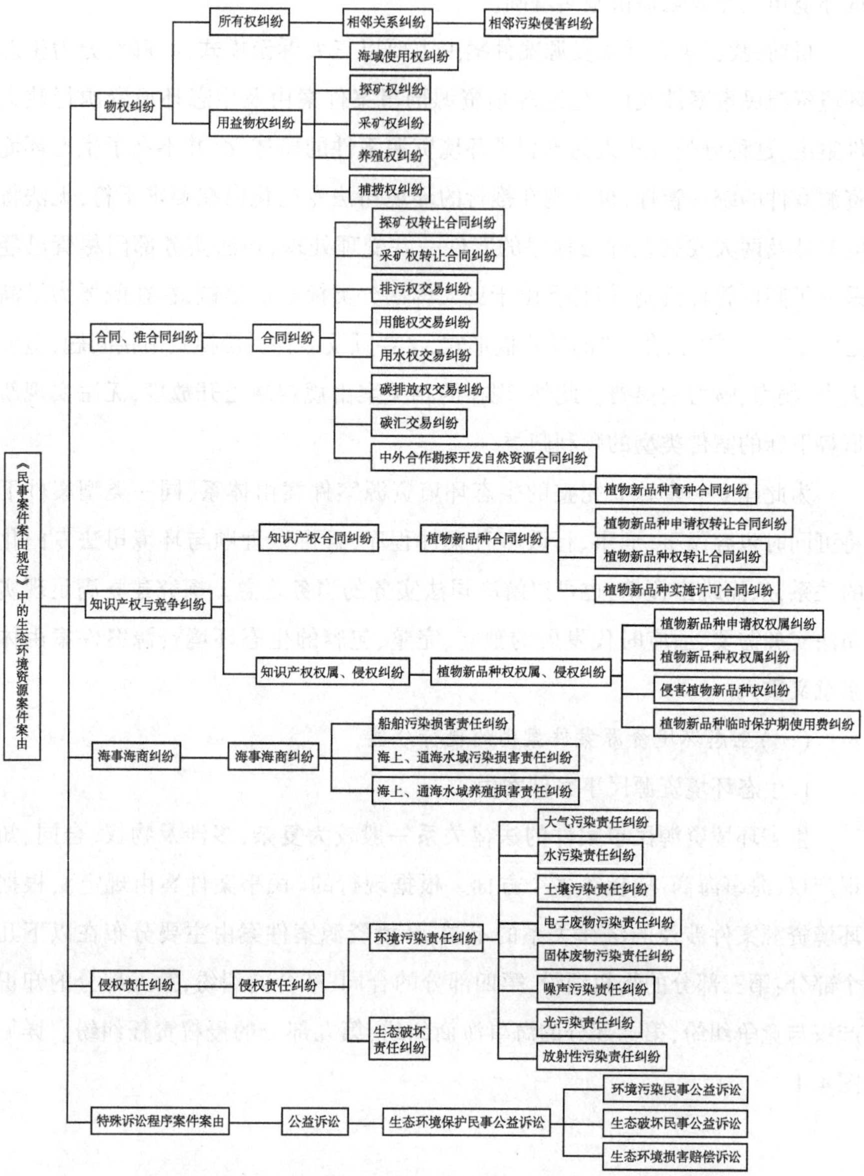

图 4.1 《民事案件案由规定》中的生态环境资源案件案由

2. 生态环境资源刑事案件案由

生态环境资源刑事案件案由，是指被告人涉嫌的罪名，如污染环境案件的案由就是污染环境，非法采矿案件的案由就是非法采矿，如果有多个罪名就写多个。由于刑事案件通常为公诉案件,一般立案以检察院移送的罪名为准,因此,我国没有专门的刑事案件案由规定,而生态环境资源刑事案件案由即《刑法》分则第六章第六节中有关环境犯罪方面的罪名规定。具体分罪名见表4.1。

表4.1　《刑法》中破坏环境资源保护罪的罪名设置

法条	分罪名
第338条	污染环境罪
第339条	非法处置进口的固体废物罪
	擅自进口固体废物罪
	走私废物罪
第340条	非法捕捞水产品罪
第341条	危害珍贵、濒危野生动物罪
	非法狩猎罪
	非法猎捕、收购、运输、出售陆生野生动物罪
第342条	非法占用农用地罪
第342条之一	破坏自然保护地罪
第343条	非法采矿罪
	破坏性采矿罪
第344条	危害国家重点保护植物罪
第344条之一	非法引进、释放、丢弃外来入侵物种罪
第345条	盗伐林木罪
	滥伐林木罪
	非法收购、运输盗伐、滥伐的林木罪

以上罪名范围涵盖破坏环境和资源保护两大方面,具体涵盖的环境要素也十分广泛。但由于刑事案件的特殊性,须遵循严格的罪刑法定原则,所以生态环境资源刑事案件案由与破坏环境资源保护罪的罪名具有一致性,在司法实务中遵循以罪名确定案由的规则。

3.生态环境资源行政案件案由

生态环境资源行政案件案由同民事案件一样,也是散落在《关于行政案件案由的暂行规定》之中。《关于行政案件案由的暂行规定》自2021年1月1日起施行。由于行政管理领域及行政行为种类众多,《关于行政案件案由的暂行规定》无法列举所有被诉行政行为,而环境资源案件涉及的范围又很广,所以其相关案由也未能在《关于行政案件案由的暂行规定》中完全列举,需要根据涉及的具体案件进行案由的确定。《关于行政案件案由的暂行规定》共规定了22个二级案由、140个三级案由,其中,一些案由具有典型的生态环境资源案件特征。当然,还有一些案由是所有行政案件通用,但生态环境资源案件也有涉及的案由,如第(一)、(二)、(三)、(十五)项规定的案由。详见表4.2。

表4.2　《关于行政案件案由的暂行规定》中生态环境资源行政案件案由

一级案由	二级案由	三级案由
行政行为	(一)行政处罚	3. 罚款; 4. 没收违法所得; 6. 暂扣许可证件
	(二)行政强制措施	23. 采取保护性约束措施
	(三)行政强制执行	28. 排除妨碍; 29. 恢复原状; 30. 代履行
	(四)行政许可	39. 矿产资源许可
	(六)行政登记	48. 森林、林木所有权登记; 49. 矿业权登记; 53. 海域使用权登记
	(十)行政征缴	88. 征缴水土保持补偿费; 90. 征缴土地复垦费; 91. 征缴耕地开垦费
	(十五)行政处理	102. 责令改正; 103. 责令采取补救措施; 105. 责令恢复原状
	(十七)行政裁决	117. 土地、矿藏、水流、荒地或者滩涂权属确权; 118. 林地、林木、山岭权属确权; 119. 海域使用权确权; 120. 草原权属确权

由此可见,生态环境资源行政案件案由规定较为分散,且有的并不具有典型性,需要在具体案件适用时与其他类型的行政案件加以区分。

4. 环境资源案件类型与统计规范

《环境资源案件类型与统计规范(试行)》由最高人民法院于2021年1月4日发布,其并未对环境资源案件案由进行直接规定,但是它明确了环境资源案件的范围以及类型,其目的在于对环境资源案件进行类型划分和统计,有助于下一步对专门环境案件案由规范的建构。

一是明确了环境污染防治类案件的具体范围,其中既包括大气、水、土壤和海洋等环境介质污染案件,特别是明确了车船、住宅、经营场所等全封闭、半封闭空间空气环境损害的案件属于大气污染案件;也包括因产生、收集、贮存、运输、利用、处置固体废物、电子废物、放射性物质、危险化学品等有毒有害物质污染案件;还包括噪声、振动、光、热、电磁辐射、电离辐射等能量污染案件。

二是明确了生态保护类案件的具体范围,并指出生物(动物、植物、微生物)遗传(基因)多样性保护、物种多样性保护和生态系统多样性保护三类案件是生态保护类案件中的核心案件。景观多样性保护案件,即自然遗迹保护案件、人文遗迹保护案件以及其他景观多样性保护案件,也作为生态保护类案件纳入环境资源案件的类型中。长期以来理论界呼吁的自然保护地案件和岸线区域保护案件,实务界长期呼吁的因外来物种引入、地下水超采、植被破坏、乱捕滥杀、矿产开采、工程建设等行为导致生物要素的不利改变或者生态系统功能退化的其他生态破坏案件,也可以作为生态保护类案件立案、审理、执行和统计。

三是明确了资源开发利用类案件的具体范围,其中既包括与生态环境保护和修复相关联的土地、矿产、水、森林、草原、海域、无居民海岛等自然资源确权登记、权属争议类直接涉及自然资源开发利用的案件;又包括开发利用过程中侵害通风、采光、眺望、景观等环境权益案件。另外,还特别指出以自然资源为标的,但与生态环境保护关联不大的合同纠纷以及土地征收案件不纳入统计范畴,有效体现了《环境资源案件类型与统计规范(试行)》的生态环境保护价值导向。

四是明确了气候变化应对类案件的具体范围，主要包括气候变化减缓和气候变化适应两个方面。其一，气候变化减缓方面的案件主要分为碳排放重点行业领域产业结构调整及新能源开发利用、节能服务等节能减排案件，碳汇交易案件，非法生产、销售、使用、进出口消耗臭氧层物质案件，推进可持续交通、管理土地利用变化及林业等案件四种类型。其二，气候变化适应方面的案件主要分为涉及气候变化的建设项目和规划环评的案件，以及涉及综合防洪除涝减灾和气象灾害防御工程，治理退化、沙化和碱化草地，治理水土流失，海洋和海平面变化趋势科学监测等气候变化应对措施的案件。

五是明确了生态环境治理与服务类案件的具体范围，主要包括以下四种类型：其一，包括环评、环境监测、环境损害评估鉴定、生态环境监测设备及污染处理设施维护运营、环境污染治理、生态环境修复等在内的环境污染第三方治理案件。其二，环境资源税费类案件。其三，包括用能权交易、用水权交易、排污权交易、碳排放权交易在内的环境容量利用权案件。其四，涉及环境污染防治、生态保护和资源可持续利用的绿色信贷、绿色债券、绿色发展基金、绿色保险等绿色金融案件。

(二)生态环境资源案件案由范围不周延

环境资源覆盖面广、涉及要素众多的特性导致生态环境资源案件同样具有覆盖面广、涉及案件种类繁多、法律关系复杂的特点，加之生态环境资源案件范围不明确、受案范围不统一，以及生态环境资源案件案由未将新类型案件纳入等因素，造成生态环境资源案件案由范围不周延的问题。

1.生态环境资源案件范围不明确

案由范围周延的前提是要明确生态环境资源案件的范围，只有明确哪些案件属于生态环境资源案件，才能根据相应案件匹配对应的案由，但现实中存在不少问题。其一，生态环境资源案件边界模糊不清。在司法实践中，生态环境资源案件并不是一个确定的概念，通常将凡是涉及生态环境资源要素的案件统称为生态环境资源案件，这就有可能导致此类案件范围被无限放大。比如，生态环境资源民事案件案由中的“植物新品种申请权转让合同纠纷”，分析来看,本质上这是合同纠纷,内容涉及植物新品种申请权转让,若双方对植物新品种申请权本身并无争议,而是在权利转让过程中产生分歧,那么仅因为关涉植物新品种,就将此类案件纳入生态环境资源案件范畴未免草率。

其二,生态环境资源案件类型粗放不精。在最高人民法院出台《环境资源案件类型与统计规范(试行)》之前,生态环境资源案件一直在三大诉讼分类模式下被划分为环境民事案件、环境刑事案件、环境行政案件,而在每一类别下又会对案件进行类别划分,如环境民事案件会按照民事案由的分类方式划分为物权纠纷、合同纠纷、侵权纠纷等,但由于民事案件和刑事案件、行政案件有很大区别,案件是单纯根据侵犯法益的不同直接分类,割裂了环境资源的整体性,案件类型比较混乱。而在《环境资源案件类型与统计规范(试行)》出台之后,其将环境资源案件类型重新划分为五大类,打破了原有的刑事、民事、行政三大诉讼归类模式,基于环境资源纠纷案件多重属性的特点,以实现类型划分为基础,按照主导价值进行归类,有助于环境资源审判专门性的提高。但《环境资源案件类型与统计规范(试行)》通过较短篇幅的规定就囊括了所有类型及不同程序的环境资源案件,短小精悍的篇幅难掩粗放不精的本质,与我们现有的民事审判若干法律规范指引相比,缺乏精细化及矛盾冲突解决机制。环境资源案件目前法律规定较多,但由于缺乏统一的立法指引,冲突问题也不少。在这种情况下出台《环境资源案件类型与统计规范(试行)》,就要针对这些突出问题进行回应,而不是搁置冲突,另起炉灶。因此,目前的生态环境资源案件虽然明确了案件类型,但过于粗放,实践中可操作性欠佳。

其三,生态环境资源案件归口管理混乱。我国传统的三大诉讼分类模式对生态环境资源案件的影响根深蒂固,一直以来,生态环境资源案件在各自的诉讼领域中独立存在、各自为营,甚至存在互相推诿的现象。随着环境司法专门化的发展,目前,我国在环境资源案件审理方面已经形成"二审合一""三审合一""四审合一""集中管辖"的归口管理模式,但深入研究不难看出,多数归口管理仍然停留在"形式合一""实体分离"的模式,即虽然不同审判程序的案件都由专门的环境法庭进行受理,但在实际审理过程中,还是生态环境资源民事案件按照民事程序审理,刑事案件按照刑事程序审理,行政案件按照行政程序审理,并没有实现真正意义上的“合一”,这就忽视了环境侵权责任的双重性和环境纠纷的复杂性,造成环境污染的归口管理工作混乱,难以取得长足的进步。

2. 生态环境资源案件受案范围不统一

设立环境资源审判机构是环境司法专门化的重要环节,也是理论界和实务界讨论的热点。以2007年贵阳“两湖一库”水源污染事件、2014年最高人民法院在本院设立环境资源审判庭为分界,环境资源审判机构在经历了2007年之前的空白阶段,到2007~2014年的活跃阶段,再到2014年之后的激增阶段,终于得以在司法实践中站稳脚跟。设立环保法庭是我国环境司法专门化的一大进步举措,各地也纷纷将设立环保法庭作为开展环境资源审判的重点任务。但我们应当看到,各地环保法庭在不同审判模式下,对环境资源案件受案范围的界定也不尽相同,而其反映出来的生态环境资源案件案由规范缺失的问题同样值得关注。

其一,“二审合一”审判模式下,受案案由差异大。“二审合一”的审判模式,即生态环境资源民事案件、生态环境资源刑事案件或生态环境资源行政案件两两组合,统一由环境资源审判庭归口审理。在此模式下,受案案由差异主要体现在纳入归口管理的案件性质不同。以江西省饶河流域环境资源法庭为例,其自2020年6月2日成立以来,实行刑事案件、民事案件“二审合一”的审判模式,主要审理涉饶河流域环境资源刑事、民事一审案件。2014年,青海也开始在地方法院成立环境资源审判庭,并构建了环境资源民事案件和环境资源行政案件的“二审合一”的归口管理机制。同样是“二审合一”的审判模式,有的地方是将民事、刑事归口合一,有的地方则是将民事、行政归口合一,这就加剧了生态环境资源案件受案范围不统一的情况。

其二,“三审合一”审判模式下,受案案由差异大。“三审合一”审判模式,即生态环境资源刑事案件、民事案件、行政案件都由环境资源法庭进行审理,这是目前的主流模式。在此模式下,受案案由差异主要体现在生态环境资源刑事案由和行政案由两个方面。以山东省高级人民法院和陕西省高级人民法院发布的有关环境资源案件受案范围的规范性文件为例,山东省高级人民法院将涉及环境污染与生态破坏的28个刑事罪名、29个民事类案由及6个行政类案由，统一由省内设立的环境资源审判庭进行集中管辖、集中审理。对比陕西省高级人民法院的环境资源案件案由管理相关规定，涉环境资源刑事案件，主要涉及侵害生态环境法益的犯罪、侵害自然资源法益的犯罪，包括《刑法》分则中的17个罪名。涉环境资源民事案件，主要涉及环境污染、生态破坏的侵权纠纷，涉生态环境保护和自然资源权属的物权纠纷，以自然资源为标的物的合同纠纷，生态环境保护民事公益诉讼等，包括侵权责任纠纷、物权纠纷、合同纠纷、公益诉讼等30余个案由。涉环境资源行政案件，主要涉及以生态环境、林业、水利等主管部门为被告的行政案件，采取了最高人民法院环境资源法庭确定环境资源类行政案件的办法，即以行政主体是否为环境资源主管部门区别环资类案件的连结点，同时增加了环境行政公益诉讼案件作为受案范围。由此可以看出，仅此两地法院就有12个刑事罪名之差，陕西省高级人民法院未对行政案由进行具体规定，将行政主体的性质作为区分案件类别的连结点，无疑也增加了案由的不确定性。

其三，环境公益诉讼受案法院差异大。各地法院对公益诉讼的态度大不相同，仍以山东省高级人民法院和陕西省高级人民法院为例。山东省高级人民法院对环境公益诉讼采用集中管辖的方式，突破行政区划，将全省的环境公益诉讼案件划归济南铁路运输法院进行集中审理，此外，对黄河和大运河流域的环境资源案件（不含刑事）也一并集中受理。陕西省高级人民法院则将环境公益诉讼一并纳入“三审合一”的审判模式进行受理。实质上，环境公益诉讼可以说是独立于三大诉讼的一种诉讼机制，基于其显著的公益属性，是否应当有不同于传统案件的审判模式？当下各个地方对环境公益诉讼的不同管理模式，反映出来的问题是并未为环境公益诉讼案由找到适宜的归口管理方式。

3. 生态环境资源案件案由未将新类型案件纳入

随着环境的急剧变化和个人维权意识的觉醒，很多环境问题凸显，反映在司法领域就是涉及环境资源的案件越来越多，尤其是会不断有新类型案件出现，这是传统的环境污染案件或自然资源案件所无法包含的。其一，已有新类型案件尚无对应案由。长期以来，实务界对于引进外来物种、过度开采地下水、乱砍滥伐、胡乱捕杀等行为对生态系统造成破坏的案件一直呼吁列入生态保护类案件进行受理,但都未能如愿。而《环境资源案件类型与统计规范(试行)》与时俱进,将上述案件纳入了生态环境资源案件的范围。但目前生态环境资源案件并无十分准确对应的案由,设想与实际还存在一定差距。其二,环境权利类案由并无规定。以个人环境权为例,其包括空气清洁权、清洁水权、环境美学权等,这些不是传统的财产权或生命健康权的内容,其他的经济性和社会性权利也无法将其包含在内。显然,这应当属于生态环境资源案件的范围,但与这些环境权相关的案件应当如何立案是个问题,因为并无相关生态环境资源案件案由对其进行规定。

(三)生态环境资源案件案由制度设置不合理

目前,生态环境资源案件案由遵循传统三大诉讼领域的分类方式,暂且不论这种割裂性的分类方式,仅看每个类别内部,由于缺乏统一的分类规则,案由较为混乱。而且,当下的生态环境资源案件案由与法学研究以及司法实践的需求都存在较大差距,制度设计存在诸多不合理之处。

1.生态环境资源案件案由分类规则不合理

当下,生态环境资源案件案由主要还是以三大诉讼领域为分类依据,而民事、刑事、行政类案由又是在各自领域进行划分的,分类规则不一致,在一定程度上存在重复划分、漏分、错分等情况。

其一,生态环境资源民事案件案由以传统民事案件案由为基础,将涉及生态环境资源要素的案由进行抽取,最终形成此类案件的民事案由。民事案由的确定采用“法律关系性质+纠纷”的表述方式,实质上这在一定程度上忽略了生态环境资源案件的特殊性。比如,碳排放权交易纠纷按照目前的划分方式属于合同纠纷,分类关注的重点是“交易”,而交易的对象是普通物品还是环境资源相关的要素才涉及案件是否纳入生态环境资源案件的范围。按照现代环境司法理念,涉及碳排放权的案件首先应当纳入生态环境资源案件范围,至于是交易产生的民事案件还是涉及违反刑法的刑事案件,抑或违反行政规定的行政案件,都不会改变其为生态环境资源案件的本质属性,也就不会仅因涉及审判程序不同需要而进行重复识别。

其二，生态环境资源刑事案件案由以侵犯的法益的不同为划分标准。《刑法》分则第六章第六节对“破坏环境资源保护罪”进行了规定。明显与生态环境资源有关联的罪名可以直接纳入生态环境资源案件范围，但对于侵害一般法益并未纳入专章的罪名而言，其有时也会涉及生态环境资源要素，也应当纳入生态环境资源案件范围。以失火罪为例，鄱阳法院饶河流域环境资源庭审理了一起一时疏忽导致烧山毁林的案件。被告人张某在给自家农田清理田坝上的杂草时，在用打火机点燃杂草后，因突然起风，田坝上的火不慎烧到了旁边的山林，引起了森林火灾。经司法鉴定中心鉴定，因过火面积较大、直接损失较重，最终判决被告人张某过失引起森林火灾，其行为构成失火罪，判处有期徒刑6个月。按照一般分类方式，失火罪是无法纳入生态环境资源案件的，但从现实来看，也是确有必要的。

其三，生态环境资源行政案件案由需要结合具体案件情况进行分类适用。尽管《关于行政案件案由的暂行规定》以列举的方式，将行政诉讼中的常见案件案由一一列出，但其并未对生态环境资源行政案件案由进行明确说明。《关于行政案件案由的暂行规定》表明，对于没有具体明确的案由的案件，其案由可以依据其他法律规定中的相关表述来进行确定，一定不能用“其他”来代替。此规定看似有了明确指向，但“相关法律、法规、规章及司法解释”不是一个确定范围，其内部对行政行为的规定可能也存在不一致的情况，因而该规定的指向性仍不明确。而有的地方法院将受理的环境资源行政案件表述为，环境保护行政处罚、环境保护行政许可、环境保护行政强制、环境保护行政不作为、林业行政管理，这无疑是过于模糊且混乱的分类方式。

2. 生态环境资源案件案由与环境法学研究中的分类差距较大

环境法学研究对生态环境资源案件的研究是完备的，无论是环境权理论，还是环境利益理论或者是环境诉权理论，法学研究学者都表现出了对解决环境纠纷的急切和对环境法学美好未来的憧憬。

从环境法学研究的角度来说，环境法是一门独立的部门法，已经成为具有独特的调整对象、调整方法、价值观念、目标任务、适用范围、核心内容和特色制度的法律体系。以此为前提，开展生态环境资源案件类型化研究是环境学者一直在做的事,也就是突破传统三大诉讼领域的分类方式,从案件涉及的环境要素出发,将生态环境资源案件分为不同案件类型,形成独立的环境案件体系。而以类型化的案件为基础,构建独立完整的生态环境资源案件案由体系也是应有之义。因此,这与目前分离的生态环境资源案件案由的分类方式大不相同。

3. 环境资源案件案由与当下司法实践需求差距较大

当下,环保法庭建设如火如荼,环保法庭采用的归口管理方式大致为"二合一"、"三合一"、"四合一"或"集中管辖"的模式。但无论哪种模式,在当前的案由制度下,生态环境资源案件都是分别遵循民事、刑事、行政法领域的案由管理方式,在案件顺利立案后,再将案件统一归至环保法庭之下。这个过程面临两个方面的问题:一方面,在当前的案由制度下,会有很多案件囿于无合适案由或由于案由限定的诉讼主体范围较窄,无法进入诉讼程序。比如,当前的环境公益诉讼制度并未将诉权给到个人,而基于环境资源的公共属性也就不会允许个人行使诉权,但不可忽略的是,现实中很多环境问题确实会影响个人利益,而在具有起诉资格的主体怠于行使权利的情况下,公民个人环境利益实难保障,因此有必要讨论放宽某些生态环境资源案件案由的立案条件,同时要增设一部分实际需要的案由。另一方面,先界定案件性质后立案再归口的做法是对司法资源的浪费。目前,生态环境资源案件立案程序可以说与一般案件无异,仅是在立案之后分配给环保法庭审理。但是,环境司法专业化要求生态环境资源案件立审执的各个环节都应体现专业化,因此,本书建议将归口管理前置到立案环节,以提升立案质量。

(四)生态环境资源案件案由缺乏系统性

当前,生态环境资源案件案由缺乏系统性,主要表现在:立法缺位,国家并无统一立法指导,各个地方立法各自为营;案由分散于三大诉讼领域,各领域中也无专章规定;案由规定各自不同,交叉冲突难破解。

1. 生态环境资源案件案由立法"碎片化"

如前文所述,关于生态环境资源案件案由,目前国家层面没有专门的立法,只能从三大诉讼法的相关案由规定中寻找关于环境资源案件案由的具体规定。在《民事案件案由规定》《关于行政案件案由的暂行规定》之外，具有新的代表意义的就是最高人民法院于2021年1月4日发布的《环境资源案件类型与统计规范（试行）》。《环境资源案件类型与统计规范（试行）》的一大亮点就是打破了生态环境资源案件的三大诉讼归类模式，基于环境资源案件复杂性、间接性、综合性的特点，以环境要素为分类依据，将案件重新划分为五大类型，此举有助于统一生态环境资源案件的整体性。即便如此，《环境资源案件类型与统计规范（试行）》并未涉及如何破解环境诉讼机制的难题，更像是搁置冲突，另起炉灶，未能从根本上为构建系统的生态环境资源案件案由体系提供立法依据。

地方立法就更难有统一的标准，我国有着广袤的国土，地区间的气候条件、地质地貌、固有环境容量和社会经济发展条件有着极大的差异，仅依靠中央统一宏观的环境立法与环境政策并不能兼顾到各地区环境的实际情况。因而，除最高人民法院的相关司法解释外，各地方为加强对环境资源案件的管理也出台了一些规范性文件，即便如此，各地受制于经济发展水平、环境司法专业化程度及各种地域条件，出台的关于生态环境资源案件受案范围的相关规定差距也很大，所涉及的案由也因缺乏中央统一适用规范的指导而宽窄不同。基于环境资源专门审判机构组成各异、各地方司法环境各异的现实因素，受案范围不统一现象明显。各地环保法庭虽然“遍地开花”，但是能够真正实现环境司法专业化目的的法庭只有少数。

2. 生态环境资源案件案由设置不集中

生态环境资源案件案由在传统三大诉讼分类模式下，在各自的诉讼领域也是零零散散的，案由分散不集中，并未形成案由专章规定。

其一，生态环境资源案件案由分散在民事、刑事、行政法三大领域的案由规定之中，与环境司法专业化的内在要求不甚相符。当前，生态环境资源案件归口管理不仅要求案件实现归口管理，案由作为界定案件范围的工具之一，也要能够实现归口集中管理。

其二，生态环境资源民事案件案由散落于《民事案件案由规定》之中。之所以是散落的形式，主要原因在于《民事案件案由规定》在纵向上遵循民法对民事法律关系的分类方式,在横向系统中,采用了四层总分结构,使案件从较高层次(一般)向较低层次(特定)展开。在以民事权利类型进行编排的方式下,注定不可能为生态环境资源案件案由设置专章,这就造成了生态环境资源民事案件案由分散在不同级案由之下,且均为三、四层级案由的局面。

其三,《关于行政案件案由的暂行规定》同样未专章规定生态环境资源行政案件案由,而是分散到包括行政处罚、行政强制措施、行政强制执行、行政许可、行政登记、行政确认、行政协议、行政补偿等不同案由之下。按照规定,生态环境资源行政案件也会以此为分类方式散落其中,与普通的行政案件无异,这种做法与环境资源民事案件的后果一样,与环境司法专业化的发展大相径庭。将环境行政案件与一般行政案件进行区分并集中管理,才是当下的大势所趋。

3. 生态环境资源案件案由交叉冲突难破解

生态环境资源案件案由目前分散失范的状态,将不可避免地导致案由在适用过程中产生交叉冲突问题。一方面,不同环境类型案件案由会有冲突。其中,最典型的就是“民刑交叉”问题,这是指民事法律关系与刑事法律关系相互交织的一类复杂案件。比如,某一污染环境的行为可能损害相关民事权益,需要承担民事责任;与此同时,此环境污染行为可能也触犯了刑法,需要承担刑事责任。另一方面,同一环境类型案件案由适用也会有冲突现象。以海域使用权为例,它是涵盖养殖、矿藏开采利用、海上航行等一系列权利在内的综合性权利,这也就意味着,因海域使用权产生纠纷,也可能与养殖权纠纷、捕捞权纠纷产生交叉重叠适用的情况。此外,海域使用权是上位概念,但海域使用权纠纷与养殖权纠纷、捕捞权纠纷等同为三级案由,十分混乱,缺乏系统性。

二、诉讼请求的拟定问题:以环境行政公益诉讼为例

诉讼请求在广义上是指当事人向人民法院提出的,请求人民法院予以判决的请求。在实践中,诉讼请求类型多样,但是精准度往往有所欠缺。在环境行政公益诉讼中,受制于主客观因素,环境行政公益诉讼请求精准度欠缺导致公共利益难以得到全面的保护。为此,本书以环境行政公益诉讼为例,分析诉讼请求的拟定困境。

(一)环境行政公益诉讼的诉讼请求的实证分析

环境行政公益诉讼的诉讼请求作为诉前程序和司法审判程序、实体依据和程序依据之间的衔接,具有承上启下的地位和重要的过渡作用。以中国裁判文书网和北大法宝案例库为主要检索通道,以 icourt 案例库和无讼案例网为补充检索通道,以“行政公益诉讼”“生态环境”为关键词,以“判决书”为文书类型,以 2017 ~ 2020 年为时间阶段,进行标题和全文检索,共获取案例 1543 件。剔除无关案例和重复案例后,共有 540 件案例可以作为有效样本,其中,2017 年 290 件,2018 年 106 件,2019 年 83 件,2020 年 61 件。对 540 件样本案例进行共时性和历时性对比分析,可以发现当前环境行政公益诉讼的诉讼请求主要呈现出类型集中和内容粗放两个方面的问题。

其一,环境行政公益诉讼的诉讼请求类型集中。在检索整理的案件中,以“确认违法”、“继续履职”和“确认违法 + 继续履职”的诉讼请求为主。其中,“确认违法 + 继续履职”的复合式诉讼请求有 386 件,占总样本案例数量的 71.48%;其他类型诉讼请求,如“撤销违法行政行为”、单一提出“确认违法”或“继续履职”等,共占总样本数量的 28.52%。

总体来看,尽管“确认违法 + 继续履职”的复合式诉讼请求占绝大多数,但其数量和比例在逐年下降,2017 ~ 2020 年分别为 257 件、78 件、37 件和 14 件,各占当年样本数量的 88.62%、73.58%、44.58% 和 22.95%。单一诉讼请求数量和比例有所上升,不过仍集中于“确认违法”和“继续履职”的诉讼请求类型。其他如“确认违法 + 采取补救措施”、“撤销违法行政行为”以及“规范性文件审查”等诉讼请求较为鲜见。

其二,环境行政公益诉讼的诉讼请求内容粗放,主要表现为诉讼请求针对的行政行为不明确,履职方式、时间、标准和事项等残缺不全甚至避而不谈。“公益诉讼的网状结构中,检察机关与审判机关在适用法律方面更易形成合力,共同推动行政领域与司法领域法律适用的协同性。”①检察机关提出的诉讼

① 刘艺:《论国家治理体系下的检察公益诉讼》,载《中国法学》2020 年第 2 期。

请求内容粗放,法院在“许与不许”之间往往受到外部推力、检察机关身份地位和公益诉讼“正义光环”等多重因素的影响,对于检察机关提出的内容粗放的诉讼请求绝大多数情况下予以支持。经统计,540 件样本案例的诉讼请求的总数量为 947 个,其中获得人民法院支持的有 824 个,支持率高达 87.01%(见表 4.3)。

表 4.3　样本案件诉讼请求支持情况统计

年份	检察机关提出诉讼请求总数量(个)	人民法院支持诉讼请求数量(个)	人民法院驳回诉讼请求数量(个)	人民法院未予判决和准许撤回诉讼请求数量(个)
2017	560	495	2	63
2018	189	157	1	31
2019	120	106	2	12
2020	78	66	5	7
合计	947	824	10	113

行政公益诉讼超高的胜诉率不仅会增加滥诉的风险,也会导致规则上缺乏对检察机关承担败诉后果的规定。① 如此一来,检察机关在行政公益诉讼中的主导作用不断强化,行政公益诉讼的理论发展将受到极大制约,进而容易形成“检察机关主导—理论依据薄弱—诉请内容粗放—法院支持率高—检察机关主导”的悖论逻辑闭环,更进一步加剧该诉讼机制运行过程中暴露出的众多问题,如判决结果内部无法自洽、检察建议与诉讼请求递进性差、行政机关依法履职判断标准模糊、检察机关职能划分不清等问题。

为破解这一问题,学界进行了一定的研究,有学者认为与传统诉讼相比,公益诉讼的诉讼请求在内容、类型和实体依据等方面,缺乏对其特殊性的学理系统论证。② 有学者通过分析裁判文书指出,“目前行政公益诉讼的诉讼请求倾向于固定化、相似化,具体包括以下几种样态:分段、串联评价模式的诉讼请

① 参见秦前红:《检察机关参与行政公益诉讼理论与实践的若干问题探讨》,载《政治与法律》2016 年第 11 期。

② 参见颜运秋、罗卉、颜诚毅:《公益诉讼之诉、诉权与诉讼请求的特殊性探讨》,载《山西高等学校社会科学学报》2020 年第 9 期。

求,即‘确认违法+继续履职’;分类、并联模式的诉讼请求,即针对多个违法履职行为,‘确认违法’或‘撤销行政行为+继续履职’;转化评价模式的诉讼请求,即或准予检察机关撤回诉讼请求,或‘确认违法’”①。有学者认为,行政公益诉讼的诉讼请求主要集中于“确认违法+继续履职”,应当进一步优化提出其他诉讼请求的空间,考量检察建议与诉讼请求的一致性,紧紧围绕“公共利益保护”这一特定目的,实现诉讼请求的精准化。② 还有学者认为,应当合理界定确认之诉与履行之诉之间的法律逻辑关系,适度提出规范性文件审查的诉求,进一步厘清检察建议与诉讼请求之间的关系等,以纾解诉讼请求的现存问题。③ Paraschiv 认为,检察公益诉讼的诉讼请求是阐明对法院诉讼的法律主张的过程,其本身可能需要将这一问题重新表述为涉及法律权利和补救办法的问题,而不仅包括历史原因、社会态度或政治因素等。④ 上述关于环境行政公益诉讼的诉讼请求及其精准化的研究聚焦于诉讼请求的类型和内容,较少涉及机制本身的特殊性对诉讼请求精准化的影响,更加缺乏对环境行政公益诉讼的诉讼请求精准化系统论证与理论回应。

从现有制度层面来看,目前,我国环境行政公益诉讼主要依托《行政诉讼法》的原则性规则框架与最高人民法院、最高人民检察院《关于检察公益诉讼案件适用法律若干问题的解释》(以下简称《检察公益诉讼司法解释》)对部分规则作出的针对性规定。但《行政诉讼法》和《检察公益诉讼司法解释》对诉讼请求并无直接规定。《行政诉讼法》第 49 条中规定,原告提起行政诉讼需要“有具体的诉讼请求”。何为具体的诉讼请求？最高人民法院《关于适用〈中华人民共和国行政诉讼法〉的解释》(以下简称《行政诉讼法解释》)第 68 条对此作出了回应,但其应当看作将诉讼请求作为对判决类型法定化的回应。除此

① 靖传忠、杨青:《行政公益诉讼诉讼请求的实证分析》,载《中国检察官》2019 年第 22 期。

② 参见王炜、张源:《“精准化”确立行政公益诉讼请求》,载《检察日报》2020 年 7 月 19 日,第 3 版。

③ 参见陈泽林、张源:《行政公益诉讼如何实现诉讼请求“精准化”》,载《检察日报》2019 年 7 月 21 日,第 3 版。

④ See Paraschiv D. S., *Public Interest Litigation in Europe*, Contemporar Readings in Law and Social Justice, Vol. 1, p. 122 - 127(2011).

之外，并无其他关于行政诉讼或环境行政公益诉讼的诉讼请求之规定，法律仅对环境行政公益诉讼的判决方式作出了明确要求，但其难以为环境行政公益诉讼的诉讼请求精准化提供直接指导。

综上所述，目前环境行政公益诉讼的诉讼请求表现出类型集中、内容粗放等精准度不足的特征，研究和构建诉讼请求精准化便成为纾解前述问题的首要选择。所谓环境行政公益诉讼的诉讼请求精准化，是指在环境行政公益诉讼中，公益诉讼人依据法律和事实，结合生态环境公共利益受损情况以及被告违法行为或不作为的程度，对诉讼请求进行准确且确定的表达。具体而言，可以表现为诉讼请求类型要素和主体、时间、方式、履职事项等内容要素的深度精准化和充分考量诉前程序、履职标准和判决方式等相关环节的广度精准化。本书将从环境行政公益诉讼的诉讼请求精准化程度不足的成因出发，分析其深层理论动因，进而建构环境行政公益诉讼的诉讼请求精准化路径。

（二）环境行政公益诉讼的诉讼请求精准度欠缺的成因分析

从环境行政公益诉讼的诉讼请求类型集中和内容粗放的现存问题来看，背后主要体现出主观诉讼机制的主导地位对客观诉讼机制的干扰，检察机关的行政监督职能尚未得到环境行政公益诉讼机制的重视，行政监督职能与诉讼职能错位，以及公益诉讼认知偏颇等原因。

1. 主观诉讼机制的干扰

主观诉讼机制，是指当事人出于对自身利益的积极维护，向法院提起诉讼并请求判决支持其实体法律上的合法权益的诉讼机制；[①]客观诉讼机制，是指为了维护公共利益，由特定的与所保护公共利益无直接关系的主体，向法院提起诉讼以期通过法院判决保护公共利益的诉讼机制。[②] “2017 年修改《行政诉讼法》虽确立了行政公益诉讼的基本框架，但传统行政诉讼的主观诉讼基本定位并未发生实质变更，使环境行政公益诉讼这项客观诉讼机制发展受到束

---

① 参见杨建顺：《〈行政诉讼法〉的修改与行政公益诉讼》，载《法律适用》2012 年第 11 期。
② 参见张汇、张淼堂：《行政公益诉讼相关问题研究》，载《人民司法》2020 年第 16 期。

缚。"[1]环境行政公益诉讼的客观诉讼机制运行在传统行政诉讼的主观诉讼机制轨道上,使主观诉讼机制在行政行为的阶段性划分、诉讼请求的类别运用和实体法规范的适用等方面成为短板,进而形成主观诉讼机制对客观诉讼机制的干扰:主观诉讼机制往往不存在对行政机关行政行为的阶段性划分,以至于行政公益诉讼的诉讼请求针对行政行为的阶段性无法区分,复合式诉讼请求内部存在冲突。在此基础上,"采取补救措施"的附加手段适用往往出现偏差。同时,主观诉讼机制之诉的利益判断标准有别于客观诉讼机制,传统行政诉讼的利益判断基础是"法律权利标准",只有法律规定的实体权利受到侵害时,才能够通过司法程序予以救济和保护。[2] 行政公益诉讼作为客观诉讼机制,保护的是公共利益,"并不局限于实体法予以保障的主观权利",[3]而是通过"利益范围标准"将与公共利益并无直接关系的法定主体纳入原告范围,赋予其"利益圈"内法定起诉资格。[4] 二者之诉的利益判断差异,导致环境行政公益诉讼的诉讼请求在主观诉讼机制框架下一味强调客观诉讼机制之诉的利益特征,摒弃了主观诉讼机制下"法律权利标准"的实体规范依据,实体法规范适用不足。

首先,"确认违法 + 继续履职"的复合式诉讼请求存在内部冲突。"确认诉讼较之于其他种类的诉讼类型,具有鲜明的补充性和后备性,只有其他诉讼类型或判决类型无法有效救济或适用无意义,确认诉讼才可能递补而上",[5]且一般认为该后备性体现于确认违法的诉讼请求。[6] 因而,从法条依据及其逻辑原理来看,环境行政公益诉讼中笼统表述"确认行政机关行为违法;要求行政机关继续依法履行职责"的复合式诉讼请求矛盾无法协调。例如,在甘肃省武威市凉州区人民检察院诉古浪县林业局不依法履行法定职责案中,公益诉讼人

---

① 刘艺:《构建行政公益诉讼的客观诉讼机制》,载《法学研究》2018 年第 3 期。

② 参见李劲:《行政公益诉讼的价值基础及制度构建》,载《社会科学辑刊》2015 年第 3 期。

③ 成协中:《论我国行政诉讼的客观诉讼定位》,载《当代法学》2020 年第 2 期。

④ 参见李劲:《行政公益诉讼的价值基础及制度构建》,载《社会科学辑刊》2015 年第 3 期。

⑤ 蔡志方:《行政救济与行政法学》(4),台北,正典出版文化有限公司 2004 年版,第 287 页。

⑥ 参见曾哲、赵钟根:《行政确认诉讼的理论基础及其完善》,载《甘肃政法学院学报》2014 年第 2 期。

提出确认被告未依法履行对被破坏的5.59亩国有公益林森林资源的监督管理职责行为违法，责令被告依法履行监管恢复5.59亩国有公益林地地表植被的法定职责，最终人民法院判决支持上述“确认违法＋继续履职”的复合式诉讼请求。①

其次，附加于“继续履职”诉讼请求之后的“采取补救措施”也存在适用瑕疵。根据《行政诉讼法》第76条和《检察公益诉讼司法解释》第25条的规定，只有判决确认违法时，采取补救措施才可能作为附加手段适用。“继续履职”和“采取补救措施”应当遵循以下两个原则：第一，采取补救措施并非一项单独的诉讼请求。只有提出确认违法的诉讼请求，才有附加责令采取补救措施的空间，其处于从属地位。② 第二，采取补救措施无法和继续履职并列提出。针对行政机关同一行政行为不能同时提起确认违法和继续履行的复合式诉讼请求，也不能同时提起“继续履行”和“采取补救措施”的复合式诉讼请求。例如，在湖南省衡阳市衡东县人民检察院诉衡东县水利局不依法履行法定职责案中，检察机关的诉讼请求为，衡东县水利局依法采取措施，全面履行职责或采取其他补救措施消除不利影响。该诉讼请求显然将继续履职和采取补救措施作为独立的诉讼请求予以并列。人民法院在判决时对此释明，认为采取补救措施应当是确认违法的附加手段，最终判决被告依法履职，驳回采取补救措施的诉讼请求。③ 但仍有大量案件显示，法院、检察机关未能正确认识上述诉讼请求之间的关系。

最后，实体法规范适用不足。环境公益诉讼中检察机关提出诉讼请求，必然要有对应的实体法和程序法依据作为支撑。通过样本观察可以发现，检察机关提出诉讼请求所依据的实体规范较为薄弱。一方面，诉讼请求的实体法依据频次相对较低；另一方面，诉讼请求的实体法依据内容未能充分体现。在云南省保山市昌宁县人民检察院诉昌宁县林业局怠于履行监管职责案中，检

① 参见甘肃省武威市凉州区人民法院行政判决书，(2018)甘0602行初84号。

② 参见陈思融：《论行政诉讼补救判决的适用——基于104份行政裁判文书的统计分析》，载《中国法学》2015年第2期。

③ 参见衡阳铁路运输法院行政判决书，(2020)湘8602行初31号。

察机关虽然依据《森林法》等实体规范提出了诉讼请求，但在诉讼请求的内容上，仍是空泛的继续履职，没有充分体现实体规范所要求履职行为的相应内容。①

2. 检察机关行政监督职能范围尚须厘清

以诉讼请求的提出为界点，可以较为鲜明地区分检察机关的行政监督职能与诉讼职能，前者注重对检察机关的日常履职行为和诉前程序履职行为的监督，后者侧重以诉讼请求的精准性通过司法审判程序的强制力对前一职能予以保障，二者在准确性、精细度和强制力等方面存在转化、递进关系。然而，实践中检察机关对此并无清晰认识，行政监督职能与诉讼职能混淆错位。行政监督职能要求检察机关在日常和诉前程序中对行政机关的履职行为予以监督，体现出尚未进入司法审判程序的"柔性监督"，而进入司法审判程序之后，检察机关希望通过诉讼请求，也即诉讼职能，赋予"柔性监督"以"刚性"。在此过程中，若检察机关未能认识到二者的差异，为了维护生态环境公共利益，提出样态不够合理的诉讼请求，如视情况变更或撤回诉讼请求，并以"确认违法"诉讼请求"兜底"，且检察建议与诉讼请求一致性强、递进性差，诉讼请求未能体现出检察机关职能差异化的精准性，则行政机关败诉便成为"家常便饭"，不利于行政机关维护生态环境职责的履行，打击了行政机关履职的积极性。

首先，诉讼请求调整规则不明，主要表现为诉讼请求变更、撤回不尽合理。《检察公益诉讼司法解释》第 24 条规定了行政公益诉讼中检察机关诉讼请求的撤回和变更。实践中往往理解为单纯的递进关系，也即法院对于公益诉讼人撤回起诉的要求，应当准许；对于公益诉讼人不撤回起诉而变更诉讼请求，要求确认违法的，法院进而应当就此判决确认违法。该规定为复合式诉讼请求创造了空间，也导致后续诉讼请求的撤回、变更在"复合式"特性的影响下不甚合理。例如，在广东省茂名市茂南区人民检察院诉茂南区国土环境和城乡建设局不履行法定职责案中，公益诉讼人提出"确认茂名市茂南区国土环境和

① 参见云南省昌宁县人民法院行政判决书，(2018)云 0524 行初 1 号。

城乡建设局怠于履行职责的行为违法;判决茂名市茂南区国土环境和城乡建设局依法履行职责”的诉讼请求,诉讼期间,被告积极履职,将涉案危险废物处理完毕,公益诉讼人请求确认被告怠于履行职责行为违法。法院判决,确认茂南区国土环境和城乡建设局对非法倾倒危险废物的处置怠于履行职责行为违法。[①] 尽管判决看似符合法条的表面规定,实则是检察机关行政监督职能与诉讼职能错位的表现之一,有违维护生态环境公共利益的宗旨。

其次,“检察机关提起行政公益诉讼,借助法律监督权将传统行政领域的公益保护延展到司法领域,开创了一种包含公益司法保护内涵的法律监督方式,是诉权与法律监督权的紧密关联”。[②] 检察建议与诉讼请求相关度高,检察建议作为诉前程序的核心内容,自然就延伸到之后的司法审判程序中,并在很大程度上转化为诉讼请求予以体现。然而,检察机关对上述两阶段中的行政监督职能与诉讼职能关系认知不清,导致诉讼请求难以精准。例如,在安徽省芜湖市繁昌县人民检察院诉芜湖县水务局不履行法定职责案中,检察机关提出的诉讼请求有三:确认被告怠于履职行为违法;判令被告针对违法行为采取补救措施;判令被告继续履行日常监督管理职责。检察机关起诉前具有对行政机关日常监管活动的监督职责,属于检察监督定位下的行政监督职能,一旦进入司法审判程序,行政监督职能在一定程度上转化并伴随诉讼职能,即根据日常对行政机关的监督,对具体案件事实提出诉讼请求的职能。此时,检察机关不宜提出针对行政机关日常监督管理的诉讼请求。[③]

3. 公益诉讼认知偏颇

公益诉讼作为与私益诉讼相对的概念,二者在诉讼主体、客体、主观方面和客观方面都存在一定的差异。主体方面,环境行政公益诉讼的原告有且仅有检察机关;客体方面,提起诉讼是为了保护受到侵害的生态环境公共利益;主观方面,体现出检察机关作为公共利益维护者的自身原动力和制度发展的外部推动力之间的协同;客观方面,要求行政机关维护生态环境公共利益的履

① 参见广东省茂名市茂南区人民法院行政判决书,(2018)粤0902行初1号。

② 刘艺:《检察公益诉讼败诉案件中的客观诉讼法理》,载《行政法学研究》2020年第6期。

③ 参见安徽省繁昌县人民法院行政判决书,(2017)皖0222行初7号。

职行为符合检察机关的要求与期待。整体而言,环境行政公益诉讼强调对生态环境公共利益保护的专业性、修复性,并非对公共利益的创造或增加。[①] 由于当前司法实践对公益诉讼的认知存在偏颇,其对公共利益的保护在主观方面、主体、客观方面和客体等要件上表现过于"强势",认为只有将行政机关置于败诉境地,才能够有效维护公共利益。加之主观诉讼机制干扰和检察机关职能错位,环境行政公益诉讼对公共利益的保护呈现"失度"局面,即检察机关在环境行政公益诉讼中占据主导地位,法院、检察院两家形成维护生态环境公共利益的合力,行政机关过于被动。即便行政机关在诉讼过程中积极采取措施履职,维护了生态环境公共利益,仍然无法摆脱败诉的"命运",检察院往往将"确认违法"的诉讼请求不加以实体和程序的区分而广泛"兜底"适用,法院进而判决行政机关败诉。在诉讼请求上,表现为两个方面:一方面是"确认违法"的兜底适用,另一方面是确认违法诉讼请求未明确区分程序性行政行为与实体性行政行为。

首先,"确认违法"的兜底适用存疑。依据相关法律及司法解释的规定,提出撤销行政行为与确认违法诉讼请求时,需要对二者进行适法功能上的顺位比较。法律规定的两款确认违法适用条款是不同的意蕴表达。《行政诉讼法》第 74 条第 1 款所规定的确认违法是对行政行为法律效力的保留,顺位上优先于撤销行政行为;第 2 款规定的确认违法的三种情形则是对被诉行政行为法律效力的否定,在适用上具有补充性。[②] 若检察机关认为应当依第 1 款规定,对先前行政行为效力保留或认可,则确认违法的诉讼请求优先于撤销;若检察机关否定先前不依法履职或违法行政行为的效力,则应当提起撤销行政行为的诉讼请求。实践中,检察机关未能把握确认违法和撤销行政行为之间的顺位,为了赢得诉讼结果上的胜利,仅认识到确认违法的"兜底性",从而大量提出确认违法的诉讼请求,反而没有提出撤销重做的诉讼请求,不利于生态环境公共利益的保护。

例如,在山东省临清市人民检察院诉临清市原卫计局案中,公益诉讼人提

---

① 参见娄超:《论我国诉讼制度中的公益》,载《山东社会科学》2019 年第 7 期。

② 参见郭修江:《行政诉讼判决方式的类型化——行政诉讼判决方式内在关系及适用条件分析》,载《法律适用》2018 年第 11 期。

出“确认被告未依法履行监管职责的行为违法；判令被告监督相关医疗机构限期完成医疗污水处理设施整改”的诉讼请求，法院判决“责令被告继续履行监管职责；确认被告向有关医疗机构颁发医疗机构执业许可证的行政行为违法”。事实上，涉案医疗机构自成立以来，始终未按规定建设污水处理设施，但被告在其无污水处理设施、未进行环境保护设施验收的情况下颁发医疗机构执业许可证，最终导致环境污染事件的发生。因此，最为行之有效的诉讼请求应当是撤销行政行为并要求行政机关重新作出，在此期间，行政机关可以采取更加有力的措施治理相对人造成的环境污染，解决污染源问题，而非就目前问题继续履职、对此前违法行政行为确认违法。

其次，确认违法诉讼请求是针对程序性行政行为还是实体性行政行为[①]没有明确区分。保护生态环境公共利益要求程序与实体相统一。诉前程序是检察机关提起行政公益诉讼的必经之路，行政机关在程序方面若不回复或超期回复检察建议，以及在实体方面怠于履职都会被看作未依法履职。[②] 绝大多数确认违法诉讼请求采用了笼统概括的表达方式，未能区分行政机关在诉前程序的程序性行政行为与未依法履行监管职责的实体性行政行为。例如，在吉林省龙井市人民检察院诉龙井市国土资源局不履行法定职责案中，其诉讼请求为，确认被告未依法履行保护耕地行为违法；判令被告对此继续依法履职。人民法院认为，行政机关实体上已经履行了法定职责，但在程序上存在违法的，可以确认违法，最终判决：确认被告对检察建议未及时办理回复的程序性行为违法；责令被告对王某非法破坏耕地的行为继续依法履职。[③]

三、证明责任的分配问题：以环境侵权诉讼为例

“谁主张，谁举证”是罗马法所确立的证明责任的基本原则，但是在环境侵

---

① 本书所称程序性行政行为与实体性行政行为有其特殊含义。程序性行政行为，特指诉前程序中行政机关依法回复检察建议的行为，因该行为只在行政机关和检察机关二者之间具有程序性效力，对于行政机关采取措施履行职责保护生态环境公共利益并无实体意义，因此，本书称其为程序性行政行为。实体性行政行为，特指除本书所称程序性行政行为之外的，行政机关针对维护生态环境公共利益所采取的行政行为。因其可能包含行政执法中的某些程序性行为，为避免读者产生歧义，在此对本书所涉两个概念进行说明，后文若无特别强调，均代表此处含义。

② 参见代杰、徐建宇：《行政公益诉讼中行政机关不依法履行职责抗辩事由研究——基于159份判决书的实证分析》，载《江西理工大学学报》2020年第4期。

③ 参见吉林省延吉市人民法院行政判决书，(2018)吉2401行初9号。

权类案件中，侵权人应当就两种情形承担举证责任：一是其行为与损害之间不存在因果关系；二是存在法律规定的不承担责任或者减轻责任的情形。这种特殊的证明责任分配原则不仅要求被告证明其行为与损害之间不存在因果关系，也要求原告提供被告行为与损害之间具有关联性的证据。然而，我国对于关联性证明责任的规则构建尚处于起步阶段，还需要对关联性证明责任作进一步研究。

（一）污染行为与损害结果之间关联性的解析

作为原告提起环境侵权诉讼的初步证据，关联性的证明在程序上是先于因果关系的证明的。在污染行为和损害结果都比较明确的前提下，对关联性内涵的认知将直接关系到对其举证所要求达到的证明标准，进而影响证明责任的分配和最终诉讼的结果。故环境侵权诉讼的成败在于证明责任的分配，各待证事项之证明责任中的关键在于环境污染行为与损害结果之间的关联性的证明责任分配。为此，有必要首先明确关联性的内涵。

1. 关联性的内涵解构

关联性是我国环境司法实践中所创设的专门表达。[①] 有学者将其描述为"污染者排放的污染物或其次生的污染物与损害事实相关联，能够增加损害发生的可能性"，[②]以达到有意识地区别关联性与因果关系差异之目的。也有学者通过划分"一般因果关系与特定因果关系"的类型说明一般因果关系更侧重表达"致害因素与损害结果之间的可能性"，而特定因果关系是在一般因果关系得以确定的情况下特定行为确实引起的损害后果。[③] 从这个意义上讲，关联性与一般因果关系的内涵更加一致。但在对其进行文义解释时，有学者误将本关联性与作为证据"三性"之一的"相关性"混淆，借由"相关性"的概念和国

---

① 参见薄晓波：《论环境侵权诉讼因果关系证明中的"初步证据"》，载《吉首大学学报（社会科学版）》2015 年第 5 期。

② 孙佑海、孙淑芬：《环境诉讼"关联性"证明规则实施阻碍和对策研究》，载《环境保护》2018 年第 23 期。

③ 参见陈伟：《环境侵权因果关系类型化视角下的举证责任》，载《法学研究》2017 年第 5 期。

内外立法例解读关联性,这更是曲解了关联性的本意。①

因此,为解构关联性之意涵,一是要明确关联性是污染行为与损害事实之间的事实的联系,既非哲学意义上的“普遍联系”,也非证明材料与待证事实之间的“相关联系”;二是要明确关联性是对环境损害产生原因的可能性推断,而非引起与被引起之间的必然性判断;三是要明确关联性并非仅有单一的判断标准,而是要结合具体案情和当时的社会及科技认知来作出判断。为此,关联性的实质应当是污染行为与损害结果之间存在的一种可以“被发现”和“能证明”的联系。

2. 关联性的类型化分析

关联性与因果关系虽有差异,但具有的共性是二者的判断标准都离不开社会认知和科技知识的支撑,也都面临着“缺乏支撑”的风险。在诉讼实践中,关联性能否被司法确认的关键在于其是否能得到某种观念或技术的认可。因此,基于科技水平和社会共识的认知程度,可以将关联性划分为“常识型”“科学确定型”“科学不确定型”三种形态。

“常识型关联性”的证明只需经由社会生活经验的常识、常理、常情对环境污染和损害结果的关联性作出判断。例如,在徐某1与徐某2水污染责任纠纷案②中,法院在综合原告水库与被告养鸡厂的位置邻近情况、被告污水池建在原告水库范围之内及管理使用情况、被告排污时间长度及水库周边无其他人排污的情况下,直接认定“被告的排污行为与水库底部污染物沉淀及水库鱼类死亡的结果之间具有关联性”。同样地,基于案件事实也可以推断出不存在关联性,如在张某某与杨某某水污染责任纠纷案中,法院经审理发现尽管被告有污水排放的事实,原告也有鱼死亡的损害事实,但被告鸡粪和污水并未到达鱼池中,排污行为与损害结果之间基于常理即可推断出不存在关联性的结论。③

---

① 参见孙佑海、孙淑芬:《环境诉讼“关联性”证明规则实施阻碍和对策研究》,载《环境保护》2018年第23期。

② 参见山东省五莲县人民法院民事判决书,(2018)鲁1121民初2967号。

③ 参见吉林省吉林市中级人民法院民事判决书,(2018)吉02民终379号。

“科学确定型关联性”的证明需要借由有专门知识的主体对环境污染和损害间的关联性作出判断。应当指出的是,此处只需达到通过科学技术能够确定的最低限度的联系即可。例如,在石家庄市京昆高速石太管理处、正定县惠农奶牛养殖专业合作社环境污染责任纠纷案中,京昆高速公路石太北线引线开始建设,高速引线施工与惠农奶牛养殖专业合作社奶牛的产奶量下降、淘汰率增加经鉴定存在关联性并被法院采信。① 相反的案例如在重庆市巴岳山矿泉水有限公司与重庆华琦精细化工有限公司环境污染责任纠纷案中,经鉴定,被告排放的污染物与原告矿泉水水质超标物质并不相同,两者之间不存在关联性。②

“科学不确定型关联性”是指在现有的科学技术下无法对环境污染和损害结果之间的关联作出哪怕仅是可能性程度的判断。最典型的案件是发生在日本的水俣病事件,在当时的医学手段下不能确定致病因子,法院在判决中运用疫学证明方法证明了排污行为与患水俣病之间具有一般的因果关系(关联性)。但是“科学不确定型关联性”的证明确实存在诸多困难,如在桂某、桂某某环境污染责任纠纷案中,法院认为原告提出的科普资料、学术论文不能证明其已经成为学界通说,③进而原告未能完成初步(关联性)举证责任。立法之初所设想的“低度盖然性”“专家著述”“非因果关系证明”等最低限度的证明要求,在法官追求客观真实和高度盖然的证明要求下并没有实现,原告承担了不利的法律后果。

3. 关联性证明规则必要性的反思

目前,实务界和学界要求原告承担关联性的举证责任主要有四个理由:一是认为我国目前仅规定了因果关系的证明责任倒置,而关联性的证明责任仍在原告一方。④ 二是认为要求原告证明关联性并没有加重原告的举证负担,同时平衡了原、被告双方的举证负担。其中,既有论者认为单纯的举证责任倒置

---

① 参见河北省石家庄市中级人民法院民事判决书,(2018)冀01民终3016号。
② 参见重庆市第一中级人民法院民事判决书,(2018)渝01民终7440号。
③ 参见安徽省铜陵市中级人民法院民事判决书,(2018)皖07民终152号。
④ 参见王倩:《环境侵权因果关系举证责任分配规则阐释》,载《法学》2017年第4期。

加重了被告的举证责任甚至增加关联性证明也没有怎么减轻被告的举证负担，只是通过增加额外的举证任务平衡双方的举证责任。①三是认为要求原告举证证明关联性可以防范滥诉的风险。②四是认为单纯的举证责任倒置的逻辑结构缺陷会导致由于技术原因反向所证明的因果关系存在的结论是有巨大风险的，而进一步提出，原告举证证明“存在关联性”是本证，被告举证证明“不存在因果关系”也是本证，所以被告可以通过反证关联性不存在或真伪不明直接使原告承担证明责任进而终结诉讼，而不需要再做“不存在因果关系”的本证了。

本书首先肯定了设置关联性证明的必要性和重大意义，但对以上理由持审慎态度，特别是在“科学不确定型关联性”的证明中存疑尤甚。其一，不存在因果关系的证明责任由被告承担仅能够推定出原告不承担因果关系的证明责任，却无法推定出原告必然承担关联性的证明责任。其二，在学理上增加举证事项本身就是一种负担；而在实践中关联性的证明已经成为法官恣意主导环境侵权诉讼的一种“程序性工具”。③法官可以在没有相关具体标准的情况下、在自由裁量的外衣下加重或减轻关联性的证明难度，以达到迫使原告放弃起诉或支持原告继续诉讼的目的。至于通过凭空加重一方举证责任以使另外一方举证责任“相对减轻”的论证理由更是一种“负和博弈”的理念。其三，多年来我国通过立案登记制等一系列的制度设计让人民群众信任司法，用法律维护自己的合法权益，若论防范滥诉之虞，立案审查制的防范功能更强于关联性的证明要求，那么举重以明轻，通过关联性证明防止滥诉既与司法改革趋势相悖也与法理不合。其四，用反驳“关联性存在”的本证方法使待证事实归于真伪不明的状态，进而直接分配证明责任，将使“关联性存在”“因果关系存在”

---

① 参见张旭东：《环境侵权因果关系证明责任倒置反思与重构：立法、学理及判例》，载《中国地质大学学报（社会科学版）》2015 年第 5 期。

② 参见薄晓波：《论环境侵权诉讼因果关系证明中的“初步证据”》，载《吉首大学学报（社会科学版）》2015 年第 5 期。

③ 需要说明的是，此处的恣意主导与法官的依法自由裁量不同，其是指审判实务中法官对关联性和因果关系证明责任分配时缺乏统一准则。参见张挺：《环境污染侵权因果关系证明责任之再构成——基于 619 份相关民事判决书的实证分析》，载《法学》2016 年第 7 期。

"因果关系不存在"三个事实全部置于真伪不明的状态下。如此一来将会导致两个结果:或是在明明可以预见被告将会因"因果关系"真伪不明而败诉,却令原告承担举证不利而败诉的后果;或是被告通过反证证明"关联性存在"处于真伪不明的状态,将使原、被告皆陷入举证不利的危险后果,显然这种矛盾性后果的产生是程序设计不当的结果。

(二)关联性证明责任的司法认定现状

本书对关联性规则设置之必要性的反思,旨在探寻设定该制度之真正价值,而非对该制度的存在作出否定性评价。不当的制度将无法指导制度的科学制定与实践,关联性证明规则在设计之初忽视了论证其在诉讼中证明责任配置的正当性和科学性,进而才在实践中产生了一系列的问题。

1. 关联性证明标准梯度的缺失

一般情况下,"常识型关联性"和"科学确定型关联性"只需要通过社会常识、生活经验和可靠的科学技术就可作出准确的判断,但"科学不确定型关联性"的证明颇费周折。在司法实践中,对于这三类关联性的证明并没有区别对待,当前相关规则制定部门认为,无论是何类关联性,其证明的结果在于"存在关联性"这一待证事实的真伪分明,因为"证明责任规范的本质和价值就在于,在重要的事实主张的真实性不能被认定的情况下,它告诉法官应当作出判决的内容,也就是说对不确定的事实主张承担证明责任的当事人将承受对其不利的判决……"①故仅在真伪不明时才是启动证明责任分配的开始,若"存在关联性"这一事实无法判明真伪,则由原告承担证明责任。②

但从实际结果上看,"常识型"和"科学确定型"在充足证据证明的情形下都足以令待证事实清晰,不会出现真伪不明的情况。"科学不确定型"却普遍存在关联性真伪不明的情形。众所周知,环境损害的"累积性、潜伏性、科技性"③是这类关联性证明的最大障碍,如果在关联性证明环节就将原告的诉讼

---

① [德]莱奥·罗森贝克:《证明责任论》(第4版),庄敬华译,中国法制出版社2002年版,第1页。

② 参见叶锋:《新司法解释视域下环境侵权责任因果关系的反思与重构——以120份民事判决书为分析样本》,载《法律适用》2016年第4期。

③ 陈伟:《疫学因果关系及其证明》,载《法学研究》2015年第4期。

请求拒之门外,却将其后续程序中更加科技化、更加严谨的因果关系证明方法搁置不用,如此不加区分地分配证明责任将导致具有潜伏性甚至科学一时难以判断的重大环境危害得不到法律的规制。

例如,在张某某、湖北双登润阳新能源有限公司环境污染责任纠纷案中,[①]被告湖北双登润阳新能源有限公司于2008年4月开始生产铅酸蓄电池(含重金属铅、镉等),2011年6月因卫生防护距离不足等环境问题,被湖南省原环保厅挂牌督办。原告张某某于2011年8月31日出生,2012年2月28日确诊患有先天性心脏病,同年3月24日被发现血液内铅超标;被告于2013年2月通过环保验收。原告提出2009~2012年已有4名婴儿查出患有先天性心脏病,呈现区域性的爆发趋势,同时提出相关研究可以证明被告排放的铅、镉会引起心脏病变,排污行为与原告病情具有因果关系的可能性(关联性)。

对此,法院一是认为原告应先证明其病情与被告超标排放之间具有关联性,再适用举证倒置。二是认为原告并未证明其母亲怀孕时或原告在胎儿时期的检查指数出现异常,且自原告出生后到2018年,其母亲的多份血液检查报告单中均未出现全血铅超标指数。三是指出尽管原告主张周边4名婴儿患有先天性心脏病与被告排污有关,但是病历、就医资料均为复印件,无法核实真实性,不能作为本案证据。是故两审法院均未支持原告的诉讼请求。

在该案中,法院以复印件无法核实为由不予支持是正确的。但若进一步思考如果不是复印件呢?尽管有关部门出具了先天性心脏病会因遗传或环境因素产生,且排除了原告方遗传之可能,但法院依然排斥用较低的盖然性去推断关联性的存在,更没有让被告进入证明"不存在因果关系"的举证责任倒置程序。纵观全案,若进入被告举证阶段,其对"不存在因果关系"的证明难度依然很大。另一个问题在于,原告已经在尝试通过医学统计方法证明在被告污染的时间段内陆续有先天性心脏病的患儿出生,只是所举示的证据有瑕疵,此时更宜采取的方式是,降低其复制品的证明力,推定关联性成立,在综合全案举证情况时运用多元证明方法对案件作出科学裁判。[②]

---

① 参见湖北省襄阳市中级人民法院民事判决书,(2018)鄂06民终836号。

② 参见胡学军:《环境侵权中的因果关系及其证明问题评析》,载《中国法学》2013年第5期。

2. 关联性与因果关系混同适用

在司法实践中,有法院裁判将关联性与“因果关系”“初步因果关系”等词语相混淆。例如,在上诉人李某某与被上诉人天祝玉通碳化硅有限责任公司环境污染责任纠纷案中,法院在裁判文书中直接明确,原告应就排污行为和结果之间存在“初步因果关系”承担举证责任,也就是证明因果关系存在的可能性。① 又如,在赵某某与神华准池铁路有限责任公司噪声污染责任纠纷案中,法院裁判文书的表述为“原告未提供排污行为与结果可能存在因果关系的初步证明”。② 再如,在中铁二十四局集团有限公司、中铁二十四局集团南昌铁路工程有限公司环境污染责任纠纷案中,法院认为“被侵权人对因果关系进行初步证明,即证明两者之间存在关联”。③

也有法院按照因果关系的高度盖然性标准认定关联性,例如,在梁某某、肇庆市高要区广福陶瓷有限公司环境污染责任纠纷案中,法院在裁判文书中指出,原告已经初步履行举证责任,证实排污行为与结果之间存在因果关系。又如,在周某某、杨某某等与江苏宿淮盐高速公路管理有限公司噪声污染责任纠纷案中,法院认为,原告未能提供初步证据证明其身体受损与噪声污染之间有因果关系,故不支持其诉讼请求。④

3. 关联性证明责任在司法鉴定环节的不当加重

在环境司法活动中,由于某些证明方法和证据类型需要科学技术进行鉴别,因此产生了环境损害司法鉴定这一专门的鉴定方式。本书认为,法官在审理环境侵权案件时,并非主动依赖环境损害司法鉴定。相反,由于证据规则的缺失,法官不得不将审判重心放在鉴定意见上,以此作为判断案件事实的主要依据。在鉴定的启动方面,法庭依职权委托鉴定是目前比较普遍的现象,其中当事人双方共同申请法庭委托鉴定是最终采信度较高的一种形式。但其中的一个隐忧在于鉴定意见的内容与原、被告的证明责任之间如何衔接。就鉴定

① 参见甘肃省高级人民法院民事判决书,(2016)甘民终1号。

② 太原铁路运输中级法院民事判决书,(2018)晋71民终2号。

③ 江西省南昌市中级人民法院民事判决书,(2017)赣01民再26号。

④ 参见江苏省淮安市中级人民法院民事判决书,(2018)苏08民终2362号。

意见的内容而言,基本上包括:(1)污染物质的确定(污染行为的证明);(2)污染与损害结果之间的因果关系;(3)污染损害结果数额(实际人身财产的损失、治理污染的成本、功能损失)等内容。从举证责任上看,(1)和(3)是原告应当证明的事项,(2)是被告需要证明的事项。

但很显然,目前的司法实践并没有分得那么清晰。[①] 由此带来的问题是,共同委托的鉴定意见究竟是鉴定"因果关系存在"还是"因果关系不存在"?若是证明结果为"因果关系不存在",尚可被认为达到了被告的证明目的;若是证明结果为"因果关系存在",那么也就是变相地加重了原告原本只需证明"关联性存在"的举证责任;若是证明结果为"因果关系"不能确定,那么此时是推定为"因果关系"的真伪不明还是关联性的真伪不明呢?

从一些判决中我们看到,有的判决选择了回避这一问题,直接判定原告无法举证证明关联性的存在。如在沈某某与惠山区洛社镇协广机械部件厂、无锡康隆机械有限公司水污染责任纠纷案中,鉴定机构在法院主持下由原、被告共同选择,虽然原告认为鉴定意见存在重大缺陷,但两审均认为该鉴定意见能证明排污行为与损害结果之间无关联性存在。[②]

四、损害赔偿的认定问题:以金钱赔偿为例

损害赔偿解决的是责任的承担问题,是衡平适度性原则适用的重点领域。关于损害赔偿,我们需要回答的是如何推动损害填补、获利剥夺、行为惩戒三者的实现问题。结合当下生态环境侵权的审判实践,可以发现运用现行民事侵权规则解释生态环境侵权中的金钱赔偿仍有困难,集中体现在其基础的择定、数额的认定和各功能的衔接三个方面。

(一)金钱赔偿基础的择定难题

首先,致损环境区域或资源之上的公共利益和私人利益重合问题。一方面,从理论上看,公共利益是与私人利益相对应的一个概念,对两者的甄别应当从客体着手。比如,所有权归属一公民的林木,是私人财产权利所指向的对

---

① 参见刘长兴:《环境侵权规则设计之偏差及矫正——基于环境侵权鉴定的分析》,载《法商研究》2018年第3期。

② 参见江苏省无锡市中级人民法院民事判决书,(2018)苏02民终3155号。

象,将其纳入某一生态系统后,又因作为该生态系统组成部分具有公共利益的属性。故具体到诉讼中,应当是因公共利益受损而提起的公益诉讼,"其不是解决某一特定主体的利益问题,而是要解决一个具有公共性、广泛性的公共利益问题"。[①] 相对应地,维护特定个体(包括团体)利益的诉讼应为私益诉讼,其具有个体的特定和封闭属性。另一方面,从实践中看,最高人民法院《关于审理环境民事公益诉讼案件适用法律若干问题的解释》(以下简称《环境民事公益诉讼解释》)第29条明确规定,环境民事公益诉讼的提起不影响因同一污染环境、破坏生态行为受到侵害的公民、法人和其他组织提起私益诉讼。由此产生的问题是公共利益与私人利益在诉讼中的混同使金钱赔偿功能的实现存在偏差。仍以林木为例,《环境损害鉴定评估推荐方法(第Ⅱ版)》明确指出"对林业资源本身的损害列入生态环境损害评估"且"林产品和树木损毁的损失利用直接市场价值法计算",如果此时按照鉴定意见判决金钱赔偿,那么公益诉讼中生态环境损害赔偿诉请的实现势必影响私益诉讼中当事人财产损害金钱赔偿的诉请,此时应当如何抉择?另外,获利剥夺与行为惩戒功能在此情形下如何适用?也就是说,在两者适用条件均满足的前提下,若公益诉讼和私益诉讼中当事人均选择获利剥夺,法官应当作何判决?

其次,普通财产损害与生态环境损害的请求权竞合问题。这一问题集中体现为私益诉讼中是否可以请求生态环境损害金钱赔偿?过往理论和规范中认为在私益诉讼中并不具有生态环境损害的请求权基础。正如张新宝教授所提,"损害生态环境"难以整体纳入"侵害民事权益"的范畴之内。[②] 但由此会产生以下三种困境:其一,根据《民法典》第1234条的规定,国家规定的机关或者法律规定的组织可以自行或者委托他人进行修复,所需费用由侵权人负担。如果私益诉讼中的被侵权人主动地修复生态环境,却需自行负担费用,那岂不是倒逼其坐视侵害行为发生?其二,如果被侵权人因此未能积极主动采取有效措施修复生态环境,那么,一方面若错过止损契机,无疑会加重侵权人所需承担的金钱赔偿责任且不利于生态环境保护;另一方面被侵权人甚至会被认

---

① 娄超:《论我国诉讼制度中的公益》,载《山东社会科学》2019年第7期。
② 参见张新宝:《侵权责任编起草的主要问题探讨》,载《中国法律评论》2019年第1期。

定为不作为导致损害自行扩大。其三,从公共利益和私人利益视角出发,生态环境具有公共利益属性,但这并不意味着其在特定情形下不具有私人利益的属性。如上文所指,林地所具有的某一生态功能可能于当事人而言就是私人利益。

最后,侵权救济程序的适用混淆问题。金钱赔偿功能的实现一方面有赖于公共利益与私人利益的明晰,另一方面需要相应的救济程序予以保障。其一,按照《民事诉讼法》第29条和最高人民法院《关于适用〈中华人民共和国民事诉讼法〉的解释》第24条的规定,普通侵权诉讼中当事人可以选择向侵权行为实施地、侵权结果发生地或者被告住所地人民法院起诉。其二,按照《环境民事公益诉讼解释》第6条、第7条的规定,公益诉讼主体可以向污染环境、破坏生态行为发生地、损害结果地或者被告住所地的中级以上人民法院提起诉讼,法院可以通过法定程序将案件审理权授予基层人民法院或特定中级人民法院。其三,按照前述两种规定,理论上可能存在公益诉讼与私益诉讼审理法院相同或不同两种情形,此时,若两者合并审理是否有助于金钱赔偿功能的发挥?如不在同一法院进而分别审理分配当事人之间的权利义务是否能推动金钱赔偿功能的发挥?

(二)金钱赔偿数额认定的科学性质疑

生态环境侵权中金钱赔偿功能发挥的核心要义在于科学合理地界定损害。其一,于损害填补而言,便是以损害认定为前提。其二,于获利剥夺而言,往往是被侵权人将自身损害与侵权人获利加以对比,进而形成价值判断,择定获赔较多功能向法院提起诉请。其三,于行为惩戒而言,亦需要酌情考量被侵权人的损害合理确定惩罚性赔偿额度。但问题在于,生态环境侵权案件具有较强的环境科学性,其对于环境污染、生态破坏所引发的损害之认定尚需通过法律规范确认以回应金钱赔偿数额认定中可能存在的以下质疑。

一方面,该实际损害部分所致损失的金钱赔偿可能"突破"损害赔偿基本原则。在过往的司法实践中,对此类实际损害的救济一般包括两个途径。其一,恢复原状所必要费用,包括恢复生态环境功能及其服务水平所采取的基本恢复、补偿性恢复和补充性恢复等相关支出。如在义马市朝阳志峰养殖厂与河南省义马市联创化工有限责任公司水污染责任纠纷案[①]中，法院判决被告河南省义马市联创化工有限责任公司赔偿原告义马市朝阳志峰养殖厂鱼塘环境修复费用共计24400元。其二，不能恢复原状或恢复原状显有重大困难时的金钱赔偿，包括无法将受损的生态环境恢复至基线，也没有可行的补偿性恢复方案弥补从损害发生至修复完成期间的损害，或只能恢复部分受损的生态环境，而采用环境价值评估方法对生态环境的永久性损害量化所得金额，以及通过物价评估确定的财产性损失等。如在广西永凯糖纸有限责任公司、南宁祈顺纸业有限公司海上、通海水域污染损害责任纠纷案[②]中，法院认定需要对邓某某购买鱼苗的成本损失进行赔偿。因此可能产生的问题是，若上述金钱赔偿的支付和使用使得生态环境明显改变，各类生态环境指标明显好转甚至优于侵害行为发生前水平，那么是否意味着对“禁止得利”的突破，又如无法恢复原状，采用一定环境科学方法评估所得金额是否能够满足“全部损害赔偿”？

另一方面，非实际损害部分产生的纯粹经济损失难以界定。纯粹经济损失，也即在生态环境侵权案件中，“并非因原告的人身或财产遭受的实际损害”[③]而产生的经济损失，该损害具有“表现形式的独立性、损害范围上的不确定性”[④]等特征。在司法实践中，此类损失的认定仍有赖于生态环境损害的科学认定。其一，时间层面，该损失因环境污染、生态破坏而产生，故该损失的计算周期应小于生态环境损害期间。其二，空间层面，需要考虑一定空间范围内生态环境损害的范围，在此基础上方能界定纯粹经济损失与生态环境损害之间是否具有关联性以及有关联性情形下生态环境损害对纯粹经济损失的贡献度。其三，质量层面，需要通过合理量化生态环境的损害价值，从法律上确认该金钱赔偿是否可以使得生态环境恢复原有质量，如果可以，则应视为该赔偿业已阻断纯粹经济损害发生。综上所述，在上述对生态环境损害已认定的前

① 参见河南省义马市人民法院民事判决书，(2018)豫1281民初270号。

② 参见广西壮族自治区高级人民法院民事判决书，(2016)桂民终193号。

③ 刘志刚：《侵权法视域下纯粹经济损失与基本权利的联结》，载《哈尔滨工业大学学报(社会科学版)》2018年第3期。

④ 李长兵：《论纯粹经济损失保护的请求权基础》，载《湖南社会科学》2015年第2期。

提下,法官方可通过参考“市场状态和历史经营状况”①等因素对纯粹经济损失加以认定。

(三)金钱赔偿各功能的衔接尚需厘清

《民法典》在生态环境侵权的金钱赔偿中确立了损害填补、获利剥夺、行为惩戒的递进式功能框架,如上文所述,本书对该框架的内涵和价值予以说明,并指出对获利剥夺的适用范围应予扩容,即面向生态环境侵权救济的所有对象,而不仅是人格权的财产利益保护。由此产生的问题是,此功能框架内部是否能够畅通衔接以发挥其应有之价值,进而有效服务于审判实践。

首先,该功能框架效能发挥的要件如何确定?从内部各功能的关系来看,损害填补是生态环境侵权救济的核心,其以阻却侵权为要义,而获利剥夺则是以阻却违法为目标,行为惩戒以阻却恶意为导向,故而层层递进形成了较为完整的金钱赔偿救济体系。因此从功能框架建构的价值取向分析,其一,从行为要件上审视,三者对侵权行为的要求应当区分合法与非法;其二,从主观要件上审视,三者的适用应当区分当事人的主观恶性;其三,从结果要件上审视,三者均要求有损害结果发生,但具体达到何种程度、适用何种功能还应细致区分。

其次,损害填补功能与获利剥夺功能如何衔接?若在两者均可适用的情形下,其一,在公益诉讼中如何抉择,也即公益诉讼主体此时是否有决定两者择一适用进而向法院请求金钱赔偿的权利?其二,在私益诉讼中,被侵权人是否有权选择适用?如果在当事人向法院请求获利剥夺的情形下尚不足以救济其损害,是否还能请求损害填补?其三,两者在公益诉讼和私益诉讼中分别适用时又当如何衔接?比如,若两者合并审理,公益诉讼主体和私益诉讼主体均选择获利剥夺或损害填补,此时若获利部分或损害部分重合,那么法院如何判决?又如,若两者非合并审理,在前的公益诉讼之获利剥夺或损害填补诉请得到法院支持,在后的私益诉讼若仍选择获利剥夺或损害填补,且与前述获利有重合,法院应当如何判决?反之,如果私益诉讼在前、公益诉讼在后呢?

---

①　张瀚:《纯粹经济损失的法经济学分析》,载《政法论坛》2020年第3期。

最后,行为惩戒功能与其他功能如何衔接？其一,行为惩戒能否独立于损害填补、获利剥夺而单独适用？其二,行为惩戒能否适用于公益诉讼？王利明教授从文义解释和体系解释视角对此予以阐释,认为“惩罚性赔偿的规则不应适用于公益诉讼”,[①]那么,是否意味着行为惩戒适用于公益诉讼便没有理论上的可能性和实践上的必要性呢？其三,行为惩戒如何适用于私益诉讼？一来在私益诉讼中是否只要满足行为惩戒适用要件,当事人提起的惩罚性赔偿诉请便应当满足？二来惩罚性赔偿的金额应当如何确定？

第三节　环境司法中衡平适度性原则的实现

针对环境司法中衡平适度性原则的适用困境,可以从诉讼案由的规范化、诉讼请求的精准化、证明责任分配的科学化和损害赔偿裁量的合理化这四个角度推动衡平适度性原则的全流程适用。

一、诉讼案由的规范化

生态环境资源案件案由的规范研究是环境司法专门化的重要环节,也是衡平适度性原则适用的必然要求。解决案由的规范问题要从多方面、多维度下手,除了要明确生态环境资源案件案由范围、确立环境资源案件案由合理设置方式外,最根本的是要构建生态环境资源案件案由规范制度。

(一)提高生态环境资源案件案由的周延性

构建生态环境资源案件案由规范制度的前提是要明确生态环境资源案件案由的范围,将案件范围固定下来,吸收新类型案件、剔除不应纳入的案件,明确案件分类标准、分类方式,才能使生态环境资源案件案由尽可能地覆盖所有案件类型,提高其周延性。

第一,明确生态环境资源案件范围。明确哪些案件属于生态环境资源案件,并为之对应匹配的案由,才能保证案件顺利进入诉讼。一是确定生态环境

---

① 王利明:《〈民法典〉中环境污染和生态破坏责任的亮点》,载《广东社会科学》2021 年第 1 期。

资源案件的概念,厘清边界。生态环境资源案件体系庞大,如不进行界定,恐使范围盲目扩大。结合生态环境资源的特性,可将生态环境资源案件定义为,因人类生产生活相关活动与其周边环境资源要素发生关联而形成的法律关系总和。其强调与周边环境资源要素发生关联,这样就落实了当下环境法领域倡导的密切关联原则。二是进一步细化生态环境资源案件类型。最高人民法院出台的《环境资源案件类型与统计规范(试行)》打破了原有的刑事、民事、行政三大诉讼归类模式,基于环境资源纠纷案件多重属性的特点,以实现类型划分为基础,按照主导价值进行归类,将环境资源案件类型重新划分为五大类。这是打破传统的一次尝试,但其划分的案件类型并未能完全涵盖当下的生态环境资源案件,每一种类型仍要结合实际情况进行细化。三是进一步规范生态环境资源案件归口管理水平。面对有些地方归口管理仍停留在形式合一但实质分离的模式,要通过建立独立的生态环境资源案件案由体系,理顺环境诉讼机制,使归口管理工作顺畅开展。

第二,统一生态环境资源案件的受案范围。各地对于生态环境资源案件受案范围的不一致,在一定程度上阻碍了环境司法专业化的脚步。我国环境司法专业化是"实践先行于立法"的,所以很多地方是在没有统一法律规定的条件下,通过摸索自行开展的。但现在,我国的环境司法专业化已是大势所趋,若仍不制定统一的案件受案范围规范,各地在自我理解的基础上出台规定,会减损环境资源审判机构的审理效果。因此,要在全国范围内建立统一的受案范围规范,使环境司法专业化在诉讼的前端就实现"专业化"。

第三,调整吸收生态环境资源新类型案件案由。众所周知,法律具有滞后性,那么生态环境资源案件案由的更新不及新类型案件出现的速度也在情理之中,但对于已出现的新类型案件,要及时纳入案由体系。《环境资源案件类型与统计规范(试行)》对于理论界和实务界呼吁的一些新类型案件都作出了回应,但其中有的案件并无对应案由,如生物多样性保护的民事、刑事、行政以及公益案件的案由,就亟须建立对应的案由体系。

(二)合理设置生态环境资源案件案由

第一,确立统一的生态环境资源案件案由分类规则。生态环境资源案件案由主要还是以三大诉讼领域为分类依据,从审判程序上对案件性质进行划分,本身就存在不合理之处。因此,要打破三大诉讼分类模式,以案件与生态环境资源保护和利用密切关联为原则,建立新的分类规则。在此分类规则下,无论案件是民事、刑事还是行政性质都不影响案件类型的划分。

第二,推进生态环境资源案件案由与环境法学研究中的分类相统一。首先,要明确环境法的独立地位。环境法是一门独立的部门法,是有充分的环境理论基础的,只有在具备独立地位的前提下,建立一套独立的生态环境资源案件案由体系才有意义。其次,尽快实现生态环境资源案件的类型化管理,将环境案件按照不同类型进行分类,为构建独立的生态环境资源案件案由体系打下基础。

第三,促进生态环境资源案件案由与司法实践需求相统一。要想实现生态环境资源案件与司法实践需求的统一,一方面,要增设案由种类、适当放宽环境公益诉讼案件案由的立案条件。当下,人们对解决环境纠纷的需求不断增加,个人环境权益受损却无资格起诉的情况时有发生,因案件无对应案由无法立案的情况也屡见不鲜。这些情况都会影响环境司法专业化的发展,因而,对于司法实践的实际需求要予以回应。另一方面,通过构建生态环境资源案件案由体系,将生态环境资源案件案由从三大诉讼领域中抽离出来,在立案环节就直接适用案由,开启环境司法专业化的第一步。

(三)构建独立的生态环境资源案件案由体系

随着环境权得到了越来越多的国家和地区在法律层面的认可,环境利益逐渐趋于类型化,环境诉权也在不断发展和完善,对生态环境资源案件案由进行规范已经具备了充实的理论基础。面对当前生态环境资源案件案由被传统诉讼领域束缚、划分标准各异、散乱不合理的局面,勇于打破传统三大诉讼领域划分模式,以环境要素为分类标准,尊重生态环境污染案件类型化趋势,建立一套独立完整的生态环境资源案件案由体系才是出路。本书以《环境资源案件类型与统计规范(试行)》为指导,综合理论界及司法实务界的现实需求,将生态环境资源案件分为环境污染防治、生态保护、资源开发利用、气候变化应对、生态环境治理与服务五大类型,并以五大类型案件案由为一级案由,分别下设二级、三级案由,打造一套层次清晰、级别有序、体系完整的生态环境资源案件案由体系。

1. 制定专门的"生态环境资源案件案由规定"

"生态环境资源案件案由规定"应当由最高人民法院和最高人民检察院共同制定,以便利当事人进行环境诉讼,是指导人民法院、人民检察院进行环境案件立案、诉讼等其他司法活动的专门性规定。

第一,明确制定主体。"生态环境资源案件案由规定"是确定环境资源案件案由的重要组成部分,与《民事案件案由规定》《关于行政案件案由的暂行规定》应具有效力上的一致性,属司法解释性质文件。同时"生态环境资源案件案由规定"打破了三大诉讼领域分离的诉讼模式,将生态环境民事、刑事、行政以及公益诉讼案件均纳入其中。考虑到此规定便于生态环境资源案件立案、诉讼等目的,由最高人民法院、最高人民检察院共同制定为宜。但生态环境资源案件不同于普通案件,案件性质复杂,涉及环境要素众多,因而制定主体也应当考虑案件的特殊性,制定时应当会同负有保护生态环境资源职责的职能部门,主要听取生态环境部、自然资源部的意见。生态环境部的主要职责之一是负责建立健全生态环境基本制度,会同有关部门起草法律法规草案。而"生态环境资源案件案由规定"中的环境污染防治、生态保护、生态环境治理等重要内容都与生态环境部的职责紧密联系,因而听取生态环境部的意见确有必要。自然资源部要把重点放在解决自然资源所有者不到位、空间规划重叠的问题上,做到对山、林、湖、草、沙的整体保护、系统修复和综合治理。"生态环境资源案件案由规定"中关于资源开发利用方面的案由确定需要听取自然资源部的意见。

第二,明确基本原则。一是严格依法原则。"生态环境资源案件案由规定"以《宪法》为根本指导,严格按照环境资源实体法与民事诉讼法、刑事诉讼法、行政诉讼法等程序法的规定,同时要符合环境资源案件相关司法解释关于受案范围的规定。二是环境要素相关原则。"生态环境资源案件案由规定"的一大亮点就是打破了传统的三大诉讼分离的诉讼模式,以案件涉及的环境要素为分类标准,力求实现生态环境资源的整体协调保护。三是科学务实原则。"生态环境资源案件案由规定"充分考虑了生态环境资源案件案由的现状,结合司法实务需求,将案件案由进行分类并形成了科学合理的案由体系,其目的一方面是便利当事人进行诉讼,另一方面是便于人民法院进行立案、审判及开展其他司法工作。

2. 环境污染防治案件的案由设置

划分环境污染防治案件案由的前提是要界定环境污染防治案件的范围。环境污染防治类案件,是指在大气、水、土壤、海洋等环境媒介中,有毒、有害物质以及其他物质和能源的排放对环境媒介和生态系统的服务功能造成危害,并造成人身、财产损失的刑事、民事、行政和公益诉讼案件。

按照新的生态环境资源案件案由划分标准,拟将环境污染防治案件案由作为一级案由,在其项下设三大类二级案由,分别是环境介质污染案件案由、有毒有害物质污染案件案由、能量污染案件案由。其中,在环境介质污染案件案由下,按照被侵害的环境介质属性,划分五类三级案由,分别是大气污染防治案件案由、土壤污染防治案件案由、水污染防治案件案由、海洋污染防治案件案由、其他环境介质污染防治案件案由。在有毒有害物质污染案件案由下,划分四类三级案由,分别是固体废物污染案件案由、电子废物污染案件案由、放射性物质污染案件案由、危险化学品污染案件案由。在能量污染案件案由下,划分六类三级案由,分别是噪声污染案件案由、振动污染案件案由、光污染案件案由、热污染案件案由、电磁辐射污染案件案由、电离辐射污染案件案由。

3. 生态保护案件的案由设置

生态保护类案件,是指因破坏遗传(基因)、物种、生态系统多样性、景观多样性以及影响生态系统功能正常运行而产生的刑事、民事、行政以及公益案件。

按照新的生态环境资源案件案由划分标准,拟将生态保护案件案由作为一级案由,在其项下分三大类二级案由,分别是生物多样性保护案件案由、景观多样性保护案件案由、重点生态区域保护案件案由。其中,在生物多样性保护案件案由下设三类三级案由,分别是遗传(基因)多样性保护案件案由、物种多样性保护案件案由、生态系统多样性保护案件案由。在景观多样性保护案件案由下设两类三级案由,分别是自然遗迹保护案件案由、人文遗迹保护案件案由。在重点生态区域保护案件案由下设两类三级案由,分别是自然保护地案件案由、岸线区域保护案件案由。

其中,最具有亮点的就是遗传(基因)多样性保护案件。近年来,如基因编辑、转基因技术等新兴生物技术的利用所存在的风险已经引起了许多国家、学术界和社会的警觉,因为这些新兴技术一旦违反人类伦理被不法分子肆意利用,将给人类造成无法挽回的灾难。在生态环境资源案件案由体系中纳入遗传(基因)多样性保护案件案由的目的就是要将涉及生物遗传资源和相关传统知识的获取、开发、利用及其惠益分享,转基因生物和产品安全案件归入管理,把关于新兴技术的科技伦理规制问题纳入考量。

4. 资源开发利用案件的案由设置

资源开发利用类案件,是指在土地、矿产等各类自然资源开发利用过程中产生的,与生态环境保护修复密切相关的刑事、民事、行政以及公益案件。

按照新的生态环境资源案件案由划分标准,拟将资源开发利用案件案由作为一级案由,下设两类二级案由,分别是自然资源开发利用案件案由、侵害环境权益案件案由。其中,在自然资源开发利用案件案由下设三类三级案由,分别是自然资源确权登记案件案由、自然资源权属争议案件案由、自然资源权利变动案件案由。在侵害环境权益案件案由下设四类三级案由,分别是侵害通风权益案件案由、侵害采光权益案件案由、侵害眺望权益案件案由、侵害景观权益案件案由。

5. 气候变化应对案件的案由设置

《环境资源案件类型与统计规范(试行)》指出,气候变化应对类案件,是指在应对因排放温室气体、臭氧层损耗物质等直接或间接影响气候变化过程中产生的刑事、民事、行政以及公益案件。

按照新的生态环境资源案件案由划分标准,拟将气候变化应对案件案由作为一级案由,下设两类二级案由,分别是气候变化减缓类案件案由、气候变化适应类案件案由。其中,气候变化减缓类案件案由下设五类三级案由,分别是碳排放产业结构调整案件案由、新能源节能减排案件案由、碳汇交易案件案由、控制臭氧层消耗物质案件案由、管理土地利用变化案件案由。气候变化适应类案件案由下设五类三级案由,分别是涉气候变化的建设项目和环评案件案由、涉防洪除涝减灾和气象灾害防御工程案件案由、治理草地案件案由、治理水土流失案件案由、海洋和海平面变化趋势科学监测案件案由。

6. 生态环境治理与服务案件的案由设置

《环境资源案件类型与统计规范(试行)》指出,生态环境治理与服务案件,是指在利用税费、配额等规制措施以及第三方治理、环境容量利用权、绿色金融等市场机制,控制生态环境退化、改善生态环境质量过程中产生的刑事、民事、行政以及公益案件。

按照新的生态环境资源案件案由划分标准,拟将生态环境治理与服务案件案由作为一级案由,下设四类二级案由,分别是环境污染第三方治理案件案由、环境资源税费案件案由、环境容量利用权案件案由、绿色金融案件案由。其中,环境污染第三方治理案件案由下设三类三级案由,分别是环评、环境监测、环境损害评估鉴定案件案由,生态环境监测设备、污染处理设施维护运营案件案由,环境污染治理、生态环境修复案件案由。环境资源税费案件案由下设三类三级案由,分别是环境污染税费案件案由、生态破坏税费案件案由、开发利用资源税费案件案由。环境容量利用权案件案由下设四类三级案由,分别是用能权案件案由、用水权案件案由、排污权案件案由、碳排放权交易案件案由。绿色金融案件案由下设四类三级案由,分别是绿色信贷案件案由、绿色债券案件案由、绿色发展基金案件案由、绿色保险案件案由。

二、诉讼请求的精准化

环境行政公益诉讼要想最大限度地保护公共利益,就必须以精准的诉讼请求推动行政机关依法履职。通过上文对环境行政公益诉讼的诉讼请求的问题梳理、成因分析,要想明确环境行政公益诉讼的诉讼请求精准化,首先需要客观诉讼机制、检察机关职能和公共利益保护等相关理论的指导,在此前提下,厘清环境行政公益诉讼机制相关环节对诉讼请求类型精准化的重要作用,进一步实现环境行政公益诉讼的诉讼请求内容精准化。

(一)理论引导

首先,明确客观诉讼机制的主导地位,体现在诉的利益判断和司法审查力度两个方面。在诉的利益判断方面,在坚持客观诉讼机制“利益圈”理论下的起诉资格认定的同时,要明确其仅是客观诉讼机制与主观诉讼机制在起诉资格认定方式上的区别,而生态环境公共利益的保护仍然需要以环境法内容体系中的实体规范为诉讼请求依据,即要清晰认识环境行政公益诉讼作为客观诉讼机制,诉的利益与实体法规范在生态环境公共利益保护中的统一性。在司法审查力度方面,司法权对行政权的审查强度分为三个层次:最低程度、一般程度和最高程度。最低程度审查主要针对行政行为的权限、形式和法律依据;一般程度审查在此基础上,还需审查事实问题;最高程度审查则进一步审查行政行为的必要性、正当性和公共利益性。为了维护生态环境公共利益,环境行政公益诉讼对行政机关适用最高强度的司法审查是可行的。但需要认识到以下两点:第一,三个审查层次是依次递进且相互包含的关系。最高强度审查不仅涵盖必要性和公共利益性,还包括最低程度和一般程度的审查内容。第二,在最高强度审查标准下,还存在两个递进的亚层级:诉前程序的柔性尊重和司法审判程序的刚性精准。这二者是过渡关系,即诉前程序通过柔性方式引导行政机关自我纠正,若无效,则进入司法审判程序进行刚性审查。

诉的利益判断之"利益圈准则"和司法审查最高强度中的两个亚强度之差异,作用于环境行政公益诉讼的具体环节,就体现为诉前程序所发挥的独特作用。诉前程序属于法定前置程序,是环境行政公益诉讼司法审判程序的必经环节。类似于美国公民诉讼中,公民起诉必须符合法定前提条件,即政府在诉讼通知书送达的 60 天内,仍然没有作出行政行为,公共利益仍处于受损状态。① 因而,诉前程序是容纳了程序、实体、监督等要素于一体的综合程序要件,进入司法审判程序时,诉讼请求必然应该对诉前程序的内涵要素进行判断取舍和明确。诉前程序的设计体现了短期内环境行政管理的"弱执法"与长期以来环境领域立法繁荣的"强立法"之间矛盾的纾解。检察机关对于行政机关的违法行政行为或不依法履职行为不能直接提起行政公益诉讼,应当先发出检察建议,为的就是缓和行政机关的"弱执法"。行政机关的人力、财力和物力有限,面对复杂的社会生活和飞速的经济发展,难以应对所有的生态环境问

① See Heckerjm, *The Citizen's Role in Environmental Enforcement: Private Attorney Ceneral, Private Citizen, or both*, Natural Resources & Environment, Vol. 4, p. 31 - 34(1994).

题,检察机关在此充当补强力量,因此行政机关在收到检察建议后两个月内不履行职责的,足以证明其未尽到维护生态环境利益的职责,检察机关才能提起诉讼。检察建议和提起诉讼之间具有先后顺位的制度安排,检察建议的"柔性"建议本质,要求诉前程序充分体现行政优先的原则。[①] 因此,后续提出的诉讼请求之"刚性"则在此基础上,清晰识别环境行政公益诉讼的行政行为阶段性划分,严格依据相关实体法规范进一步精准,方能体现出整个诉讼机制运行中不同环节的差异化表达。

其次,清晰认知检察机关的行政监督职能。以往的研究通常以检察机关的公诉权为中心,无论是将检察机关的职能进行"监督层面和执行层面"[②]或"公诉职能与法律监督职能"的"二元"划分,[③]还是提出公诉职能、职务犯罪侦查职能和司法监督职能的"三元论",[④]都强调检察机关的公诉职能,缺乏对行政机关监督职能的关注。尽管有学者认识到,应当充实检察机关的法律监督职能,赋予检察机关对行政权的制约功能,通过对行政机关的执法活动进行监督,以更好地维护公共利益。[⑤] 但实践的空白导致理论缺乏发展空间,直至环境行政公益诉讼的蓬勃发展,对检察职能中行政监督职能的研究才逐渐显露,认为"检察机关的行政法律监督是现代客观诉讼的题中之义"。[⑥] 相较于对国家工作人员的监督,对行政机关的监督更能体现检察机关作为国家法律监督机关的本质属性,应该关注行政监督职能。[⑦]

由于检察机关的权力配置和调整,法律监督权项下的诉讼职能与监督职能发生分离,诉讼职能已经不单单是提起刑事公诉,还包括公益诉讼;监督职能也不再仅是传统意义上的"刑事法律监督权",还细分出"行政监督"和"诉讼

---

① 参见孙佑海:《如何用行政公益诉讼检察建议督促纠正政府违法行为?——海南省检察院一分院行政公益诉讼检察建议案评析》,载《中国法律评论》2020 年第 5 期。

② 肖金明:《论检察权能及其转型》,载《法学论坛》2009 年第 6 期。

③ 参见樊崇义:《宪法为据 深化检察职能发展》,载《人民检察》2012 年第 23 期。

④ 韩成军:《检察权基本理论研究综述》,载《河南社会科学》2010 年第 2 期。

⑤ 参见陈正云:《法律监督与检察职能改革》,载《法学研究》2008 年第 2 期。

⑥ 姜涛:《检察机关行政法律监督制度研究》,载《东方法学》2016 年第 6 期。

⑦ 参见李子、孟昭阳:《我国检察机关行政法律监督职能之完善》,载《南京政治学院学报》2017 年第 2 期。

监督”这两种样态。[①] 换句话说,在法律监督机关的总体定位下,监督职能和诉讼职能二分,其中,诉讼职能主要包括检察机关提起环境行政公益诉讼,监督职能包括对行政机关的监督,即本书所指的行政监督职能。[②] 检察机关在环境行政公益诉讼中提出诉讼请求,则是行政监督职能向诉讼职能过渡、转化、适度并存的关键节点。[③] 诉前程序及之前,检察机关发挥行政监督职能,对行政机关自由裁量权充分尊重,检察建议可以柔性概括表达。在司法审判程序中,诉讼职能要求检察机关提出精准刚性的诉讼请求。行政公益诉讼天然具备检察机关职能的二分属性,侧重不同的目的与手段,对应不同的程序环节。检察建议和诉讼请求分别作为诉前程序和司法审判程序的核心内容,应当是检察机关职能二分的集中体现。在日常行政管理活动和诉前程序中,检察机关是行政机关的监督者,具备行政监督职能;检察机关提起行政公益诉讼时,身份角色开始发生转变,成为诉讼参加人。此时检察机关提出诉讼请求,不仅要体现督促行政机关依法履职或纠正违法行为的职能,还应体现“保护公共利益”“维护法律秩序”等客观诉讼的鲜明特征。“检察机关提起行政公益诉讼,诉权与实体法上的法律监督权有紧密关联,诉讼请求也与普通行政诉讼的诉讼请求存在重大差异。”[④]根据身份角色和目的的不同,检察机关提出的诉讼请求也应当有所区别。一是程序与实体上的区别,目前诉前程序中检察建议的回复与行政机关依法履行监管职责之间的区别,以及诉讼请求对应的程序性和实体性行政行为,为法院充分发挥裁判功能创造了有利条件。[⑤] 二是客观诉讼特征的体现,应当提出特定情况下对规范性文件进行审查等诉讼请求,同时尽量避免“确认违法”的兜底适用。

最后,正确看待公共利益保护的价值取向。环境行政公益诉讼作为维护公共利益的新手段,其内在主观与外在客观、实体正当与程序正当、形式合法

---

① 参见陈瑞华:《论检察机关的法律职能》,载《政法论坛》2018 年第 1 期。

② 为了避免歧义,本书所提及的行政监督职能如无特别强调,均指检察机关在环境保护领域对行政机关的行政行为进行监督的职能,并非行政机关对相对人的监督。

③ 参见孙谦:《设置行政公诉的价值目标与制度构想》,载《中国社会科学》2011 年第 1 期。

④ 刘艺:《检察公益诉讼败诉案件中的客观诉讼法理》,载《行政法学研究》2020 年第 6 期。

⑤ 参见吕忠梅:《关于修订〈大气污染防治法〉议案》,载《前进论坛》2015 年第 4 期。

与实质合法等方面具有一致性。[①] 其一，内在主观与外在客观相统一。外在客观表现为行政机关为保护生态环境公共利益采取的一系列行政行为。由于诉前程序需要检察机关充分尊重行政机关的自由裁量权，内在主观只能通过具体的带有强制性的诉讼请求予以表现。因此，诉讼请求的精准化便能够促进行政机关依法履职，维护生态环境公共利益。其二，实体正当与程序正当相统一。实体正当要求行政机关依法履职和检察机关的诉讼请求严格依据相关实体规范，程序正当要求检察机关提出诉讼请求，明确区分确认违法和继续履职复合适用的情形。在此基础上，被诉行政行为的程序性与实体性应当一并审查。其三，形式合法与实质合法相统一。无论是行政机关依法履职行为还是检察机关要求行政机关依法履职的诉讼请求，都属于形式合法的范畴；而行政机关自身履职或检察机关要求行政机关依法履职所达到维护生态环境公共利益的实际效果，则属于实质合法的范畴。在形式合法与实质合法相互匹配的过程中，必然存在某些意志外因素的阻碍，特别是生态环境恢复的周期性等难以把握，一时间也难以达到生态环境恢复的预期效果。若检察机关忽略天气、季节等客观原因，贸然提起环境行政公益诉讼，人民法院就此支持检察机关非精准化的诉讼请求，只能导致形式胜诉而实质败诉的结果。实体规范依据成为生态环境公共利益保护的核心内容，实体依据的重要作用是判断行政机关是否依法履行职责，以维护生态环境公共利益。"《行政诉讼法》只能对环境行政公益诉讼作出原则性规定，具体的公益诉讼条款还应当在各部环境保护的实体法中设立"，[②]以切实判断行政机关是否依法履职进而维护生态环境公共利益。对于环境行政公益诉讼中履职标准的把握，需要结合履职时间、实体依

① 参见高家伟：《检察行政公益诉讼的理论基础》，载《国家检察官学院学报》2017 年第 2 期。

② 王小钢：《中国环境公益诉讼条款的立法意图——兼论人民法院在环境公益诉讼中的角色和权限》，载《政法论丛》2008 年第 5 期。

据、客观条件等因素考量,进而搭建"双重二阶层"[①]的履职标准研判路径,从而有利于检察机关提出诉讼请求时对类型和内容的精准把握。

(二)类型建构

理论关照下,在明确环境行政公益诉讼机制相关环节对诉讼请求精准化的宏观思路后,应当进一步考虑检察机关提出诉讼请求类型的单一或复合适用,即诉讼请求精准化的中观类型建构,为微观层面诉讼请求的内容完善提供合理基础。

首先,明确四类诉讼请求的适用。[②] 一是合理使用撤销行政行为的诉讼请求。《检察公益诉讼司法解释》第 25 条规定了行政诉讼和行政公益诉讼中判决撤销或部分撤销行政行为的适用条件,即行政机关针对生态环境公共利益受到损害的重大风险或事实采取的行政行为已经完毕,[③]但由于行政机关的行政行为具有《行政诉讼法》第 70 条所规定的有关情形,因此,需要撤销之前已经完结的行政行为,同时可以要求行政机关重新作出。传统行政诉讼的撤销行政行为诉讼请求需要在个人利益与公共利益之间加以平衡,而环境行政公益诉讼不同,无论行政机关是在诉讼前还是在诉讼中,无论是针对行政相对人作出的行政命令、行政许可还是行政处罚,生态环境公共利益与个人利益具有一致性。检察机关提起撤销行政行为的诉讼请求,一方面,有利于避免因地方政策影响或公共利益维护的急迫,以致行政权力行使畸轻畸重的不稳定性;另一方面,撤销行政行为的诉讼请求能够在否定之前履职行为合法性的同时,要求行政机关继续针对生态环境公共利益受损的情况行使职责,从而有利于纾

---

① "双重二阶层"是指两个方面的"二层次"判断,第一重是形式性的履职标准判断,即在诉前程序和行政执法程序中,行政机关在主、客观层面是否按照法律的要求履行程序性法定职责,如按期回复检察建议或依法采取相关行政措施履行职责;第二重是实质性的履职标准判断,即行政机关采取的履职措施是否足以维护生态环境的公共利益,同样需要进行主、客观层面的综合考量。参见代杰、徐建宇:《行政公益诉讼中行政机关不依法履行职责抗辩事由研究——基于 159 份判决书的实证分析》,载《江西理工大学学报》2020 年第 4 期。

② 本书对环境行政公益诉讼的诉讼请求精准化之类型周延也并非矫枉过正地将上述提及的诉讼请求类型逐一进行可能性和可行性论述,而是就当前诉讼请求类型集中现状下的拓展空间进行适度化周延。

③ 参见金成波:《行政诉讼之情况判决检视》,载《国家检察官学院学报》2015 年第 6 期。

解确认违法和继续履职复合式诉讼请求之间的类型冲突。二是适当提出规范性文件审查诉讼请求。“公益诉讼作为客观诉讼,将检察机关的法律监督职责视为立法监督在司法领域的延伸,与立法机关的法律实施监督功能联系起来,很容易发现立法不足的问题。”[①]环境行政公益诉讼除救济受损的生态环境外,还应当发挥客观诉讼机制维护法制统一的功能。[②] 然而,目前环境行政公益诉讼中几乎没有对规范性文件审查的诉讼请求。《行政诉讼法》第53条、第64条和《行政诉讼法解释》第68条本就创造了对于规范性文件进行审查的空间。我国生态环境保护的实体法依据体系庞杂,立法成果丰富且具备自身体系。[③] 行政机关往往会选择自身熟知的地方规范性文件,这既有利于行政机关生态环境执法,也便于抗辩自身依法履职或行政行为并非违法。适当提出规章以下规范性文件审查的诉讼请求,有利于维护生态环境领域的法制统一,也有利于明确依法履职的研判标准。三是充分发挥继续履职诉讼请求的功效。继续履职本质上是对行政行为的肯定,并要求其继续发展。适用于行政机关采取行政行为的“途中”且该起点并无错漏,无须纠正。应在具体条件下积极适用,以维护生态环境公共利益。需要注意的是,继续履职的诉讼请求也仅能够针对行政机关出于具体事实维护生态环境公共利益的行政行为,而非要求行政机关继续履行日常监督管理职责的“继续履职”。四是限制确认违法诉讼请求的适用。确认违法的诉讼请求适用分为优先和补充两种顺位情形。环境行政公益诉讼中,确认违法难以作为规制行政机关履职的有效诉请,缺乏实质意义,偏重形式主义。[④] 确认违法的诉讼请求首先考虑程序性适用,即行政机关未回复或超期回复检察建议,行政机关事后回复已无实际必要。对于实体性履职的行政行为,要慎用确认违法的诉讼请求。第一,确认违法代表行政机关已无必要继续履行职责。因此,对行政机关未依法履职而生态环境受损的情

---

① 刘艺:《论国家治理体系下的检察公益诉讼》,载《中国法学》2020年第2期。

② 参见刘艺:《构建行政公益诉讼的客观诉讼机制》,载《法学研究》2018年第3期。

③ 参见孙佑海:《从反思到重塑:国家治理现代化视域下的生态文明法律体系》,载《中州学刊》2019年第12期。

④ 参见夏云娇、尚将:《环境行政公益诉讼判决方式的检视及其完善》,载《南京工业大学学报(社会科学版)》2021年第3期。

况,不能提出确认违法的诉讼请求,而应要求行政机关继续依法履行职责。第二,若起诉前或诉讼中,行政机关采取措施维护了生态环境公共利益,且没有程序性行政行为违法的情况,则要更加避免提出确认违法的诉讼请求。因为此时行政机关已经采取措施维护了生态环境公共利益,若再提出确认违法的诉讼请求,便打击了行政机关维护生态环境公共利益的主动性和积极性,司法权对行政权长期如此否定,反而不利于生态环境公共利益的保护。① 本书认为,环境行政公益诉讼中,确认违法诉讼请求的适用范围应当仅限于行政机关未依法回复检察建议的程序性行政行为。

其次,可兼容的复合式诉讼请求适用情形。一是关于撤销行政行为和确认违法的复合式诉讼请求。确认违法和撤销行政行为诉讼请求的适用,以确认违法诉讼请求的适用顺位为界限,优先性和补充性的二元划分较为鲜明。究其根本,是出于公益与私益之间的权重衡量。② 环境行政公益诉讼作为客观诉讼,撤销行政行为的诉讼请求非但不会给公共利益造成重大损害,反而是出于对生态环境公共利益的保护。同时,检察机关作为公益诉讼人,并不享有传统行政诉讼中公民作为原告所拥有的实体性权利。在环境行政公益诉讼中,确认违法诉讼请求只适用于程序性行政行为,而撤销行政行为的诉讼请求更加偏向适用于实体性行政行为。因此,若行政机关存在未依法回复检察建议的程序性行政行为,同时行政机关的实体性行政行为违法,二者可以在不同性质的行政行为阶段复合适用。二是关于规范性文件审查和确认违法的复合式诉讼请求。确认违法的诉讼请求主要针对行政机关的程序性行政行为,而规范性文件的审查,事实上需要依托行政机关对实体履职行为的审查判断。若行政机关未依法回复检察建议,可以提出确认违法的诉讼请求,同时检察机关认为行政机关所依据的实体规范存疑,导致其履职行为违法的,对此可以提出撤销行政行为和规范性文件审查的复合式诉讼请求。因此,二者处于不同的性质与阶段,存在复合适用的空间。三是关于撤销行政行为和规范性文件审

① 参见姜涛:《检察机关提起行政公益诉讼制度:一个中国问题的思考》,载《政法论坛》2015年第6期。

② 参见马艳:《情况判决的适用标准》,载《行政法学研究》2020年第2期。

查的复合式诉讼请求。撤销行政行为代表行政机关的行政行为违法,需要重新作出,以维护生态环境公共利益。此时存在两种可能:一种是行政机关未依据相关法律规范履行职责,需要撤销行政行为;另一种是行政机关依据相关规定履职,但由于该规定本身与上位法存在冲突,有违和之嫌。此时便需要在提出撤销行政行为的诉讼请求时,对此前依据的规范性文件进行审查,因此,撤销行政行为与规范性文件审查之间为有条件的复合适用关系(见图4.2)。四是关于实践中广泛使用的确认违法和继续履职的复合式诉讼请求。需要分情况讨论:若检察机关要求行政机关继续履职,并要求确认行政机关未回复或未及时回复检察建议的程序性行政行为违法,该情形下确认违法和继续履职的两行政行为之间并不存在诉讼请求和判决的矛盾之处,不违背逻辑与法理,可以复合适用;若检察机关要求行政机关继续履行职责,并要求确认行政机关不完全履行法定职责的行为违法,此情形下确认违法和继续履职之间存在矛盾(见图4.3)。

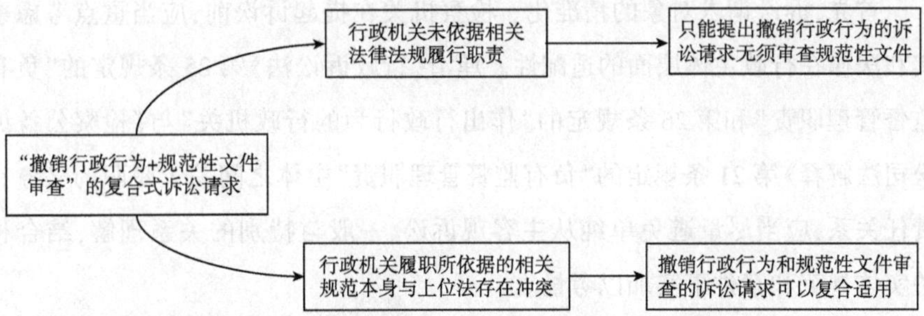

图4.2　"撤销行政行为+规范性文件审查"复合式诉讼请求的适用类型

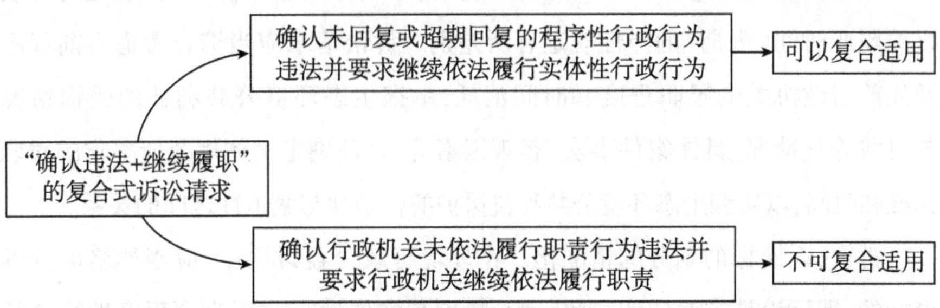

图4.3　"确认违法+继续履职"复合式诉讼请求的适用类型

最后,不可兼容的复合式诉讼请求。一是关于撤销行政行为和继续履职的复合式诉讼请求。首先不涉及回复检察建议的程序性行政行为,只需要针对维护生态环境公共利益的实体性行政行为进行判断,撤销行政行为和继续履职的区别在于二者行政行为的起点不同。撤销行政行为对应的行政行为已经结束,是对终点的否认并返回原点后重新作出,侧重纠正,意在否定。因此,撤销行政行为和继续履职仅能够择其一而适用。二是关于继续履职和规范性文件审查的复合式诉讼请求。继续履职的诉讼请求内含检察机关对行政机关履职依据的肯定,也就无须提出对规范性文件审查的诉讼请求。二者不可复合适用。

(三)内容完善

环境行政公益诉讼的诉讼请求内容完善是其精准化的微观层面的体现。由于其具有侵害方式不同、环境要素多样、实体依据复杂、履职标准灵活等特征,需要格外注意诉讼请求在内容方面的精准把握。

首先,诉讼请求对象的精准化。检察机关在提起诉讼前,应当重点考虑事实和法律在行政主体层面的适配性。厘清《行政诉讼法》第25条规定的"负有监督管理职责"和第26条规定的"作出行政行为的行政机关"与《检察公益诉讼司法解释》第21条规定的"负有监督管理职责"主体之间关于履职的义务和责任关系,应当尽量避免单纯从主客观诉讼、一般与特别的关系理解,结合相关实体规范和案件事实加以考量。

其次,履职时间限定的精准化。行政机关履行职责的时间限制为两个月和15日,与《森林法》《大气污染防治法》《噪声污染防治法》等实体规范对行政机关履职时间"限期"的弹性规定有所差别。诉讼请求应当综合考虑诉前程序及先前行政机关的履职程度和时间消耗,掌握生态环境公共利益的受损情况与自我修复情况、具体案件事实、客观因素等,合理确定实体规范所要求的履职标准和时间,以协调生态环境公共利益保护的科学性与紧迫性之间的关系。

再次,诉讼标的划分的精准化。在环境行政公益诉讼中,应当严格区分诉讼标的,即诉讼请求对应的行政行为,特别是实体性行政行为和程序性行政行为。诉讼请求的内容应当明确是针对行政机关在诉前程序未依法回复检察建议的程序性行政行为，还是行政机关维护生态环境公共利益的实体性行政行为。诉讼标的的清晰划分能够助力诉讼请求在类型和内容方面更加精准。

最后，履职方式要求的精准化。诉讼请求应当明确行政机关何事实、何行为未依法履职或违法履职。第一，应当指明行政机关在何方面因何事实未依法履职。第二，应当明确行政机关对此应依法采取何种措施进一步行使职权，以最大限度地维护生态环境的公共利益。诉讼请求中对履职方式的精准把握有利于行政机关明确履职目标，在错综复杂的事实和法律中归纳提炼出针对某一环境要素、某一违法行为采取措施维护生态环境公共利益的"公因式"，更好地发挥环境行政公益诉讼对生态环境公共利益的保护和预防功效。

三、证明责任分配的科学化

衡平适度性原则所追求的司法公正要求通过关联性证明责任实现原、被告之间的利益平衡。关联性的证明责任在司法实践中所面临的问题并非立法和司法解释缺失，而是在于相关规则和规定有待进一步细化。特别是关联性证明标准类型化、与因果关系的区别、证明责任的科学分配等都是关联性证明责任规则重构的重要内容。

（一）科学分配科学不确定型关联性的证明标准

尽管不应当以证明待证事项的手段和方法的难度去区别对待诉讼参与人，毕竟提起诉讼首要承担的便是举证不能之风险。然而在环境侵权诉讼中，"由于可利用的证据资料及专业知识大都掌握在侵权人手中，被侵权人在对因果关系要件进行证明时，经常面临专业知识欠缺和证据收集能力不足的问题，以致衍生出结构性举证困难"。[①] 同时，关联性的证明从待证事实构成上看属于"初步证据"的一部分，从本身属性上看关联性又与后续"因果关系"的证明不可隔断，所以就不能孤立地对待关联性的证明。如何科学分配不同类型的关联性证明标准，本书认为可以根据关联性类型设置不同的证明标准。根据证明标准的不同，"常识型关联性"往往只需完成污染事实与损害结果证明，其关联性不证自明，因此，在三类关联性中常识型应当承担最严格的证明标准，

---

① 倪培根：《论德国环境侵权因果关系要件的证明策略及其启示》，载《法律适用》2017 年第 15 期。

如追求案件证明在事实层面能够客观反映、在法律层面能够真实反映的客观真实标准。

"科学确定型关联性"一般需要借助专门的科学证明方法予以确认,在司法实践中主要表现为环保机关的监测记录、勘察报告,公安机关的文书和鉴定意见等,但如本书所说,科学确定型关联性证明标准应当低于科学确定型因果关系的高度盖然性证明标准,为此本书认为在这个环节可以将"科学确定型关联性"证明标准设置为最低限度的盖然性标准。①

至于"科学不确定型关联性"在经原告举证证明后仍处于真伪不明时,应当立足于环境正义、保护受害人合法权益的基本立场,不轻易排除存在污染损害的合理怀疑。当出现"在对案件事实与可能存在的证据的掌握上存在严重的信息不对称之情形时,需要由具有信息掌握优势的一方对该事实的阐明负担更多的具体举证责任",②亦即明确此时不应当再由原告承担证明责任,而是减轻或免除原告的证明责任,进而将证明责任后置于因果关系的证明当中,由被告承担举证责任即证明因果关系的不存在。具体不同类型关联性证明标准梯度如图4.4所示。

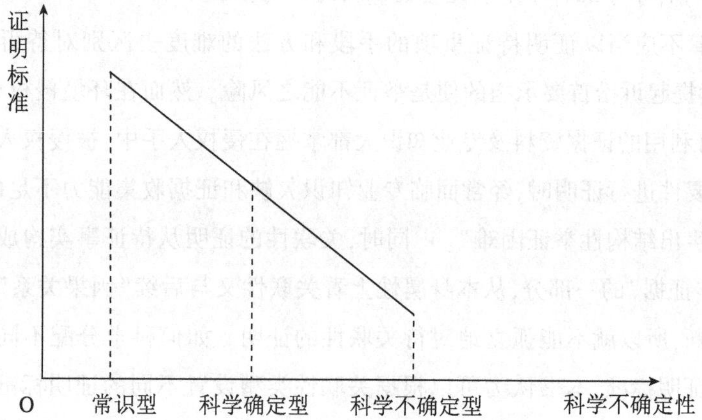

图4.4 不同类型关联性证明标准梯度

① 参见马栩生、吕忠梅:《环境侵权诉讼中的举证责任分配》,载《法律科学(西北政法学院学报)》2005年第2期。

② 胡学军:《我国民事证明责任分配理论重述》,载《法学》2016年第5期。

(二)精准界分关联性与因果关系的证明责任

要避免因混淆关联性与因果关系而出现裁判文书表达混乱、过度加重原告举证责任和过度降低被告举证责任的现象,就必须实现二者之间的概念明晰、文义一致。具体而言可以从以下三个方面明确二者的关系。

首先,理顺关联性证明责任与因果关系证明责任的关系。“关联性存在”的举证责任在原告,但证明责任因关联性类型不同而有所区分,被告可以就“关联性不存在”提出反证。“关联性存在”证明的结果只是关联性事实真伪的确认,不影响因果关系举证责任和证明责任的分配和倒置。而且需要注意的是,在现行法律和司法解释中,并没有设置“因果关系存在”的举证证明责任。所以,“因果关系不存在”的本证证明责任在被告,原告既可以等待被告举证不能时由法院推定因果关系存在,也可以用反证证明“因果关系存在”,只是后者要承担更高的举证风险和成本。

其次,同一社会与科学认知下的“关联性存在”的证明标准低于“因果关系不存在”的证明标准,并不意味着原告的举证难度就低于被告的举证难度。因为,“因果关系不存在”的证明难度与“因果关系存在”的证明难度是负相关的:运用低度盖然性规则证明“因果关系存在”的难度,一定小于用低度盖然性证明“因果关系不存在”。例如,对于某类大规模环境污染所造成的人身损害,若用低度盖然性证明“因果关系存在”只需凭借一些简单的诊断和流行病学统计方法即可得出结论;但若用低盖然性否定“因果关系存在”,就必须排除本次污染所造成损害的一切可能。所以用高度盖然性证明“因果关系不存在”的难度与用低度盖然性证明“因果关系存在”的难度是相当的,而用低度盖然性证明“因果关系存在”其实与关联性的证明难度相差不大。故目前的证明规则并不存在加重或偏袒某一方的举证责任和证明责任的情况。

最后,关联性的证明手段较“因果关系不存在”的证明手段更加多元化。对于排除“因果关系”的证明手段,目前仍采取的是“两条腿走路”的方式,一是有资质或被生态环境主管部门认可的环境损害司法鉴定机构作出的鉴定意见;二是生态环境主管部门的监测数据和检测报告。① 由于关联性的证明标准较低,因而证明手段也是多元的,生态环境主管部门、公安部门、街道等出具的专门性文件,可靠并得到同行普遍接受的且不具有争议的学术观点,流行病学的统计方法②等都可以作为关联性的证明手段。

(三)明确关联性的证明责任与司法鉴定的关系

在环境损害司法鉴定领域,无论在立法、部门指导性规范还是实务操作中都没有关于关联性的鉴定事项。为此,本书建议讨论在有司法鉴定的情形下关联性是否需要证明及其证明责任的分配问题。

首先,"关联性存在"的问题必须由原告通过举证予以证明。但经法院释明后,原告在知晓主动举证证明"存在因果关系"的程序风险后,仍坚持通过环境损害司法鉴定证明因果关系存在,以间接证明关联性存在的,可以作为例外情形处理。当然,原告应当主动加强证据证明力,特别是在科学确定型关联性的证明中,运用科学手段证明关联性的诉讼处分行为。

其次,若在司法鉴定启动之前,关联性的存在已经得以证明,则环境损害司法鉴定需要证明的是"污染物质确定"、"因果关系不存在"和"损害结果的确定"。原、被告依照自己所要证明的事项,对鉴定意见中的各个鉴定部分承担证明责任和分摊鉴定费用。

最后,还需要更深一步考虑的是,目前环境损害司法鉴定所作出的因果关系的认定是否与法律司法解释所要求的因果关系系同一内涵？环境损害的科技性决定了所谓直接的必然的联系不过是在当今科学技术下的相对联系,并非绝对的对引起和被引起关系的判断。所以,作为科学活动的司法鉴定所作出的鉴定意见也只是一个科学性的事实判断,并不能替代法院的法律判断,③环境损害司法鉴定的"因果关系"是法律上的"相关性"还是"因果关系"也需

---

① 参见最高人民法院研究室、最高人民法院环境资源审判庭编著:《最高人民法院环境侵权责任纠纷司法解释理解与适用》,人民法院出版社2016年版,第109页。

② 本书论证至此可以发现,学界普遍推崇的低盖然性的"流行病学因果关系"其实并不适合用于证明"因果关系不存在",为此,流行病学统计方法用在"关联性"的证明当中更加妥当。

③ 参见王旭光:《环境损害司法鉴定中的问题与司法对策》,载《中国司法鉴定》2016年第1期。

要明确。[1] 本书认为，对于事实清楚、科学依据可靠的“因果关系”可以视为法庭法律判断语境中的“因果关系”，只不过还要经过证据审查和质证环节才能完成科学语言向法律语言的转换和被采纳。相反，对于科学不确定性的“因果关系”鉴定可以视为现行立法中“关联性”的鉴定。

四、损害赔偿裁量的合理化

损害赔偿裁量的合理化是衡平适度性原则所追求的司法公正和利益平衡的体现。在司法实践中，金钱赔偿的数额认定和功能划分存在诸多困境，为此，本书尝试在解析生态损害的损害赔偿概念和性质的基础上，明确生态损害的损害赔偿应遵循的原则，为金钱赔偿范围的认定提供指引。

（一）生态损害的损害赔偿的意涵解构

《民法典》在第七编第七章对环境污染和生态破坏责任的规定中，明确了“损害”是污染环境介质和破坏生态行为产生的结果，并在第179条民事责任的一般承担方式和第1234条生态环境修复责任的设置中，明确了生态损害的损害赔偿所能够请求的救济范围。作为生态破坏的结果，生态损害的损害赔偿应当包括哪些范围，首先应当从什么是民法上的“损害”，什么是“生态损害”，什么是“生态损害的损害赔偿”等概念问题上着手。

1. 何为损害

为了回答“何为损害”这一问题，首先需要厘清“损害”与“损失”的概念区别。所谓“损失”于民法之上在实践中更倾向于表达因侵权行为而造成的财产性损害或可用金钱衡量并补偿的非财产性损害；而“损害”则是指因侵权行为而造成受害人的整体利益的损失。在学说上有学者认为，损害是经济性损失与其他利益缺损之总和。[2] 根据史尚宽先生的观点，损害就是财产或其他法益所受之不利益，包括造成财产和非财产的履行利益和信赖利益的损害。在此概念之上我们需要思考几个问题：该损害所造成缺损之利益原初状态从何时

---

① 参见张宝：《环境侵权诉讼中受害人举证义务研究——对〈侵权责任法〉第66条的解释》，载《政治与法律》2015年第2期。

② 参见李昊：《损害概念的变迁及类型建构——以民法典侵权责任编的编纂为视角》，载《法学》2019年第2期。

起算,利益受损之状态可否感知,能否修补？修复之状态与原初利益是否应当一致？比如,因损害而产生之看护费用可否要求赔偿？因利益的必然消失可否减轻赔偿责任？因侵权行为而获得的利益可否填补既定之损失？为此,"差额利益说"应运而生,其中"利益"是指被害人因侵权人的侵权行为所遭受的损害,而这一损害实为被害人总财产额于该侵权行为发生与未发生该侵权行为时所产生的差额。

总差额利益所关涉的损失依照侵害行为和损害结果之间关联性的紧密程度可以分为侵害行为造成的利益损失和侵害行为产生的可期待利益落空。利益损失是指受害人现存利益因侵权行为而减少,可期待利益落空是指受害人因侵权妨害而使新的利益取得减少或消失。差额利益说具体的运行逻辑是根据损害发生后的利益总量来设定的,这里的利益总量包括被害人依法所享有的财产利益和非财产利益以及可以期待的信赖利益。然后再根据损害所发生的客观后果和受害人主观足以判断的有利或不利的因素,以利益总量的差额确定具体损害,进而实现全部赔偿。

2. 何为生态损害

生态损害的概念在不同的文件中有不同的表述,在《生态环境损害赔偿制度改革方案》中将生态环境损害定性为因污染环境、破坏生态造成大气、地表水、地下水、土壤、森林等环境要素和植物、动物、微生物等生物要素的不利改变,以及上述要素构成的生态系统功能退化。[①] 从生态环境损害的整体概念来看,生态损害的原因行为既包括环境污染也包括生态破坏,此处的"生态"概念有广义和狭义之分,广义的生态是指特定的生态系统及其生物因子和非生物因子以及生态系统所依附的自然环境的总称。[②] 为了有别于环境污染这一损害结果,本书采用了相对狭义的观念,即生物要素及其所构成的生态系统。需要说明的是,生物因子与生态系统之间是密切联系、相互影响的。从侵害行为的角度来看,对生物因子的破坏有可能产生对生态系统的损害结果,对生态系

① 参见田亦尧、刘英:《环境侵权诉讼中关联性的证明责任》,载《法律适用》2019 年第 24 期。

② 参见竺效:《建立生态(环境)损害预防与救济长效法律机制》,载《中国环境报》2017 年 12 月 22 日,第 3 版。

统的破坏也有可能导致对生物因子的损害结果；从损害结果的角度来看，生物因子的损害结果不仅会对其他生物因子产生影响，还会进一步引发对生态系统的连锁反应，生态系统的损害结果也同样会对生态系统内的生物因子产生连锁反应。那么，该损害结果及其连锁反应既有可能是直接产生生态利益的损失，也有可能造成可以期待的生态利益落空，二者的区别在于损害结果是直接由侵害行为所致，连锁反应是损害结果因自然生态的规律所产生的后果。综上所述，生态侵害行为、生态损害结果与生态损害赔偿之间的逻辑关系如图4.5所示。

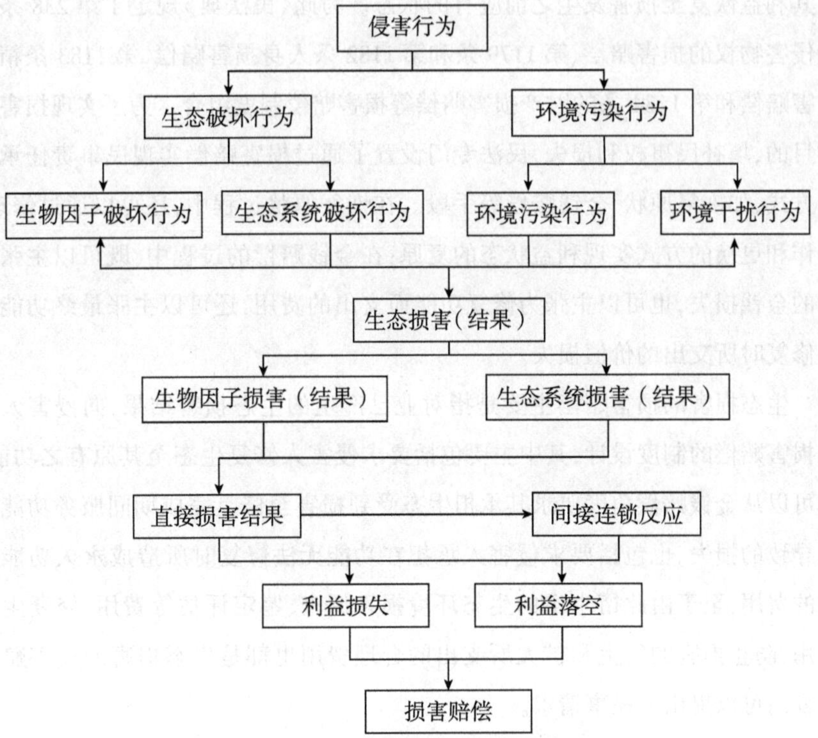

图4.5　生态损害的损害赔偿逻辑关系

生态损害的具体类型包括以下三种：一是环境污染致生态损害，如有毒物质、放射性废物、地表水和沉积物污染、环境空气污染、地下水污染所导致的动植物及其生态系统的损害，还包括近岸海洋与海岸带环境污染导致的海洋动植物损害及生态系统损害。二是生态破坏行为致生态损害,包括因乱砍滥伐,毁林,开垦林地、草原等生态破坏行为致植物物种损害,乱捕滥杀、栖息地破坏、外来物种入侵等生态破坏行为致动物损害,以及其他生态破坏行为致森林、草原、湿地、荒漠、河流、湖泊、海洋、冻原、农田、城市等生态系统损害。三是其他环境干扰因素导致生态损害,如因噪声、震动、光污染、热污染、电池辐射、电离辐射所造成的野生动物或养殖动物的损害。

3. 何为生态损害的损害赔偿

民事损害赔偿是指因违反法律或约定义务致他人受损害应予的赔偿,以使其利益恢复至损害发生之前应有的状态。为此《民法典》规定了第 238 条关于侵害物权的损害赔偿、第 1179 条和第 1182 条人身损害赔偿、第 1183 条精神损害赔偿和第 1184 条的财产损害赔偿等损害赔偿制度组合。为了实现损害赔偿目的,填补民事权利损失,民法专门设置了通过损害赔偿实现民事责任承担的方式,如恢复原状、金钱赔偿等手段。在恢复原状过程中,还可以通过修理、重作和更换的方式实现利益状态的复原;在金钱赔偿的过程中,既可以主张实际的金钱损失,也可以主张为修复功能而支出的费用,还可以主张最终功能难以修复时所支出的价值损失。

生态损害的损害赔偿主要是指对业已产生的生态损害结果,向侵害人主张损害赔偿的制度设计,其中主要包括要求侵害人修复生态至其原有之功能,并可以从金钱赔偿角度要求其承担生态受到损害至修复完成期间服务功能丧失导致的损失,也包括要求侵害人承担在功能无法修复时所造成永久功能损害的费用,至于由此衍生出的生态环境损害调查、鉴定评估等费用,修复生态费用,防止损害的发生和扩大所支出的合理费用也都是生态损害的损害赔偿制度内可以提出的民事请求。

在明确什么是生态损害的损害赔偿之后,应当进一步研究的是生态损害的损害赔偿的正当性基础,即生态损害的损害赔偿请求权基础是什么。所谓请求权基础是指“可以支持一方当事人向他方当事人有所主张的法律规范”①。

① 王泽鉴:《损害赔偿》,北京大学出版社 2017 年版,第 51 页。

讨论生态损害的损害赔偿请求权基础的实质就是找到足以支撑为生态损害主张赔偿责任的法律依归。学界对此问题尚有不同看法，一是认为生态损害的损害赔偿建立在公共利益损害责任之上，相应地应当承担公法责任；[①]二是认为对于生态损害结果选择私法的责任承担方式更有利于提高经济效益，更能够体现出将市场作为配置资源的决定性作用的改革目标；三是认为在风险社会之下，单一的法律部门不足以应对日益复杂化的当代环境法律问题，公私法协同融合，实现组合式规制才是法律因应环境问题的最佳路径。[②] 上述观点所争议的核心集中于生态损害的损害赔偿请求权是公法还是私法问题。

（二）生态损害的损害赔偿请求权基础

1. 生态损害的损害赔偿是私法请求权

生态损害的损害赔偿是公法请求权还是私法请求权？首先，应当从"公法和私法界分"的起源上看，早在古罗马时代，从十二铜表法上公私相融的表达开始直至古罗马从共和向帝制转换，古罗马法学家开始面临一种选择，即是对国家和平民关系继续展开研究，还是站在社会市场交易视角更多地分析私权利的保护？在古罗马帝制来临之时，统治者对于前者的讨论设置了诸多禁区，在面临性命之忧的情况下，以乌尔比安为代表的法学家们将法律研究的领域人为地切割为公法与私法，并将对私法的研究作为当时法学研究的栖身之所。[③] 由此可知，公法与私法之间并非天然断裂，二者之间依然存在不可分离的要素联系。我国 1979 年制定《环境保护法（试行）》、1989 年制定《环境保护法》、2014 年对《环境保护法》进行修订，又在《侵权责任法》（已失效）中增加对环境侵权的规定，十三届全国人大三次会议通过的《民法典》进一步加强了我国私法领域对生态损害的损害赔偿救济。所以从起源来看，对生态损害的损害赔偿请求权基础既有公法请求权救济、私法请求权救济，又有公私协同预防

---

① 参见刘静：《论生态损害救济的模式选择》，载《中国法学》2019 年第 5 期。

② 参见田亦尧、郑溯源：《环境合作治理中主导组织的制度建构及经济分析》，载《财经问题研究》2019 年第 5 期。

③ 参见郭明瑞、于宏伟：《论公法与私法的划分及其对我国民法的启示》，载《环球法律评论》2006 年第 4 期。

这一渊源。①

其次,从公法和私法的区别标准来看,主要有“利益说”、“主体关系说”和“价值取向说”。根据“利益说”的标准,公法侧重保护公共利益,而私法侧重保护私人利益;“主体关系说”的标准更看重的是主体之间是具有垂直关系的管辖与隶属关系还是平等互不统属的关系;“价值取向说”的标准则是以法律对其调整对象的态度为判断依据,公法以拘束为目的,主要手段是设置一系列义务以达到限制的目的,当然这一限制的对象既包括公民,更包括掌握公权力的国家机器,相反地,私法则是以保障自由行动作为立法价值取向,其主要手段是通过权利的设置,排斥他人对权利行使的干扰。相较之下,现代法学的发展趋势更倾向于使公法的调整方式趋于平缓,即逐步拉近公权力与私义务之间的距离,并尝试赋予公民更多的公权力,进而提出公权力主体的多元化问题。②在私法方面,私法主体的社会义务被频繁提起,诸如权利不得滥用、契约自由违法无效条款、无过错责任原则等制度先后被私法的立法吸收。根据我国《民法典》第 1235 条及《环境保护法》第 64 条的规定,造成生态损害的根据侵权责任编的相关规定承担侵权责任。所以,请求权人与被请求权人之间属于平等关系的主体。此外,在实践中我国有关环境保护组织及地方检察机关对造成生态损害的案件相对政府而言更为积极,这进一步体现了我国生态损害的损害赔偿请求权的私法救济倾向。从“生态利益”视角来看,当生态被纳入损害的范畴,环境被誉为一种利益时,生态损害的损害赔偿请求权作为一种事后救济权利就显得尤为重要。环境污染行为和生态破坏行为所造成的生态利益损失或利益落空实质上也是公共利益的损失,民法近代以来的社会责任立法旨趣亦明确了民法对公共利益的回应,无论是将整体公益的尊重以“公序良俗”“权利不得滥用”等原则的形式呈现于总则中,还是在法律行为的无效、物权变动等具体规则中明确对公共利益的保护,特别是《民法典》绿色原则的确立,充

① 参见冯洁语:《公私法协动视野下生态环境损害赔偿的理论构成》,载《法学研究》2020 年第 2 期。

② 参见田亦尧:《建设项目环评否决权的制度本源与改革路径》,载《现代法学》2016 年第 2 期。

分说明民法可以并且应当成为环境和生态利益受损时的请求权基础。

最后,公私法相区别的最终目的并不是某个法律部门的胜利,而是为解决权利所受之损害找到明确的救济手段。为破解公法领域内法律关系间天然的不平等地位,需要通过设置足以衡平二者利益的公法救济手段,如行政诉讼和刑事诉讼领域内,都对公权力组织提出了更重的举证责任。为化解私法领域内的纠纷,应当充分尊重私法主体的自主选择,无论是《民法典》对遗嘱效力的调整,还是《民事诉讼法》中的处分原则,所表达的皆是这个目的。因此,决定权利的救济途径不应当仅从其表面的“公私”利益表达抑或主体差异就机械地作出其是公法责任还是私法责任的结论,而是应当从权利救济的便捷性和主体在救济程序中对话的平等性角度定下其所属的权利基础归属。比如,美国制定的《综合环境反应、赔偿和责任法》①,要求由相关组织对生态损害情况进行鉴定或自行组织修复后,通过民事诉讼索赔,在这个过程中,行政机关并不通过其行政职能对应当承担责任的主体提出修复或赔偿要求。这是因为其有着强大的公众参与基础,足以在平等诉讼的基础上完成对损害企业的追偿,相反,政府的参与反而会因为“法律更倾向于限制政府”导致最终索赔失败。

如今,我国通过《民事诉讼法》和《环境保护法》的先后修改,建立了环境民事公益诉讼制度,②并在《民法典》第 1235 条中规定,“违反国家规定造成生态环境损害的,国家规定的机关或者法律规定的组织有权请求侵权人赔偿下列损失和费用……”。这一规定将公法上的环境保护义务与私法上的侵权责任相结合,为生态环境损害的民事公益诉讼奠定了诉权基础。这既是《民法典》保护公共利益、维护社会公平正义的价值取向的重大体现,也是为生态损害案件中侵害人和受害人提供平等对话空间的重要举措,更是防范政府因公权背景而使相关索赔程序成为侵害企业利益、破坏营商环境的“风险制度”的有效机制。总之,我国所建立的生态环境损害赔偿制度,旨在救济生态公共利益,

---

① 参见于文轩:《美国水污染损害评估法制及其借鉴》,载《中国政法大学学报》2017 年第 1 期。

② 本书并不赞同将环境民事公益诉讼作为一种新的诉讼模式独立于公法诉讼和私法诉讼,而是应当将其视为私法诉讼的特殊模式,具体的学理解释在本书不再赘述。

是环境法领域一项具有重大意义的私法保护机制。①

2. 生态损害的损害赔偿请求权的定位

环境法在私法上的保护机制从程序上讲包括实体法规范和程序法规范，程序法规范主要包括普通民事诉讼程序、环境公益诉讼、生态环境损害赔偿诉讼；实体法规范则包括预防性规范和救济性规范，其中，预防性规范是指在未实施污染环境、破坏生态的行为或未造成生态损害之前采取立法规范行为人的行为，以预防生态损害结果的发生。预防性规范基础之上的权利表征即防御请求权，主要包括消除危险、停止侵害、排除妨碍三类，在生态损害领域，消除危险是指当行为人实施了污染环境、破坏生态的行为后，生态损害的结果尚未发生，但造成了可能发生的生态损害危险时，行为人因此负有避免该损害发生的义务，权利人可据此请求侵权人承担相应的责任；停止侵害是指生态损害的损害赔偿请求权人有权要求侵权人停止其正在实施的污染环境、破坏生态的行为；排除妨碍则针对将来发生的影响生态系统强弱的妨害性因素，权利人有权要求造成妨害的侵权人消除该妨害发生的可能性。

与预防性规范相对应，救济性规范是环境法上的另一个私法保护机制，是指造成生态损害的结果后，为减轻或弥补该损害，要求侵权人承担责任的规范，该类规范的权利外观就是损害赔偿请求权。从内容上看，其包括恢复原状、生态修复和金钱赔偿这三种责任承担方式。其中，恢复原状与金钱赔偿的内容已在上文表述，对于生态修复是不是私法救济手段，与恢复原状之间是什么关系，还需要进行进一步的讨论。从规范角度分析，《民法典》第 237 条规定的“恢复原状”与“修理、重作、更换”皆为民事责任的承担方式，同时在第 1234 条规定“侵权人在合理期限内承担修复责任”的生态修复责任；2015 年《环境民事公益诉讼解释》（已被修改）第 20 条第 1 款规定：“原告请求恢复原状的，人民法院可以依法判决被告将生态环境修复到损害发生之前的状态和功能。无法完全修复的，可以准许采用替代性修复方式。”而 2015 年最高人民法院发布的《关于审理环境侵权责任纠纷案件适用法律若干问题的解释》（已失效）第

① 参见马腾：《我国生态环境侵权责任制度之构建》，载《法商研究》2018 年第 2 期。

14 条第 1 款规定:“被侵权人请求恢复原状的,人民法院可以依法裁判污染者承担环境修复责任,并同时确定被告不履行环境修复义务时应当承担的环境修复费用。”从上述规范表达来看,生态修复被视为广义的恢复原状方式中“修理、更换”的一种形式。

然而,从法理角度分析,生态修复与恢复原状是否一致尚存在争议。目前理论界主要有三种观点,站在生态可持续发展的角度来看,生态修复的实质是基于生态本身具有的修复功能加之人工辅助使生态系统恢复,不仅使其遭受的损害得到弥补,还有利于防范未来一段时间可能出现的损害,整体提升生态系统修复的能力;①从严格的恢复原状的法律视角来看,生态修复是指使生态环境恢复到未遭受损害之前的状态;相对折中的观点认为,生态修复不是简单的等同恢复原状,而是恢复原状的生态化表达。本书认为,生态修复从修复方式上看,不仅需要修复已经造成的生态损害,还应对将来可能造成的生态损害采取预防措施;从修复目的上看,对生态环境的修复不应当局限于弥补所造成的损害,生态系统完善与否是生态环境优劣的重要因素,所以不仅要有针对性地弥补生态损害中的利益损失也应当兼顾利益落空,为山水林田湖草沙生命共同体打造坚实的基础;从修复效果上看,若仅规定“恢复原状”的责任承担方式,一旦法院判决侵害人承担修复责任,那么基于民事诉讼“不得因诉讼获利”和民事损害赔偿的“利益填补性”要求,如果修复程度超出了原生态功能价值,是否应当将溢出利益返还侵害人?比如在三小天鹅案中,经生态修复后的小天鹅栖息地的种群数量从 300 只扩大到 4000 只,由此产生的 3700 只“溢出生态利益”如何处理?为此,规定专门的生态修复责任,对生态损害的利益损失及利益落空均采取强有力的措施,把生态环境修复到遭受损害之前的状态,还能整体提高生态系统的运作能力,同时这也实现了生态修复超越原生态功能时的逻辑自洽,更符合损害赔偿的填补性功能。故本书认为,生态修复既可以作为公法上的行政救济措施,也可以作为私法上的民事责任承担方式。在作为民事责任承担方式时,生态修复超越了恢复原状方式的要求,增加了对可期

---

① 参见余耀军:《侵权行为法应有“生态化”的价值取向》,载《法学》2003 年第 9 期。

待性生态利益保护的内容，是生态环境侵权责任中独有的责任承担方式。

3. 生态损害的损害赔偿请求权主体

在民法范围中，请求权主体是指基于请求权，如债权、物权等权利享有要求对方当事人为或不为一定行为的主体，不仅包括提起普通侵权诉讼的民事主体，还包括提起公益诉讼的当地检察机关。根据《民法典》第247～251条针对生态权利的表达，明确了水流、森林、野生动物的国家所有权。《民法典》在第238条中规定，造成物权人损害的，物权人可依法请求损害赔偿，并在第1229条中规定，因生态破坏造成他人损害的侵权人应当承担侵权责任。根据以上规范分析可知，生态损害的请求权主体被分别表述为“权利人”和“他人”。其中“权利人”和“他人”应当是怎样的关系？根据《民法典》第240条、第241条的规定，“权利人”应当包括物权的所有权人、用益物权人和担保物权人，而“他人”则涵盖了因生态损害而受到损失的所有民事主体，“权利人”是“他人”所表达范围的一个组成部分。基于规范分析进一步进行学理探讨，生态损害的损害赔偿请求权人包括对野生动物、森林以及整个生态系统所依附的生态环境的物权人，也可以称为“原物权权利人”；还包括因生态损害造成因对生态存在而享受相关生态利益受损的主体，如社会公众对生物多样性传承、基因多样性保护、与野生动物共存共生所享有的生态公共利益受损时，社会公众即成为损害赔偿的权利人。

由此，生态损害的赔偿请求权人也就主要包括国家和社会公众两大类主体，这也解释了目前民事诉讼中两大特殊的环境诉讼形式——生态环境损害赔偿诉讼和生态环境公益诉讼的主体限定问题。国家基于公共信托理论得以以物权权利人身份直接主张生态环境损害赔偿，而公益组织只能基于对公共事务的委托治理权对侵权人主张生态环境公益诉讼。这也是生态环境损害赔偿诉讼和公益诉讼进行制度衔接时，公益诉讼应当中止审理，并在生态环境损害赔偿诉讼结束后就未主张的部分另行提起诉讼的原因。

（三）生态损害的损害赔偿应遵循的原则与限度

生态损害的损害赔偿请求权基础解决的是生态损害产生后提出损害赔偿请求的正当性问题，而请求权的实现则依赖明确的制度设计。因此，应当为生态损害的损害赔偿明确应当遵循的基本原则,并为生态损害的范围和认定设定必要的限度。

1. 生态损害的损害赔偿的基本原则

(1)生态损害的损害赔偿应当坚持全部损害赔偿原则

全部损害赔偿原则是指对生态损害的整体价值进行全部赔偿,包括损害风险产生、实际损害发生、损害修复及修复后的全过程的生态本身损失,以及为保护生态而支出的外部成本。目前,我国《民法典》、最高人民法院《关于审理生态环境侵权责任纠纷案件适用法律若干问题的解释》(以下简称《环境侵权司法解释》)、《环境民事公益诉讼解释》、最高人民法院《关于审理生态环境损害赔偿案件的若干规定(试行)》等中对于生态损害的损害赔偿范围的规定也坚持了全部赔偿原则,如表 4.4 所示。

表 4.4 我国生态损害的损害赔偿范围与责任承担方式

<table>
<tr><th>时间节点</th><th>损害形式</th><th>责任承担方式</th></tr>
<tr><td rowspan="2">损害发生时</td><td>生态损害风险</td><td>停止侵害、排除妨碍、消除危险或金钱赔偿</td></tr>
<tr><td>防止损害而采取必要措施所支出的合理费用</td><td>金钱赔偿</td></tr>
<tr><td rowspan="5">损害修复期间</td><td>调查取证、专家咨询、检验、鉴定等费用支出</td><td>金钱赔偿</td></tr>
<tr><td>修复费用(包括制定、实施修复方案的费用)</td><td>金钱赔偿</td></tr>
<tr><td>实施应急方案以及为防止生态环境损害的发生和扩大采取合理预防、处置措施发生的应急处置费用</td><td>金钱赔偿</td></tr>
<tr><td>功能损失</td><td>金钱赔偿</td></tr>
<tr><td>生态功能损失</td><td>生态修复</td></tr>
<tr><td rowspan="3">损害修复后</td><td>合理的律师费和其他诉讼费用</td><td>金钱赔偿</td></tr>
<tr><td>验收费用、修复效果后评估费用</td><td>金钱赔偿</td></tr>
<tr><td>生态功能永久性损害的损失</td><td>生态修复/金钱赔偿</td></tr>
</table>

(2)生态损害的损害赔偿应当坚持填补损失原则

填补损失原则体现在生态损害领域中就是使生态环境恢复到损害发生之前的状态,该原则强调恢复至原初状态,因生态损害获得的损害赔偿不能超出未发生损害之时所应当获得的利益。填补损失原则一方面强调,生态损害的损害赔偿请求权人不得因此获取经济利益,此要求在《环境民事公益诉讼解释》中有迹可循,其第34条第2款规定,社会组织通过诉讼牟取经济利益的,人民法院应当向登记管理机关或者有关机关发送司法建议,由其依法处理。另一方面,填补损失原则还要求对弥补生态损害所获取的经济利益应当做到物尽其用。在《生态环境损害赔偿资金管理办法(试行)》第8条、第13条、第14条中规定了生态环境损害赔偿资金应当统筹用于生态环境修复相关工作,任何单位和个人冒领、滥用生态损害赔偿金的违法行为,应依法追究相应责任。虽然填补损失原则严格规定了修复生态损害的目的和结果,但这并不意味着修复后的生态状况不能优于原生态状况。对生态环境的修复不仅包含消除原有损害还包含对整个生态系统的修复,所以修复后的生态状况可能优于原生态状况,不能因此认定其违背了填补损失原则。

(3)生态损害的损害赔偿应当坚持经济性原则

经济性原则是指损害赔偿应以实际生态损害为标准并兼顾权利救济的必要成本,若权利救济成本远高于实际生态损害,则相应的权利救济方式就应当作出改变。比如,在某些生态损害案件中,鉴定费用远高于可以预测出的生态实际损害,那么可以采用可变通的损害评估手段乃至通过其他的多元解决机制予以调整。为了解决鉴定难、鉴定费用高、鉴定周期长等问题,《环境民事公益诉讼解释》第23条规定,生态环境修复费用难以确定或者确定具体数额所需鉴定费用明显过高的,人民法院可以结合污染环境、破坏生态的范围和程度,生态环境的稀缺性,生态环境恢复的难易程度,防治污染设备的运行成本,被告因侵害行为所获得的利益以及过错程度等因素,并可以参考负有环境资源保护监督管理职责的部门的意见、专家意见等,予以合理确定。其实不仅在环境民事案件中，在环境刑事案件办理中经济性原则也有所体现。[①] 由最高人民法院、最高人民检察院、公安部、司法部、生态环境部联合发布的《关于办理环境污染刑事案件有关问题座谈会纪要》关于鉴定的相关问题也指出，对仅涉及案件核心的专门性问题才应当委托鉴定，比如公私财产损失数额、超过排放标准倍数、污染物性质判断等。除此之外，对案件的其他非核心或者非关键的专门性问题，或者可鉴定也可不鉴定的专门性问题，一般不委托鉴定，并要求"涉及案件定罪量刑的核心或者关键专门性问题难以鉴定或者鉴定费用明显过高的，司法机关可以结合案件其他证据，并参考生态环境主管部门意见、专家意见等作出认定"。总之，作为生态权利的救济手段，损害赔偿应当以生态权利的填补为目的，以实际产生或衍生的损失为限合理界定损害赔偿的责任承担方式。

(4)生态损害的损害赔偿应当坚持合法性原则

合法性原则，是指生态损害的损害赔偿主张应当符合法律的规定，具体而言，一是应当满足一般侵权的民事违法行为属性，符合普通侵权的构成要件，这里的民事违法行为指的是和民事法律行为相对应的违约行为和侵权行为，在这一前提下，被侵权人可以向侵权人主张一般损害赔偿责任，如恢复原状或金钱赔偿；二是在主张特殊的损害赔偿责任承担方式时，如生态修复，须满足专门的法律规定。例如，《民法典》第 1234 条规定，违反国家规定造成生态环境损害，生态环境能够修复的，国家规定的机关或者法律规定的组织有权请求侵权人在合理期限内承担修复责任。侵权人在期限内未修复的，国家规定的机关或者法律规定的组织可以自行或者委托他人进行修复，所需费用由侵权人负担。这里需要进一步阐述的是，其一，本条文中"国家规定"是仅指中央规定还是包括地方政府的规定，是仅指法律规定还是具体到哪一位阶的规范性文件，还有待进一步确定。但可以肯定的是，这里的"国家规定"应当是国家关于生态保护的行政法律规定。其二，违反国家规定的表达实质意味着对侵权人注意义务的强调，生态修复责任的基础并不是行为人由于故意或重大过失

---

① 参见田亦尧、张迪、张北：《论环境损害鉴定意见的审查规则》，载《中国矿业大学学报(社会科学版)》2020 年第 3 期。

所产生的主观过错，而在于侵权人违反注意义务而产生的客观表现。因此，生态修复责任的主张应当以无过错责任原则进行归责而非依据过错责任原则或特殊过错推定责任原则进行归责。

2. 生态损害的损害赔偿限度

(1)生态损害的损害赔偿应当明确时间限度

生态损害的损害赔偿时间限度主要体现在两个节点、一个限制。两个节点，是指认定生态损害的损害赔偿的起始时间应当在侵权人实施了污染环境、破坏生态的行为之后，终止时间应当在该破坏行为结束并实施了生态修复行为使得生态功能恢复后。一个限制突出的是生态损失评估的代际限度的要求，即对生态损害的损害赔偿应当限制在可以预见的下一代范围内，以避免过度扩大生态损害的损害赔偿范围。举例说明，侵权人偷盗某类哺乳动物，而该哺乳动物已受孕且体内已形成胚胎，对此种情况的赔偿应当是赔偿该哺乳动物及已形成的胚胎价值。应当注意的是，此处的胚胎价值局限在已形成的胚胎数量范围内，没有形成的胚胎或是已形成的胚胎生产后“再繁育”的生态利益则不应囊括其中。对于下一代的种子、胚胎或卵的价值认定，应当比照原动植物价值进行换算。

(2)生态损害的损害赔偿应当坚持空间限度

一是从生态价值计算方面，空间限度要求对生态损害的损害赔偿范围认定不应机械孤立地局限于某动植物和生态环境的个体损害，而应当结合该动植物栖息地的种群数量、繁茂程度，该生态环境所处的情况恶劣与否进行综合评价。二是从生态修复方式的角度而言，空间限度的要求应当追求生态修复以保护生态多样性为宗旨。以动物为例，在某动物被猎捕后，其栖息地的其他同类动物搬离该栖息地，此时若再将该被猎捕的动物归放原栖息地，显然不利于该动物种群的生存发展。

(3)生态损害的损害赔偿应当坚持质量限度

“质的限度”强调对生态损害的赔偿方式可优不可劣。如字面意思所言，可优不可劣就是指生态损害赔偿的“新物”在外观、体积、生命体征及活力等方面不能劣于被损害的“原物”；“量的限度”强调对生态损害的损害赔偿应当基于整体自然资源权利观合理确定生态损害的损害赔偿的“量”。所谓整体自然权利观强调的是生态权利所附着的生态系统及生态因子的数量范围应当是一个浮动的范围，应当考虑到由于自然因素所导致的数量增减，当然，该浮动范围应当是经过长期观测并进行科学验算后得出的适当范围。倘若义务人进行足量的赔偿后，由于自然原因，如动物迁徙、气候变化等导致量的缩减，则不能再归咎于义务人。可见，质量限度进一步完善了生态损害的损害赔偿范围及赔偿方式的认定，为实践案例中所出现的瑕疵履行问题提供了解决范本。

（四）功能主义指引下生态环境侵权金钱赔偿的范围

默顿将“功能”一词界定为“研究者所观察到的一个行动模式或社会结构对其所属之较大社会或文化体系的客观后果”。①《民法典》出台前，金钱赔偿相关规范主要见于原《侵权责任法》第16条、第19条，《环境民事公益诉讼解释》第18～23条，最高人民法院《关于审理环境侵权责任纠纷案件适用法律若干问题的解释》第13～15条。这些条款在实践层面出现了以下困境：其一，若排污企业可以通过金钱给付弥补受害人损失或使生态环境有效修复，且该付出成本低于所获利益，那么污染者的侵权行为仍会令其获利颇丰；其二，在许多地区仍处于经济发展爬坡过坎的形势下，地方政府往往会为保护经济利益而回避或“降格”处理企业环境违法行为，致使已有的按日计罚、建设项目环评、未批先建处罚等制度在许多地区悬置，彼时已有民事规范也无法对该行为予以评价和惩戒。在理论层面，目前学界对于侵权责任功能的认知业已从“损害填补（抑或救济）”到“预防（抑或威慑）”再到“惩罚”，形成了“单一说”、“双重说”和“三功能说”，②为金钱赔偿的功能完善奠定了学理基础。

由是，《民法典》通过以下条文实现了金钱赔偿功能由一元到多元的转变，建构起以阻却侵害为要义的损害填补、以阻却违法为要义的获利剥夺、以阻却恶意为要义的行为惩戒这一递进式功能框架：其一，通过第1234条、第1235条对生态环境损害填补方式及界限予以明确；其二，通过第1182条在侵害他人人身权益造成财产损失的情形下，对获利剥夺原则予以确定；其三，通过第1232

① 马姝：《论功能主义思想之于西方法社会学发展的影响》，载《北方法学》2008年第2期。
② 何国强：《风险社会下侵权法的功能变迁与制度建构》，载《政治与法律》2019年第7期。

条建构起惩罚性赔偿制度。基于上述功能框架指引,可以裁量并确定金钱赔偿之范围。

1. 基于损害填补功能的赔偿范围

就损害填补功能而言,应是无损害即无赔偿,故对损害的规范解释至关重要。诚然,损害是法律上的规范评价,但亦需要"以自然意义为其出发点"。①由此,我们可以通过"利益差额说"将"环境污染和生态破坏造成的利益差额"解释为被害人的损害。此处需要说明,虽然生态环境受损具有动态特征,但仍可通过基线等予以明确进而对不利益进行量化,因此其能够满足"差额利益说"的适用前提,即"作为比较的利益状态具有稳定性及可估定性"。② 具体来讲,其一,该损害既可以是财产损害,也可以是非财产损害。尤其是从"较宽的精神损害赔偿内涵结构"③来看,应当将因环境污染和生态破坏侵害当事人法定权利使其遭受的单纯精神痛苦抑或侵害当事人精神性人身权、人格权使其遭受的精神法益损害纳入此范畴。其二,被侵权人的损失除积极财产损失外,还包括原可获得的利益损失。④ 其三,由于该损害强调以被侵权人为中心,故侵权人是否有过错及过错程度并不影响损害的确定。

以损害填补功能指引确定金钱赔偿范围,可以有效发挥侵权责任的救济效能。其一,其重视完整利益保护,⑤强调应当使因环境污染和生态破坏导致的损害恢复到如同未曾发生时的状态。尤其是生态环境损害填补,应为"山水林田湖草沙"系统恢复,而非孤立的"看山是山,看水是水"。其二,其强调禁止得利,即被害人不能请求或保有损害填补以外的利益。⑥ 因而个案中应当对金

---

① 王泽鉴:《损害赔偿》,北京大学出版社2017年版,第27页、第29页、第68页、第360页。

② 吕忠梅、窦海阳:《以"生态恢复论"重构环境侵权救济体系》,载《中国社会科学》2020年第2期。

③ 关今华:《关于精神损害及其赔偿的若干问题的探析》,载《福建论坛(经济社会版)》2000年第1期。

④ 参见叶金强:《论侵权损害赔偿范围的确定》,载《中外法学》2012年第1期。

⑤ 参见王泽鉴:《损害赔偿》,北京大学出版社2017年版,第27页、第29页、第68页、第360页。

⑥ 参见王泽鉴:《损害赔偿》,北京大学出版社2017年版,第27页、第29页、第68页、第360页。

钱赔偿填补损害的程度予以细化。

以损害填补功能为指引,《民法典》《环境民事公益诉讼解释》《环境侵权司法解释》对金钱赔偿的范围予以明晰,具体包括以下3类:其一,恢复原状的必要费用,包括恢复生态环境功能及其服务水平所采取的基本恢复、补偿性恢复和补充性恢复等支出;其二,不能恢复原状或恢复原状明显有重大困难时的赔偿费用,包括无法将受损的生态环境恢复至基线,也没有可行的补偿性恢复方案弥补期间损害,或只能恢复部分受损的生态环境,而采用合适方法对生态环境永久性损害量化后所得金额,以及通过物价评估确定的财产性损失等;其三,弥补纯粹经济损失的费用。也就是生态环境侵权案件中"并非因原告的人身或财产遭受的实际损害"[①]而产生的经济损失。具体赔偿内容如图4.6所示。

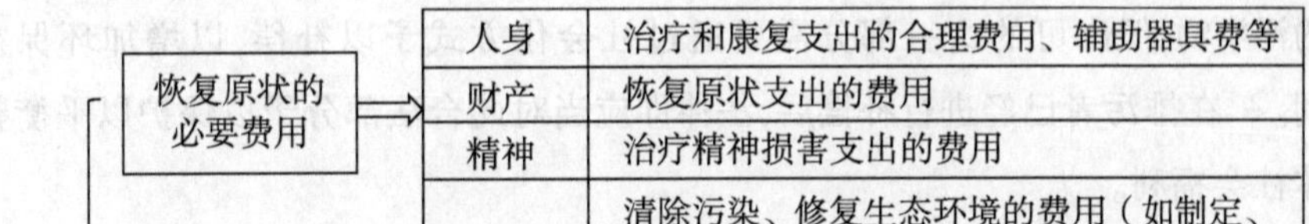

图4.6　金钱赔偿中损害填补性费用的赔偿范围

---

①　刘志刚:《侵权法视域下纯粹经济损失与基本权利的联结》,载《哈尔滨工业大学学报(社会科学版)》2018年第3期。

2. 基于获利剥夺功能的赔偿范围

获利剥夺是指通过对因侵害他人并产生损害后果所获利益的剥夺以救济被侵权人的合法权利，且客观上可以预防违法行为的发生。基于获利剥夺功能指引在确定金钱赔偿范围时，应当考量以下限制性因素：其一，获利应当与侵害行为之间具有因果关系。如排污企业关闭部分污染物处理设施以致超标排污的获利仅指因不运行此设施而获得的经济利益，而不能将企业在此期间的全部获利纳入其中。其二，获利应限于财产利益。如行为人在重点生态功能区建造别墅居住所获身心愉悦的精神利益抑或人身利益不能纳入此范畴。其三，获利应限于非法利益。此命题的正当性可以通过科斯定理证成，即从环境治理的整体性审视，[1]假设某环保主体会从企业减排中获益，法律规定其享有清洁环境权且该权利可交易。在环保主体要求排污量为零时结果会是低效率的，而通过帕累托改进，可以增加双方的福利水平，即法律允许排污者排放一定数量的污染物，但许可的这一部分需要通过社会化方式予以补偿，以增加环保福利。[2] 在排污者已经进行补偿后，法律即应当对此合法部分予以保护以平衡整体社会福利。

以获利剥夺功能为指引，《民法典》第 1182 条对金钱赔偿范围予以明晰，指出被侵权人可以就人身权益被侵害造成的财产损失请求赔偿，具体请求范围为“侵权人因此获得的利益”。该条文是对原《侵权责任法》第 20 条的继承和发展，从“被侵权人的损失难以确定，侵权人因此获得利益的，按照其获得的利益赔偿”到“按照被侵权人因此受到的损失或者侵权人因此获得的利益赔偿”的转变，赋予了获利剥夺以独立价值基础。

应当看到《民法典》第 1182 条具有局限性，该条文仅适用于人格权的财产利益保护，在面对生态环境等损害时则力有不逮。而以获利剥夺功能为指引确定金钱赔偿之范围具有重要的现实意义和理论可能。其一，可以有效阻却

① 参见肖爱：《整体性协作：区域环境纠纷解决机制的新视野》，载《中南大学学报(社会科学版)》2019 年第 5 期。

② 参见[美]彼得·伯克、[美]格洛丽亚·赫尔方：《环境经济学》，吴江、贾蕾译，中国人民大学出版社 2013 年版，第 222～227 页。

违法行为发生,实现“生态守法”的时代转型。① 实践中,环境违法受到按日计罚的频次依然较少,而建设项目未批先建情形下地方在计算罚款数额时 1 万元以下的小额罚款仍是常态。若金钱赔偿中包含侵权人获利,则从理性经济人视角审视,被侵权人会主动选择赔偿额度较高的方式提起诉讼请求,如此会使侵权人违法成本提升,可以有效并持续预防侵权行为的发生。其二,此处所获利益与上文论述的损害不同。一方面,从损害判断说视角出发,侵权人受益本身就意味着被侵权人受损害。但这并不能直接推导出被侵权人所受损害为当事人所获利益,尤其是在生态环境侵权案件中,往往是非法捕捞“获利”水产四五斤,生态系统“损害”赔偿近万元。另一方面,从矫正正义视角出发,损害需要“提供一个对于恢复受害人至先前状态所必要的等价物或相等价值的替代物”,②而该利益固然可以作为等价物或替代物,但若大于损失,则超出部分的金钱赔偿便不再有救济功效,而是着眼于预防目的。从国外的立法来看,1870 年德国《著作权法》第 55 条规定了权利人可以在不超过侵权人获利范围内主张损害赔偿。③ 日本《民法典》第 704 条规定,恶意受益人应于其所受利益上附加利息返还。美国《兰哈姆法》第 35 条、《版权法》第 504 条、《商业秘密法》第 3 条(a)都规定了权利人可以获得“不当得利”的赔偿,④荷兰《民法典》、希腊《著作权法》对此也有相应规定,上述规范均在不同程度上确认了获利剥夺的独立价值功能。

3. 基于行为惩戒功能的赔偿范围

行为惩戒是指“以私法机制执行由公法担当的惩罚与威慑功能”。⑤ 对该功能的理解需从以下 3 个维度展开:其一,惩戒指向的是生态环境侵权行为,但也应以产生损害后果为前提;其二,由于行为惩戒是公法担当的私法实现,故

---

① 参见肖爱:《生态守法论——以环境法治的时代转型为指向》,载《湖南师范大学社会科学学报》2020 年第 2 期。

② 阳庚德:《矫正正义和功利考量互补论——统一的侵权法理论基础之建构》,载《法律适用》2013 年第 8 期。

③ 参见黄芬:《人格权侵权获利赔偿的请求权基础研究》,载《法商研究》2019 年第 4 期。

④ 参见胡晶晶:《知识产权“利润剥夺”损害赔偿请求权基础研究》,载《法律科学(西北政法大学学报)》2014 年第 6 期。

⑤ 朱广新:《惩罚性赔偿制度的演进与适用》,载《中国社会科学》2014 年第 3 期。

其应当类比公法规制相关行为的基准,严格限定行为人的主观恶性;其三,由于该功能旨在彰显惩戒之功效,所以应当与损害填补性赔偿、获利剥夺性赔偿的范围区别开来。

以行为惩戒功能为指引确定金钱赔偿之范围具有必要性。其一,行为惩戒与损害填补、获利剥夺中的惩罚意蕴不同,其所制止的是当事人的主观恶性。其二,行为惩戒与损害填补、获利剥夺指引下的赔偿范围不同,因其赔偿范围不限于当事人损失或行为人获益,故而有必要使惩戒功能成为第三种功能类型。其三,从比较法来看,普通法系国家亦将基于行为惩戒而确定的赔偿范围从损害填补中抽离,突出其固有的惩罚性。如英国法官认为,该赔偿适用于被告在实施加害行为之前就预见到其利润将会超过其所要支出的补充性赔偿之情形。[①] 美国侵权行为法整编规定其系在损害赔偿及名义上赔偿以外,为惩罚极端无理行为主体,并吓阻该行为主体或他人以免其未来从事类似行为而给予的赔偿。

基于行为惩戒功能指引,我国《民法典》对金钱的赔偿范围予以明晰,具体体现在第1232条。对此条文的理解目前有两种倾向,一是认为此条规定"应当定位为一种拓展被侵权人受损权益救济程度的制度创新",属于损害填补范围;[②]二是认为该条文确立的惩罚性赔偿制度以"惩戒"为首要目标,[③]是对金钱赔偿中行为惩戒范围的确认。从立法体例来看,一方面,《民法总则》(已失效)第179条第2款为惩罚性赔偿提供了一般性规则的立法基础,[④]而《民法典》第1232条则是对规则这一在生态环境侵权领域的具体适用。因此,该条款应被定位为具有行为惩戒功能,进而通过惩罚性赔偿确定侵权人的金钱赔偿范围。另一方面,由于该条文仍处于《民法典》侵权责任编,其解释和适用仍应纳入侵权法的范畴。

---

① 参见张新宝、李倩:《惩罚性赔偿的立法选择》,载《清华法学》2009年第4期。

② 参见刘超:《〈民法典〉侵权责任编的绿色制度创新》,载《法学杂志》2020年第10期。

③ 参见杨立新、李怡雯:《生态环境侵权惩罚性赔偿责任之构建——〈民法典侵权责任编(草案二审稿)〉第一千零八条的立法意义及完善》,载《河南财经政法大学学报》2019年第3期。

④ 张新宝:《侵权责任编起草的主要问题探讨》,载《中国法律评论》2019年第1期。

(五)生态环境侵权金钱赔偿范围的确定

在上述功能指引下可以确定金钱赔偿之范围。但进一步裁量个案中金钱赔偿的具体类型,则需要借助周延的法律逻辑架构。一方面,需要对诉讼中的利益予以识别,厘清公益诉讼和私益诉讼中金钱赔偿的具体范围;另一方面,需要对损害填补、获利剥夺、行为惩戒指引下不同赔偿范围确定的要件予以分析,以便为个案中金钱赔偿类型的具象化提供标准。

1. 公共利益与私人利益识别后的赔偿范围界分

在生态环境民事案件中,侵权行为直接指向的结果是环境污染、生态破坏,进而包括由该损害结果导致的人身、财产等权益受到的侵害。实践中,对损害社会公共利益或者具有损害社会公共利益重大风险行为提起的诉讼为公益诉讼,其"不是解决某一特定主体的利益问题,而是要解决一个具有公共性、广泛性的公共利益问题"。[①] 相应地,维护特定个体(包括团体)利益的诉讼应为私益诉讼,其具有个体的特定和封闭属性。两类诉讼利益基础的不同也就决定了司法审判中金钱赔偿裁量的具体范围差异。

实体层面,首先,可以通过"正向解读"与"反向排除"界定公共利益与私人利益。[②] 正向解读即判定包括环境污染、生态破坏在内的损害后果是否涉及国家利益、社会利益及多数人的"纯粹性公益",[③]如是,则属于公共利益,反之,则属于私人利益;反向排除则是要明确司法实践中几类容易混淆的案件,包括私益兼具公益辐射效应的案件、仅人数众多的普通团体案件、欠缺诉之利益的公益型案件,[④]这几类案件不应涉及公共利益救济的金钱赔偿。

其次,应当明确救济公共利益与私人利益时金钱赔偿的具体范围。其一,损害填补性赔偿可以从客体切入进行分析。一方面,侵权行为导致的人身、财产、精神损害在现行规范中只能通过私益诉讼请求赔偿;另一方面,分析侵权行为导致的生态环境损害。理论上多认为私益诉讼中并不具有生态环境损害

---

① 娄超:《论我国诉讼制度中的公益》,载《山东社会科学》2019 年第 7 期。

② 参见娄超:《论我国诉讼制度中的公益》,载《山东社会科学》2019 年第 7 期。

③ 丁宝同:《民事公益之基本类型与程序路径》,载《法律科学(西北政法大学学报)》2014 年第 2 期。

④ 参见娄超:《论我国诉讼制度中的公益》,载《山东社会科学》2019 年第 7 期。

赔偿的请求权基础,但由此会产生以下困境:第一,按照《民法典》第1234条的指引,国家规定的机关或者法律规定的组织可以自行或者委托他人修复生态环境,所需费用由侵权人负担。若私益诉讼中被侵权人主动修复生态环境却需自行负担相关费用,则会导致其坐视侵害行为的发生。第二,如果被侵权人因此未能采取有效措施修复生态环境,则可能错过止损契机加重侵权人的赔偿责任且不利于生态环境保护,甚至司法实践中被侵权人可能被认定为不作为导致损害自行扩大进而无法获得救济。综上所述,应当明确公益诉讼和私益诉讼中均可以请求生态环境损害赔偿,只不过如图4.6所示,在金钱赔偿中体现的范围不同。其二,就获利剥夺性赔偿而言,其旨在通过对当事人因侵权所获利益的剥夺实现对污染环境、破坏生态行为之预防,故在公益诉讼和私益诉讼中与侵权行为相关的利益均可纳入金钱赔偿范畴。其三,就行为惩戒性赔偿而言,其旨在惩罚侵权人的主观恶性,故司法审判中可由法官参考污染环境、破坏生态行为导致的损害在时间、空间范围内的大小及当事人因此获利多少等情况予以裁量。

程序层面,应当对公益诉讼与私益诉讼审理程序予以类型化分析,进而确定不同程序中的金钱赔偿范围。一方面,《环境民事公益诉讼解释》第29条明确基于同一侵权行为可以同时提起公益诉讼和私益诉讼;另一方面,按照《民事诉讼法》第29条和最高人民法院《关于适用〈中华人民共和国民事诉讼法〉的解释》第24条的规定,在普通侵权诉讼中当事人可以选择向侵权行为实施地、侵权结果发生地或者被告住所地人民法院起诉。按照《环境民事公益诉讼解释》第6条、第7条的规定,公益诉讼主体可以向污染环境、破坏生态行为发生地、损害结果地或者被告住所地的中级以上人民法院提起诉讼,可以通过法定程序将案件审理权限授予基层人民法院或特定中级人民法院。

基于上述的规范指引,理论上可能存在公益诉讼与私益诉讼审理法院相同或不同两种情形。若审理法院相同,则可能合并审理抑或不合并审理,前者对金钱赔偿的裁量具有重要意义。其一,合并审理具有相同的事实基础,可以提高赔偿认定的效率、防止裁判上的矛盾。其二,合并审理可以有效界定金钱赔偿的范围。这是因为公益诉讼与私益诉讼在诉讼请求上可能具有关联性,合并审理可以使两者的金钱赔偿诉讼请求相互印证,以实现对利益保护的完整性且防止侵权人责任的重复认定。以林木损害为例,《环境损害鉴定评估推荐方法(第Ⅱ版)》中明确指出,“对林业资源本身的损害列入生态环境损害评估”且“林产品和树木损毁的损失利用直接市场价值法计算”。如果此时参照鉴定意见裁量金钱赔偿额度,公益诉讼中生态环境损害赔偿诉讼请求的实现会使得私益诉讼中当事人财产损害赔偿的诉讼请求失去请求权基础。总之,审理程序亦会影响金钱赔偿范围的确定,下文将进一步梳理不同程序中金钱赔偿范围认定的逻辑。

2. 要件分析及衔接逻辑演绎后的赔偿范围确认

金钱赔偿范围的确定基于上述功能框架指引,因而从这个意义上讲,各功能适用要件也即司法裁量中金钱赔偿范围确定的要件。其一,就行为要件来讲,应当衡量污染环境、破坏生态行为合法与否;对于损害填补,应当明确无论行为合法与否均应当予以赔偿;对于获利剥夺,应当明确其适用于非法行为。对于行为惩戒性赔偿,《民法典》第 1232 条已经明确规定,应当以违法为要件。其二,就主观要件来讲,需要判断当事人是否有过错,如有过错,要确定是故意还是过失。对于损害填补性赔偿,无论当事人有无过错,均应当承担责任;对于获利剥夺性赔偿,应当以当事人有过错为限;对于行为惩戒性赔偿,应当限定当事人主观上为故意。其三,就结果要件来讲,对于损害填补性和获利剥夺性赔偿,只要有损害发生即可适用,而对于行为惩戒性赔偿,应当以污染环境和破坏生态行为造成严重损害后果为必要,具体限度可以参考《固体废物污染环境防治法》《生物安全法》等具体领域的衡量标准,分析之后我们可以总结为表 4.5 的内容,为司法审判中金钱赔偿的裁量提供参考。

表 4.5　金钱赔偿范围确定的要件

<table>
<tr><th>行为要件</th><th colspan="2">主观要件</th><th>结果要件</th><th>赔偿范围</th></tr>
<tr><td rowspan="3">合法行为</td><td rowspan="2">过错</td><td>故意</td><td>损害</td><td>损害填补性赔偿</td></tr>
<tr><td>过失</td><td>损害</td><td>损害填补性赔偿</td></tr>
<tr><td colspan="2">无过错</td><td>损害</td><td>损害填补性赔偿</td></tr>
</table>

续表

<table>
<tr><th>行为要件</th><th colspan="2">主观要件</th><th colspan="2">结果要件</th><th>赔偿范围</th></tr>
<tr><td rowspan="4">非法行为</td><td rowspan="3">过错</td><td rowspan="2">故意</td><td rowspan="2">损害</td><td>严重损害</td><td>损害填补性赔偿、获利剥夺性赔偿、行为惩戒性赔偿</td></tr>
<tr><td>一般损害</td><td>损害填补性赔偿、获利剥夺性赔偿</td></tr>
<tr><td>过失</td><td colspan="2">损害</td><td>损害填补性赔偿、获利剥夺性赔偿</td></tr>
<tr><td colspan="2">无过错</td><td colspan="2">损害</td><td>损害填补性赔偿</td></tr>
</table>

首先，分析普通侵权诉讼中金钱赔偿范围确定的逻辑架构。其一，就损害填补性赔偿与获利剥夺性赔偿的关系而言，当后者适用要件满足时，前者亦可以适用，此时应当明确被侵权人只能择定其一请求赔偿。一方面，被侵权人既要求填补自身所受损害又要求对侵权人获利予以剥夺，无疑过度加重了侵权人的责任。另一方面，两者择一请求具有逻辑上的周延性。一般当侵权人获利大于被侵权人损害时，被侵权人方会要求就该获利予以剥夺以救济其损失，此时获利剥夺之预防功能得以发挥，且实际上也填补了当事人的损害。如果此时侵权人选择损害填补，则应视为当事人对自身权利的放弃。其二，就行为惩戒性赔偿与损害填补性赔偿和获利剥夺性赔偿关系而言。一方面，行为惩戒性赔偿具有相对独立性，被侵权人既可以在请求损害填补性赔偿抑或剥夺获利性赔偿的基础上请求行为惩戒性赔偿，亦可以仅请求惩罚性赔偿。另一方面，行为惩戒性赔偿应当遵循比例原则，以实现罚当其过的效果，故而其应当与损害或获益存在一定的比例关系，并有最高额的限制。

其次，分析公益诉讼中金钱赔偿范围确定的逻辑架构。其一，损害填补性赔偿应作为公益诉讼的首要功能和根本目标，生态环境民事公益诉讼的要旨在于完整保护因污染环境、破坏生态行为所侵害的社会公共利益。其二，就获利剥夺性赔偿范围而言，一方面，在侵权人获利小于被侵权人损失的情形下，由于公益诉讼的第一要义在于填补受损的公共利益，所以提起公益诉讼的主体仅能选择损害填补之赔偿；另一方面，在侵权人获利大于被侵权人损失的情形下，为维护被侵害；公共利益并进一步阻却违法行为发生，提起公益诉讼的主体仅能选择剥夺侵权人所获利益而不能选择损害填补之赔偿。其三，就行为惩戒性赔偿而言，应当明确其有适用于公益诉讼的可行性和必要性。一方面,提起公益诉讼的主体是代表公共利益的"被侵权人",所以其可以纳入《民法典》第1232条规制的范畴;另一方面,从行为惩戒性赔偿金的给付指向来看,与普通侵权诉讼中归于被侵权人不同,可以酌定考虑纳入地方专项环保基金或公益基金等。

最后,分析基于同一侵权行为提起的公益诉讼、私益诉讼中金钱赔偿范围确定的逻辑架构。其一,若公益诉讼案件与私益诉讼案件在同一审判组织中合并审理且双方均提起损害填补性赔偿或获利剥夺性赔偿、行为惩戒性赔偿等诉讼请求,且此时金钱赔偿范围重合,那么法院在满足一方主体的诉讼请求后应当酌情减去另一方的获赔金额。一方面,在获利剥夺性赔偿中,酌情减去一方主体请求金额后的剩余获利金额,若难以覆盖公益诉讼中的生态环境损害量化价值,则可以向公益诉讼主体释明并要求其变更诉讼请求为损害填补;若难以覆盖私益诉讼中当事人的损害,则可以向被侵权人释明并由被侵权人自行决定是否变更诉讼请求。另一方面,如上文论述,行为惩戒性赔偿金额应当遵循罚当其过原则,故法院可以根据具体案情,在公益诉讼原告或私益诉讼原告之间裁量行为惩戒性赔偿金的分配,甚至可以根据具体情况按一定比例分配给上述二者。其二,若公益诉讼案件与私益诉讼案件不合并审理,一方面,若两者同时审理并分别有两份生效判决,则对于生效判决中重复计算的赔偿范围,侵权人有权向法院寻求救济;另一方面,若两者未同时审理,且生效判决作出的时间先后不一,则对于损害填补性赔偿范围,前诉对重合之损害的救济会使得后诉中该部分损害填补的请求权灭失。对于获利剥夺性赔偿范围,若公益诉讼判决生效在前,私益诉讼中当事人的获利剥夺诉讼请求仍可得到支持,但应减去在公益诉讼中已剥夺的部分。若私益诉讼判决生效在前,公益诉讼主体的获利剥夺诉讼请求是否得到支持应当看减去后剩余获利部分是否能够填补生态环境损害,如果可以,则应当得到支持,如果不能,则法院应当释明并要求其变更诉讼请求。对于行为惩戒性赔偿,前诉判决对于后诉行为惩戒性赔偿额度的裁量也具有一定的参考价值。

(六)司法确认后生态环境侵权金钱赔偿的量化方法

在利益界分的基础上对各赔偿范围适用要件逻辑的分析,可以确定具体诉讼中的赔偿类型。但对各类型的量化还需采取科学认定方法并通过司法程序对上述方法予以确认。此处需要说明的是,金钱赔偿量化的核心在于科学合理地界定损害。这是因为对于损害填补性赔偿范围的确定而言,损害认定是其前提。于获利剥夺性赔偿而言,侵权人获利往往可以通过账册、交易记录等证据予以量化,而诉讼中被侵权人往往是将自身损害与侵权人获利加以对比,进而形成价值判断,择定获赔较多的方式向法院提起诉讼请求。于行为惩戒性赔偿而言,亦需要酌情考量被侵权人的损害进而合理确定赔偿额度。

就生态环境损害的量化方法,本书尝试以目前环境科学认知方法为基础,这些方法包括替代等值分析法、环境价值评估法、虚拟成本法等。其一,替代等值分析法的适用有两种途径选择:一是为恢复生态环境原有状态进行资源等值分析与服务等值分析;二是在恢复不能以及恢复所需时间过长或成本过大时采用价值等值分析法。其二,若替代等值分析法不可用,则可采用环境价值评估法,通过市场价值法、揭示偏好法、效益转移法等对损害予以量化。其三,虚拟成本法一般适用于具有明确的污染物排放事实,但由于环境监测不完整、损害调查不及时等原因导致损害事实不明确,或不能通过恢复工程完全恢复生态环境的损害,或恢复工程成本远高于其收益的情况。[①] 基于此,应当在法律评价层面明确,通过上述方法所量化的损害填补即全部损害赔偿,即使生态环境中各要素和整体的质量、数量优于损害前,也不应认定为得利,而应评价为生态环境有序发展演变之结果。

就人身和精神损害的量化方法。其一,实践中人身损害往往可以通过就医单据等证据予以量化,但司法裁量需要确定其具体计算期间。由于环境污染和生态破坏对人体健康的损害具有长期性和潜伏性,是“低剂量长时间作用结果。”[②]因此,人身损害赔偿计算的时间起点应确定为有损害发生的可能性时,终点应为因果关系消失时。这是因为没有损害并不意味着没有损失,即使

---

① 参见田亦尧、刘英:《环境侵权诉讼中关联性的证明责任》,载《法律适用》2019 年第 24 期。

② 蔡继峰、郭亚东主编:《环境损害相关法医学司法鉴定》,人民卫生出版社 2020 年版,第 18 页。

量变还未质变造成损害,当事人也有可能因此产生一定损失,比如感觉身体不适而进行生化指标检查导致的损失。其二,环境污染与生态破坏所致受害人的精神损害与其他样态的精神损害不同。最高人民法院《关于确定民事侵权精神损害赔偿责任若干问题的解释》第 5 条规定:“精神损害的赔偿数额根据以下因素确定:(一)侵权人的过错程度,但是法律另有规定的除外;(二)侵权行为的目的、方式、场合等具体情节;(三)侵权行为所造成的后果;(四)侵权人的获利情况;(五)侵权人承担责任的经济能力;(六)受理诉讼法院所在地的平均生活水平。”但在上述情况下行为人可能不存在过错,或未因此获利,因此该条文可参考性不足。由是,可以参照比例法、社会调查统计法、运用案例指导[①]或概算法、分类法和折中法[②]等方法,充分发挥法官的自由裁量权,对损害予以量化。

就财产损害的量化方法。按照《民法典》第 1184 条的规定,可以按照损失发生时的市场价格或者其他合理方式予以确定。目前,司法实践中一般采用物价认定方法,法院根据当地的市场价格、补偿标准并结合日常经验法则合理确定赔偿额度。但是,在衡量该财产的损失时需要明确时间限度、空间限度、质量限度。[③] 其一,在时间限度层面,与人身损害不同,应当明确损害的时间节点为侵权人实施污染环境、破坏生态的行为造成财产损害时也即事实上的因果关系确定时,终止时间应当在该行为与财产损害因果关系消失时。这是因为物可以通过物价进行衡量,在前期还未引起物的质变时,其价值实际上没有减损,当事人也不存在损失。另外,应当明确被侵权人业已知道侵权行为与损害结果具有因果关系的时间节点,此后若其故意或过失未能采取相关措施妥善止损,可以减轻或免除加害人的金钱赔偿责任。其二,在空间限度层面,应当考量受损生态环境空间的内部关联性,如林木种植的密度是否符合客观生长规律,基于此方可合理界定可期待财产利益的损失。其三,在质量限度层

---

① 参见王喜珍:《国家侵权精神损害抚慰金评定规则之探讨》,载《郑州大学学报(哲学社会科学版)》2013 年第 3 期。

② 参见张玉平:《论精神损害赔偿数额的确定》,载《齐鲁学刊》2003 年第 6 期。

③ 参见田亦尧、宋玫仪:《民法典中生态损害的损害赔偿责任——从野生动物生态损害鉴定评估展开》,载《天津法学》2020 年第 3 期。

面,应当以恢复到损害发生前状态为限,即应当恢复至其本应有的质量。如湖景房所临湖泊被污染,该房产价值自然有所减损,相关技术规范应当以恢复此特殊“质量”为限对损失进行计算。

参考文献

一、图书

[1][日]黑川哲志:《环境行政的法理与方法》,中国法制出版社2008年版。

[2]陈海嵩主编:《中国环境法典编纂的基本理论问题》,法律出版社2021年版。

[3]姜明安:《新时代中国特色法治论》,法律出版社2018年版。

[4]梁上上:《利益衡量论》(第3版),北京大学出版社2021年版。

[5]罗豪才主编:《现代行政法的平衡理论》,北京大学出版社1997年版。

[6]沈岿:《平衡论:一种行政法认知模式》,北京大学出版社1999年版。

[7]宋功德:《行政法的均衡之约》,北京大学出版社2004年版。

[8]孙笑侠:《法律对行政的控制——现代行政法的法理解释》,山东人民出版社1999年版。

[9]王锡锌:《公众参与和行政过程——一个理念和制

度分析的框架》,中国民主法制出版社2007年版。

[10]叶必丰:《区域合作法论》,法律出版社2022年版。

二、期刊论文

[1]习近平:《高举中国特色社会主义伟大旗帜 为全面建设社会主义现代化国家而团结奋斗——在中国共产党第二十次全国代表大会上的报告》,载《党建》2022年第11期。

[2]习近平:《关于〈中共中央关于全面推进依法治国若干重大问题的决定〉的说明》,载《求是》2014年第21期。

[3]习近平:《加快建设社会主义法治国家》,载《求是》2015年第1期。

[4]习近平:《生态兴则文明兴——推进生态建设 打造"绿色浙江"》,载《求是》2003年第13期。

[5]曹明德:《环境公平和环境权》,载《湖南社会科学》2017年第1期。

[6]曹明德:《美丽中国建设的法治保障》,载《环境保护》2018年第11期。

[7]曹明德:《生态法的理论基础》,载《法学研究》2002年第5期。

[8]陈德敏、杜辉:《环境法学研究范式变革的基础与导向》,载《南京师大学报(社会科学版)》2009年第3期。

[9]陈海嵩:《中央环保督察问责的制度绩效考察》,载《求索》2022年第4期。

[10]程多威:《环境法利益衡平的基本原则初探》,载《中国政法大学学报》2015年第6期。

[11]邓海峰:《生态法治的整体主义自新进路》,载《清华法学》2014年第4期。

[12]钭晓东:《论环境法的利益调整功能》,载《法学评论》2009年第6期。

[13]杜辉:《面向共治格局的法治形态及其展开》,载《法学研究》2019年第4期。

[14]杜辉:《生态环境法典中公私融合秩序的表达》,载《法学评论》2022年第6期。

[15]杜群:《环境法体系化中的我国保护地体系》,载《中国社会科学》2022年第2期。

[16]高利红、李胤:《党政领导干部生态环境损害追责制度的完善——党规与法律的互补与融贯》,载《吉首大学学报(社会科学版)》2023年第1期。

[17]高利红:《环境法学的核心理念——可持续发展》,载《法商研究》2005年第1期。

[18]巩固:《生态系统方法视野下的环境法典编纂:方向与思路》,载《法治研究》2023年第3期。

[19]侯淑雯:《司法衡平艺术与司法能动主义》,载《法学研究》2007年第1期。

[20]胡玉鸿:《关于"利益衡量"的几个法理问题》,载《现代法学》2001年第4期。

[21]黄锡生:《论生态文明法律制度体系的现代化建构》,载《学术论坛》2023年第2期。

[22]焦艳鹏:《环境法典编纂与中国特色社会主义法律体系的完善》,载《湖南师范大学社会科学学报》2020年第6期。

[23]柯坚:《当代环境问题的法律回应——从部门性反应、部门化应对到跨部门协同的演进》,载《中国地质大学学报(社会科学版)》2011年第5期。

[24]柯坚:《环境行政管制困局的立法破解——以新修订的〈环境保护法〉为中心的解读》,载《西南民族大学学报(人文社会科学版)》2015年第5期。

[25]劳东燕:《法益衡量原理的教义学检讨》,载《中外法学》2016年第2期。

[26]李爱年、周圣佑:《我国环境保护法的发展:改革开放40年回顾与展望》,载《环境保护》2018年第20期。

[27]李爱年:《中国环境公益诉讼的立法选择》,载《法学杂志》2010年第8期。

[28]李启家:《环境法领域利益冲突的识别与衡平》,载《法学评论》2015年第6期。

[29]李艳芳:《公众参与环境保护的法律制度建设——以非政府组织(NGO)为中心》,载《浙江社会科学》2004 年第 2 期。

[30]李挚萍:《行政命令型生态环境修复机制研究》,载《法学评论》2020 年第 3 期。

[31]李挚萍:《略论政府在环境保护中的主导地位》,载《法学评论》1999 年第 3 期。

[32]梁上上:《利益的层次结构与利益衡量的展开——兼评加藤一郎的利益衡量论》,载《法学研究》2002 年第 1 期。

[33]刘超:《〈长江法〉制定中涉水事权央地划分的法理与制度》,载《政法论丛》2018 年第 6 期。

[34]刘洪岩:《俄罗斯公民参与的法律解读及评析》,载《俄罗斯中亚东欧研究》2010 年第 6 期。

[35]刘志坚:《环境监管行政责任实现不能及其成因分析》,载《政法论丛》2013 年第 5 期。

[36]罗丽:《我国环境公益诉讼制度的建构问题与解决对策》,载《中国法学》2017 年第 3 期。

[37]吕忠梅、张忠民:《环境公众参与制度完善的路径思考》,载《环境保护》2013 年第 23 期。

[38]吕忠梅:《环境法典编纂论纲》,载《中国法学》2023 年第 2 期。

[39]吕忠梅:《环境司法理性不能止于"天价"赔偿:泰州环境公益诉讼案评析》,载《中国法学》2016 年第 3 期。

[40]吕忠梅:《习近平法治思想的生态文明法治理论》,载《中国法学》2021 年第 1 期。

[41]吕忠梅:《中国生态法治建设的路线图》,载《中国社会科学》2013 年第 5 期。

[42]彭峰:《中国环境法公众参与机制研究》,载《政治与法律》2009 年第 7 期。

[43]秦鹏:《环境公民身份:形成逻辑、理论意蕴与法治价值》,载《法学评

论》2012 年第 3 期。

[44]秦天宝:《人与自然和谐共生的中国式现代化之环境法治保障》,载《武汉大学学报(哲学社会科学版)》2023 年第 3 期。

[45]秦天宝:《司法能动主义下环境司法之发展方向》,载《清华法学》2022 年第 5 期。

[46]秦天宝:《习近平法治思想关于生态文明建设法治保障的重要论述:整体系统观的视角》,载《政法论坛》2022 年第 5 期。

[47]秦天宝:《中国环境法学的社会理论进路:学源、功能与场域》,载《法学》2023 年第 5 期。

[48]史玉成:《生态利益衡平:原理、进路与展开》,载《政法论坛》2014 年第 2 期。

[49]孙佑海:《从反思到重塑:国家治理现代化视域下的生态文明法律体系》,载《中州学刊》2019 年第 12 期。

[50]孙佑海:《我国 70 年环境立法:回顾、反思与展望》,载《中国环境管理》2019 年第 6 期。

[51]孙佑海:《新时代生态文明法治创新若干要点研究》,载《中州学刊》2018 年第 2 期。

[52]汪劲:《论现代西方环境权益理论中的若干新理念》,载《中外法学》1999 年第 4 期。

[53]王灿发、陈世寅:《中国环境法法典化的证成与构想》,载《中国人民大学学报》2019 年第 2 期。

[54]王利明:《民法上的利益位阶及其考量》,载《法学家》2014 年第 1 期。

[55]王明远:《论我国环境公益诉讼的发展方向:基于行政权与司法权关系理论的分析》,载《中国法学》2016 年第 1 期。

[56]王树义:《论生态文明建设与环境司法改革》,载《中国法学》2014 年第 3 期。

[57]王文革:《土地使用者之间的利益博弈衡平》,载《江汉论坛》2005 年第 10 期。

[58]王曦、刘志和:《中央生态环保督察下基层环境执法的现状与优化——以T企业为例》,载《环境保护》2022年第18期。

[59]王曦:《论规范和制约有关环境的政府决策之必要性》,载《法学评论》2013年第2期。

[60]王小钢:《以环境公共利益为保护目标的环境权利理论——从"环境损害"到"对环境本身的损害"》,载《法制与社会发展》2011年第2期。

[61]王秀卫:《我国环境民事公益诉讼举证责任分配的反思与重构》,载《法学评论》2019年第2期。

[62]徐祥民:《论维护环境利益的法律机制》,载《法制与社会发展》2020年第2期。

[63]徐以祥:《论生态环境损害的行政命令救济》,载《政治与法律》2019年第9期。

[64]于文轩、孙昭宇:《论生物安全损害赔偿责任的规则建构》,载《甘肃社会科学》2023年第2期。

[65]于文轩:《习近平生态文明法治理论指引下的生态法治原则》,载《中国政法大学学报》2021年第4期。

[66]余凌云:《论行政法上的比例原则》,载《法学家》2002年第2期。

[67]张宝:《超越还原主义环境司法观》,载《政法论丛》2020年第3期。

[68]张璐:《环境司法专门化中的利益识别与利益衡量》,载《环球法律评论》2018年第5期。

[69]张明楷:《法益保护与比例原则》,载《中国社会科学》2017年第7期。

[70]张式军、田亦尧:《后民法典时代民法与环境法的协调与发展》,载《山东大学学报(哲学社会科学版)》2021年第1期。

[71]张文显:《法治与国家治理现代化》,载《中国法学》2014年第4期。

[72]张文显:《国家制度建设和国家治理现代化的五个核心命题》,载《法制与社会发展》2020年第1期。

[73]张新宝:《"公平责任"的再定位》,载《法商研究》2021年第5期。

[74]张梓太:《论法典化与环境法的发展》,载《华东政法大学学报》2007

年第3期。

[75]郑少华:《生态文明建设的司法机制论》,载《法学论坛》2013年第2期。

[76]郑晓剑:《比例原则在民法上的适用及展开》,载《中国法学》2016年第2期。

[77]周珂:《适度能动司法推进双碳达标——基于实然与应然研究》,载《政法论丛》2021年第4期。

[78]周佑勇:《裁量基准的正当性问题研究》,载《中国法学》2007年第6期。

[79]朱谦:《公众环境行政参与的现实困境及其出路》,载《上海交通大学学报(哲学社会科学版)》2012年第1期。

[80]朱晓勤、李天相:《环境行政处罚裁量基准的多元共治路径探析》,载《法学杂志》2019年第6期。

[81]竺效、丁霖:《论环保督察背景下生态环境保护约谈制度的构建路径》,载《南京工业大学学报(社会科学版)》2022年第6期。

[82]竺效:《论公众参与基本原则入环境基本法》,载《法学》2012年第12期。

[83]邹雄:《论环境权益及其救济》,载《福州大学学报(哲学社会科学版)》2008年第3期。

后　记

本书的写作肇始于2014年，断断续续完成各部分的创作，至今已历经十年。在这个过程中，一些阶段性的成果陆续在《现代法学》、《中国人口资源与环境》及*Environmental Impact Assessment Review*等重要期刊上发表。当年，在作出这一选题规划时，笔者考虑的是沿着环境法的衡平原则这条主线，在不同的研究面向上逐次展开。虽然从已发表的论文来看，各篇文章之间难免给人一种话题略分散的感觉，但所有文章的本质都是在回答一个问题，就是如何妥善处理在环境立法、执法和司法各个环节中面临的不同利益取舍和价值衡量。

从理论创设的灵感来源上讲，本书关于环境衡平原则三项子原则的表述，可以看到些许行政法上比例原则的影子。但随着本书论证的展开，实际上是对比例原则进行了深化和发展，扩大了其适用范围和语境。从理论的应用转化层面来讲，笔者先后完成了从架空理论的抽象设计，到各方面具体制度转化应用的过程。笔者也不断探寻着环境衡平原则如何为立法者、行政执法者和司法者的事实判断、法律判断乃至价值判断提供理论依据。

回望十年的创作,笔者确实经历了学生时代对理论抽象描述的执着,在师生身份转换的过程中,研究范式也实现了向理论具象化表述的转换。在书稿统稿的过程中,笔者看到了十年前自己"指点江山激扬文字"的"书生意气";忆及了初入高校时"衣带渐宽终不悔"的学术坚忍;更有俱往矣,"轻舟已过万重山"后,对当下以及未来"红旗漫卷西风",努力开创更为广阔的研究领域的信心。总之,本书的最终成稿可以说是对笔者过往十年青春岁月的告慰。

本书的相关研究工作得到了重庆大学和天津大学各位师长前辈的悉心指导。赵燊博士、王常阳博士、徐建宇博士,刘英、李欣冉、王立杰、郑溯源、武润良、张霖昱和陈哲等同志对本书成稿作出了贡献。特别感谢法律出版社似玉同志和各位编辑同志对本书出版工作所给予的鼎力支持和悉心编校。

因本书成稿时程较长,内容上个别表述如有不当或时序瑕疵,敬请批评指正!

谨以此书,感谢爱妻朱金锦博士的十年相守相伴。

田亦尧